当代高校体育教学与体育竞赛活动研究

刘吉峰　郎朝春　王泽刚　著

吉林摄影出版社
·长春·

图书在版编目(CIP)数据

当代高校体育教学与体育竞赛活动研究 / 刘吉峰，郎朝春，王泽刚著.--长春：吉林摄影出版社，2023.6

ISBN 978-7-5498-5867-5

Ⅰ.①当… Ⅱ.①刘…②郎…③王… Ⅲ.①体育教学－教学研究－高等学校②学校体育－运动竞赛－教学研究－高等学校 Ⅳ.①G807.4

中国国家版本馆 CIP 数据核字(2023)第 124382 号

当代高校体育教学与体育竞赛活动研究

DANGDAI GAOXIAO TIYU JIAOXUE YU TIYU JINGSAI HUODONG YANJIU

著　　　者	刘吉峰　郎朝春　王泽刚
出 版 人	车　强
责任编辑	罗　晗
开　　　本	787mm×1092mm　1/16
字　　　数	280 千字
印　　　张	13.25
版　　　次	2024 年 1 月第 1 版
印　　　次	2024 年 1 月第 1 次印刷

出　　　版	吉林摄影出版社
发　　　行	吉林摄影出版社
地　　　址	长春市净月高新技术产业开发区福祉大路 5788 号
	邮编：130118
电　　　话	总编办：0431—81629821
	发行科：0431—81629829
印　　　刷	北京银祥印刷有限公司

ISBN 978-7-5498-5867-5　　　　定　　价：48.00 元

版权所有　侵权必究

前言

体育教育是我国教育事业的重要组成部分,实施体育教育对于培养全面、优秀的人才具有重要的作用与价值。高校作为我国体育教育系统的重要教育基地,在现代教育发展与人才培养方面发挥着至关重要的作用。我国把高校体育教育的发展创新作为教育事业改革的一大重点。正是在响应教育改革大环境的前提下进行的,书中全面、系统地阐述了体育教育基本理论知识,并且针对当前体育教育的热点、现状、问题及发展等一系列问题进行了深入的研究与探讨,将会对未来我国在高校体育教育方面的改革与发展起到深远的影响。

大学生是未来祖国现代化建设的人才。健壮的体魄、良好的心理素质、高尚的道德情操已成为21世纪对人才的基本要求。大学生正处于身体发育的旺盛阶段,因此树立健康第一的思想、培养良好的体育锻炼习惯、掌握科学的体育锻炼方法,对于提高大学生个人身体素质,进而提高全民族体质,具有特别重要的意义。高校体育教学是我国高校教育和体育教育的重要组成部分,在促进我国体育和教育事业发展、促进大学生健康全面发展方面发挥着重要作用。

本书是当代高校体育教学与体育竞赛活动研究方向的著作,本书简要介绍了高校体育教学综述、高校体育的教学内容、高校体育教学理念与创新等相关内容。另外介绍了高校体育教学方法与创新、高校体育教学模式;还对高校体育教学的影响因素、高校体育教学过程与评价的创新做了一定的介绍;最后阐述了高校体育竞赛活动以及高校体育竞赛管理。从结构上看,本书构思新颖、逻辑严谨,将理论与实践紧密结合,使读者在充分了解高校体育教学概论的基础上,加强高校体育教学在理论与实践中的应用。

本书在编写的过程中,笔者查阅和借鉴了大量的相关资料,在此向其作者表示诚挚的感谢。此外,笔者也得到了相关专家和同行的支持与帮助,在此一并致谢。由于作者水平有限,加之时间仓促,书中难免出现纰漏,敬请广大读者批评指正。

目 录

第一章　高校体育教学综述 …………………………………………………… 1
- 第一节　高校体育课程教学理论 …………………………………………… 1
- 第二节　高校体育课程与教学目标 ………………………………………… 5
- 第三节　高校体育教学价值观与目标思考 ………………………………… 9
- 第四节　高校体育教学内容结构体系的构建 ……………………………… 14

第二章　高校体育的教学内容 ………………………………………………… 17
- 第一节　高校体育教学内容概述 …………………………………………… 17
- 第二节　高校体育教学内容资源的挖掘与开发 …………………………… 22
- 第三节　高校体育教学内容的编排与选择 ………………………………… 24
- 第四节　高校体育教学内容的革新与发展研究 …………………………… 29

第三章　高校体育教学理念与创新 …………………………………………… 31
- 第一节　"以人为本"教学理念 …………………………………………… 31
- 第二节　"健康第一"教学理念 …………………………………………… 35
- 第三节　"终身体育"教学理念 …………………………………………… 39
- 第四节　坚持体育教学理念创新的注意事项 ……………………………… 43

第四章　高校体育教学方法与创新 …………………………………………… 47
- 第一节　高校体育教学中多媒体技术的应用 ……………………………… 47
- 第二节　高校体育教学中微课的应用 ……………………………………… 61
- 第三节　高校体育教学中慕课的应用 ……………………………………… 64
- 第四节　高校体育教学中翻转课堂的应用 ………………………………… 66

第五章　高校体育教学模式 …………………………………………………… 75
- 第一节　高校体育自主教学模式 …………………………………………… 75
- 第二节　高校体育终身教学模式 …………………………………………… 79
- 第三节　高校体育欣赏教学模式 …………………………………………… 88

第六章　高校体育教学的影响因素 …………………………………………… 97
- 第一节　高校体育教学环境概述 …………………………………………… 97
- 第二节　高校体育教学的教师因素 ………………………………………… 107
- 第三节　高校体育教学的学生因素 ………………………………………… 117

第七章 高校体育教学过程与评价的创新 ·· 127
第一节 高校体育教学过程的优化发展 ·· 127
第二节 高校体育教学评价的改革创新 ·· 134

第八章 高校体育竞赛活动 ·· 149
第一节 高校体育竞赛活动内涵 ·· 149
第二节 高校体育竞赛活动的目的和组织原则 ·································· 156
第三节 高校体育竞赛活动的内容和形式 ·· 158
第四节 高校体育竞赛活动的条件和终止方式 ·································· 164
第五节 高校体育竞赛活动可观赏性 ··· 169

第九章 高校体育竞赛管理 ·· 181
第一节 高校运动训练管理 ·· 181
第二节 高校体育竞赛组织管理 ·· 196

参考文献 ·· 203

第一章 高校体育教学综述

第一节 高校体育课程教学理论

一、高校体育课程教学基本理论

(一)高校体育课程基本内容

1. 课程和教学的概念

课程一词最早出现在《什么知识最有价值》一文中,课程是从拉丁语"currere"一词派生出来的,意为"跑道"。随着教育科学的深入发展,课程的意义不断得以丰富,人们对课程内涵的界定各持己见,形成了不同学说。

关于"教学"一词,早在我国商朝的甲骨文中就已经出现了"教"字,也有了"学"字。到20世纪初,人们才对教师的"教"重视起来。教和学是同一过程的两个方面,彼此不可分割、相互联系。

2. 高校体育课程教学的理念

第一,高校体育课程的定位,着眼于新世纪人才素质的需求,注重以人为本,强调以学生的学习、发展为教学的中心,以"健康第一"作为教学的指导思想。高校体育课程教学以学生的学习、发展为本,在教学过程中,要求学生进行主动学习。倡导学生主动参与、乐于探究、勤于动手,培养学生体育能力和进行体育锻炼的良好习惯,树立终身体育的运动意识。教师在课程教学过程中的作用是引导、帮助学生对高校体育课程知识、运动方法和动作技术的学习。高校体育课程突出学生作为课堂教学的主体地位,重视教师的主导作用,在教学过程中为完成共同的教学任务,实现共同的教学目标进行知识技能的传授、研究和探索。

第二,确立知识与技能、过程与方法以及情感态度与价值观三维度的整合。高校体育课程的教学,要在继承与发扬传统的体育教学成功经验基础上,强调知识与技能、过程与方法以及情感态度与价值观的整合,高校体育课程打破了学科的本位主义,删除了"繁、难、偏、旧"的内容,改变了过于重竞技运动的状况,加强课程内容与学生生活、现代社会和科技发展的联系,让课程回归现实生活。新课程教学注重理论与实践的结合,体育运动与健身方法的结合强调体育锻炼与日常生活的融合,使学生学会学习的方法、养成体育锻炼的习惯、培养终身体育的意识。

第三,综合应用多学科理论进行教学,促进学生身体的健康发展。现代科学发展越来越呈现综合化的趋势,无论是自然科学还是人文科学,各学科之间相互渗透,并产生新的边缘学科。高校体育课程的教学是促进学生生理健康、心理健康及社会适应能力的发展,有效地增强学生体质的过程。全面发展学生的身体素质和基本运动能力,形成良好的运动技能,同时注重在体育教学过程中对学生进行思想品德教育。

要完成上述的教学任务,必须综合运用体育科学、教育科学、人文科学等多学科理论与方法,促进学生身体的健康发展,有效地增强学生体质。

3. 高校体育课程教学的指导思想

"健康第一"的指导思想,不仅给高校体育课程教学改革注入了新的内涵,而且在提升学校体育价值含量的同时,使学校体育的教学目标更加明确。改变了过去传统的体育教学"重竞技",围绕"达标率""合格率"等功利性倾向,以及教学目标与学生学习的脱节现象,使高校体育课程教学与促进学生身心健康发展,有效地增强学生体质的目的和以学生为本的教学理念更加贴切。体育教学的指导思想在高校体育课程教学过程中通过各种途径对学校体育教学目标、教学任务、教学内容、教学方法、教学组织形式和体育锻炼过程的体系产生极为重大的影响,是整个体育教育理论的核心。

(二)高校体育课程的教学方法、过程、内容与评价

1. 高校体育课程的教学方法

高校体育课程教学方法是教师和学生为了实现共同的教学目标,完成共同的教学任务,在教学过程中运用的方式与手段的总称。高校体育课程教学理论与方法的探索、研究与发展,从始至终都遵循教育学、心理学、运动人体科学的原理;遵循教学理论与教学实践相结合的事物发展规律;遵循人体运动知识、技术技能的形成规律。

高校体育教学方法主要研究学校体育教学的基本规律,新课题是促进学生身体的健康发展和有效增强体质、掌握体育知识与运动的规律。从宏观的角度上分析体育教学方法时,我们认为体育教学方法是高校体育课程教学活动过程中,教师和学生为完成共同的体育教学任务,实现共同的教学目标过程的总称。从微观的角度上分析体育教学方法时,体育教学方法是由各种不同层次、具体性的教学方略、教学技术、教学手段和教学形式等所组成的一个系统性结构,包含有多层面的教学技术。

2. 高校体育课程的教学过程

高校体育课程理念下的教学观强调:教学过程是师生积极参与、交往互动的过程。教学是教师的教与学生的学的统一,这种统一的实质是交往。在体育课教学过程中,强调教师的教以及学生的学所构成的一个有机组合的整体教学结构系统。教师根据学校体育的教学目的、教学目标、教学任务、教学内容与教学要求,通过高校体育课程教学与课外体育锻炼活动等不同的组织形式,将具体的体育基础知识、健身方法、运动技术和练习手段等,有目的、有计划、有组织、系统地传授给学生。逐步培养学生掌握、应用体育基础知识、健身方法、运动技术和练习手段进行运动健身的能力,以及提升学生进行思想、道德、品质的教育。

体育课教学过程的本质是使学生学习、掌握、应用体育知识、健身方法和运动技术,培养学生良好的运动技能、体育锻炼习惯和体验运动乐趣。高校体育课程教学过程是素质教育的重要途径,高校体育课程教学具有促进学生身体形态、生理机能的功能,明显地体现在骨骼、肌肉和心血管系统、呼吸系统等方面。

3. 高校体育课程的教学内容

教学内容是教师据以进行教学的材料,是教学的主要媒介。体育教学内容是根据高校体育课程教学目标、指导思想、教学任务、学生的学习需要与教师的职业技能,遵循体育教学规律和教学原则来选择教学素材,并且对其进行体育教材化的加工和创造,构成科学的、合理的、适合于社会需求和学生发展的高校体育课程教学内容结构体系。

高校体育课程教学内容是体育教学实践活动的载体,包含了体育教育的基本理论知识、体育健身的方法、运动技术、思想品质教育等体育教学要素和丰富的文化内涵。教师通过教学内容的"教"和学生对教学内容的"学"的过程,使学生学习、掌握体育教育的基本理论知识、体育健身的方法、运动技术,提高身体的运动能力水平和形成良好的运动技能。从体育教育活动实施过程及其对人的发展角度进行分析,高校体育课程教学内容从本质上起到了体育教学实践活动的载体作用。

体育教学素材有两个明显的特征:一是,素材来源广泛,内容丰富。二是,教学素材之间不具有严密的逻辑性,教材系统结构中每项教学素材内容都具有各自的功能性,由多项教材内容具有的功能性总和构成了能够达成多元教学目标的可能。体育教学内容与竞技运动区别表现在以下两个方面:一是,体育教学内容是根据高校体育课程教学目标、指导思想、教学任务、学生的学习需要与教师的职业技能,遵循体育教学规律和教学原则所选择的教学教材,是以学生身体健康发展和增强体质为教学目的;而竞技运动内容则是以参加竞技比赛,夺取金牌为目的,以运动员掌握、运用运动技术,提高运动竞技能力与水平为运动训练任务,明显存在不同的任务和目的。二是,体育教学内容必须根据学生学习的需要进行高校体育课程教材化的改造、组织和加工,而竞技运动内容则是由统一的竞赛规程、规则制订,通常情况下不允许进行改造。体育教学内容与其他教育内容一样是随着社会需求的发展而处于不断变化和发展的过程之中。现代的体育教学内容的基本结构体系是随着学校体育和体育运动的发展而逐步形成、改进与完善的。

4. 高校体育课程的教学评价

高校体育课程教学改革的一个重要内容就是以评价促发展,因此评价学生的学习要能够体现学生学习的不同层次水平。高校体育课程教学评价一般包括对教学过程中教师、学生、教学内容、教学方法手段、教学环境、教学管理等诸多因素的评价,但主要是对学生学习过程与结果的评价和教师教学工作过程的评价。评价中依据一定的客观标准,通过各种测量和相关资料的收集,对教学活动及其效果进行客观衡量和科学判定。

高校体育课程教学的评价是依据《新课程标准》所进行的课堂教学研究活动。在教学评价活动中强调高校体育课程教学应以促进学生身心健康发展为根本目的,贯彻"健康第一"的指导思想,要求在全面锻炼身体的基础上,促进学生生理机能、心理素质及社会适应能力等方面都得到健康的发展,为终身进行体育锻炼打下良好的基础。高校体育课程教学的评价通过了解与评估教学各方面的情况,从而判断教学的过程、质量和水平,包括课程教学的成效和缺陷。高校体育课程教学的评价,对教师的教和学生的学都具有极为重要的激励和导向作用。通过评价反映出学生对学习的态度、动机、兴趣、方法及其结果,能有效激励教师的教和学生的学的过程,使师生了解与掌握自己所进行的教学状态及其发展变化情况,提高教学活动的效率从而获得最佳的结果。

二、学习高校体育课程与教学论的意义、目标和方法

(一)学习高校体育课程与教学论的意义

学好高校体育课程与教学论,无论是对于正在进行的体育教育专业学习的本专科生、高校体育课程与教学论专业的研究生,还是已经工作在第一线的体育教师来说,都具有重要的意义。体育教学理论奠基于教育学、体育学和人体发展学等现代科学学科的理论基础之上,是应用教育学、体育学科理论与人体运动相互结合和相互渗透所形成的一门综合性科学。学好高校体育课程与教学论对于促进其体育教学职业技能的发展,以及提高教师的基础理论水平和组织、实施高校体育课程教学的能力,都具有重要的参考意义和实用的价值。

第一,把握高校体育课程教学的基本要素,概括地认识体育教学规律和本质。高校体育课程教学是一个复杂的过程,涉及课程教学目标、任务、内容、方法、组织形式以及学生、教师等方面的因素,是由多层次、多因素所组成的综合体系。

了解与掌握高校体育课程教学的基本规律,清晰而正确地辨别各种教学现象特征与本质,合理组织与实施高校体育课程教学活动,正确地判断和评价体育教学工作是对从事高校体育课程教学教师的基本要求。我们必须了解、掌握与应用其中的主要构成要素,概括地认识体育教学的规律和本质,全面提升体育教师的专业基础理论水平,从根本上提高体育教师在高校体育课程教学实践活动中发现问题、分析问题、解决问题的体育教学能力。

第二,掌握与应用教学理论与方法,合理运用教学方法组织与实施教学活动。体育教学理论与方法是一门实用性较强的课程,它是在教育学、体育教学论、高校体育课程教学实践的有关理论与方法的基础上,针对高校体育课程的具体情况所进行归纳与总结的一门应用性学科。体育教学理论与方法的实用性主要表现在为学生提供系统教学理论、方法的同时,还为学生提供许多具体的教学活动实例分析,包括学生学习的理论与方法,都作了大量的实例分析和论证。掌握、运用体育教学理论与方法,有利于提高体育教师和体育教育专业的学生的职业技能,提高高校体育课程教学质量。

(二)学习高校体育课程与教学论的目标

在高校体育教育专业开设高校体育课程与教学论课程,学习该课程的目标任务是:使高校学生在学习教育学、心理学的基础之上,进一步比较系统地掌握高校体育课程与教学论的基础知识、基础理论、基本技能和基本方法。

第一,高校体育课程与教学论基础知识方面。①了解高校体育课程的基础知、新课程理念,掌握高校体育课程目标,学习用新课程的理念和课程目标指导与评价自己的学习与教学实践。②初步掌握高校体育课程的知识内容和结构体系。③初步掌握体育学科特点与教学特点,以及学习该门学科的态度和方法,能从体育学科特点出发指导自己的学习与组织教学。④认识与理解体育教学的一般原理与规律,并用体育教学的一般原理与规律指导自己的学习与教学实践。⑤初步掌握体育教学的常用方法与主要模式,并选择和使用体育教学

方法与模式于教学实践中。⑥了解现代先进的学习理论,能用现代学习理论指导自己的学习和教学实践。

第二,体育教学基本技能方面。①掌握体育课堂教学的基本知识和技能。②熟练掌握体育教学设计和教学方法以及各种体育教学策略。③掌握体育教学的组织以及教学手段的运用,能熟练地运用现代教育技术等辅助体育教学。

第三,体育教学、课程开发及教学研究能力方面。①能初步分析教材,设计教案,预设教学过程。②能初步运用课堂教学技能,组织与管理课堂教学。③能分析运用先进的教育思想和教学理论,掌握基础教育课程改革的理念,指导课堂教学一对一。④初步学会运用多种教学评价方式实施体育教学评价。⑤初步学会校本课程开发、高校体育课程与教学资源的开发与利用能力。⑥初步学会选用合适的研究方法,进行体育教与学的初步研究。

第四。体育教师专业情意方面。①赞赏体育教师。热爱体育教师职业,树立献身体育教育的理想。②初步养成良好的教师职业道德和职业习惯,具有做一名优秀体育教师的信心。③具有乐观向上、不断改革和创新体育教育教学工作的远大志向。

(三)学习高校体育课程与教学论的方法

高校体育课程与教学论是一门理论与实践相结合的学科,好的学习方法可以起到事半功倍的效果。掌握基本理论知识、关注体育教学实践、注意拓展学习是学习高校体育课程与教学论过程中的三个基本方法,但这三个基本方法不是彼此孤立的,而是互相联系、统一于实践问题之中的。

1.掌握基本理论知识

理论知识可以帮助我们了解高校体育课程与教学相关问题的理论框架,高校体育课程与教学论的理论知识是在实践中反复探索形成的。学习理论知识时,要注意掌握体育学科的基本结构。位于体育学科基本结构体系中的各种概念、原理、方法和价值观,它们构成一个有机整体。

2.关注体育教学实践

理论知识并非空中楼阁,也不是无源之水,而是从实践的土壤中萌发与生长的,不论是理论知识的学习,还是问题的发现与探究,都应该以关注实践为根本指导思想。因此,只有充分关注体育教学实践,才能使高校体育课程与教学理论融会贯通,并在实践的检验中得到不断发展。

3.注意拓展学习

高校体育课程与教学的问题是与政治、经济、文化等有着密切的联系,有着自己的特色,但并不能为此而拒绝了解国内外有关高校体育课程与教学问题的现实状况。

第二节 高校体育课程与教学目标

高校体育课程与教学目标是体育教学理论中的核心内容之一,集中体现人们对高校体育课程开发与体育教学设计中的教育价值的理解,是教育目的在高校体育课程中的具体化。

一、高校体育课程目标与教学目标

(一)高校体育课程目标和教学目标的意义

高校体育课程目标和教学目标是高校体育课程和体育教学理论在实践中非常重要的问题。高校体育课程目标是指在一定的教育阶段,力图促进学生身心发展所要达到的预期程度或标准。标准功能是指高校体育课程目标对高校体育课程的检查、评估产生的标准作用。

具体而言,高校体育课程目标有以下主要作用:第一,为高校体育课程内容和体育教学方法的选择提供依据。第二,为高校体育课程与教学活动的组织提供依据,把高校体育课程组织成什么样的类型,把体育教学到组织成什么样的形式,在某种意义上取决于高校体育课程的目标。第三,为高校体育课程实施提供依据。高校体育课程的实施过程就是实现高校体育课程目标的过程。第四,为高校体育课程评价提供依据。高校体育课程目标指向的是体育学习中不同方面的"一般反应模式",体育教学目标则指向体育教学过程中的具体行为方式。体育教学目标是指体育教学主体预先确定的、在具体体育教学活动中所要达到的、利用现在技术手段可以测量的教学结果。体育教学目标是课程目标的进一步具体化,并由教师根据有关教育法规、《课程标准》和各方面实际情况制订,是指导教学活动设计、实施和评价的基本依据,对教学活动具有导向、指引、操作、调控、测评等功能。教学目标通常在"单元"或"课"的教学计划(方案)中按照课程目标方面分别陈述。

(二)高校体育课程目标与教学目标的关系

在学校具体的教育实践中,课程和教学是学校教育的两个重要组成部分,也是不可分割的两个部分。高校体育课程目标与教学目标并不是相同的,它们之间既有联系,又有区别。高校体育课程目标和教学目标有以下联系:第一,相对于各级各类学校培养目标和学校体育目标而言,高校体育课程目标和教学目标都是子目标,体育教学目标的制订与高校体育课程目标的制订都必须以学校培养目标和学校体育目标为依据。第二,高校体育课程目标与教学目标之间有着纵、横两个方面的联系。高校体育课程目标的实现有赖于体育教学目标的实现,或者说高校体育课程目标是确定体育教学目标的重要依据。第三,高校体育课程目标和体育教学目标之间有一个衔接点,这个衔接点就是高校体育课程的水平目标和体育教学的学年教学目标。学年体育教学目标实现了,高校体育课程的水平目标也就实现了。

二、高校体育课程与教学目标的结构与制订

(一)高校体育课程目标的结构

高校体育课程目标是有层次结构的,不同的层次结构发挥着不同的功能。对同一层次的目标而言,还存在着不同学习方面和学习水平的区分。

1.高校体育课程目标的纵向层次

高校体育课程目标在垂直向度上具有层次性、线性、累积性的特点。有的学者认为,根据课程目标的不同层次关系,可以依次将课程目标区分为以下不同的层次:课程的总体目

标——教育目的;课程的总体目标的具体化——培养目标;学科领域的课程目标;学科领域的课程目标的具体化——教学目标。像一个"金字塔"顶层目标是抽象的、整体的、普遍性的目标,底层目标是具体的、分化的、特殊的课程目标,数目繁多、底层目标逐步达成之后,课程总目标也就得以达成。高校体育课程目标体系由高校体育课程的总目标、高校体育课程的学习目标、高校体育课程的水平目标和体育教学目标四个纵向层次构成。

高校体育课程的总目标面向某个教育阶段的全体学生,是特定教育阶段大多数学生通过自己的努力都能够达成的体育学习目标。

2.高校体育课程目标的横向关系

课程目标的横向关系实质反映了各种目标的区分及其相互关系。像教育目标这一层次上,我国通常用德、智、体或德、智、体、美、劳来划分目标领域。无论怎样划分目标领域,各领域对总的目标来说都应当具备逻辑上的合理性,它们彼此之间相互关系。虽然可能是并列和平行的,但它们之间必须是一个相互联系的整体。

3.高校体育教学目标的层次

学年体育教学目标、单元体育教学目标、课时体育教学目标建构了体育教学目标体系的纵向系列。上位目标与下位目标相互呼应、彼此衔接,在体育教学活动中引导着学生的发展方向。

学年体育教学目标是根据"学段体育教学目标"确定的,是对该学段内每个学年体育教学活动的分解与不同要求。学年(学期)体育教学目标,在性质上属于计划性的,通常根据高校体育课程的总目标和水平目标的要求、各个学校的实际、学生的兴趣与爱好及高校体育课程内容的特点等来制订,一般出现在学校的体育教学计划中。

单元体育教学目标。单元是指各门课程教学中相对完整的划分单位,反映着课程编制者或教师对一门课程及其概念体系结构的总的看法。单元体育教学目标,主要依托各个高校体育课程内容,如某个运动项目的特性来制订,即不同高校体育课程内容的不同价值、功能、特点等,决定了其教学目标也是不同的。

课时体育教学目标,也称为体育课堂教学目标,在性质上属于操作性的,是最微观层面的体育教学目标。课时体育教学目标,是由每堂体育课具体的教学内容以及学生具体的学习特点和需要所决定的,同时还要考虑一堂体育课的具体教学时空情境和条件(或具体的体育教学环境)等因素,其体现在体育教师的教案中。体育教学目标是一所学校在确定高校体育课程实施方案并制订单元为基础的全年教学计划后,由任课教师制订的,是教师制订学段体育教学目标、学年(学期)体育教学计划、单元计划和课时计划的依据。一堂课是最基本的教学单位,却不一定是一个完整的基本教学单位,因为一堂课不能把一个教学系列完整地教给学生,有时只完成其中一部分。现代教学理论对学生的认知性学习在体育教学中越来越被重视,而作为认知性学习基础的发现式学习法或假说验证式学习法都是一个较长的学习过程。因此,我们认为单元教学的改革是现阶段我国体育教学改革的重要突破之一,在改革的新形势下我们应当更为重视单元教学计划的构建和单元教学目标的制订。

(二)高校体育课程目标的制订

1.高校体育教学目标制订的依据

学校体育的功能影响着体育教学目标维度的确定和制订。

应突出其增强体质、促进身心健康、发展体能的本质功能。随着对学校体育多向功能的挖掘,教学目标的维度也将趋向多元化。学校体育目标体现了我国的教育体育有关方针和政策的根本精神,是制订体育教学目标的重要依据。每一上位目标都是其下位各层次目标的累积,每一下位目标必是其上位目标的细化,因此,制订教学目标时,应以上位目标,包括学校体育目标为依据。体育教学目标的制订必须立足于对教学内容的认真分析,确定教学的重点和难点为建立体育教学目标奠定基础。体育教学的对象是学生、体育教育目标必须根据青少年生长发育的不同阶段、不同时期身心发展的特点及共同规律提出相应的目标。需要说明的是,目标的制订在考虑学生群体的特征时,还应充分考虑学生个体的差异性,使每个学生得到充分发展。教学条件是制约体育教学目标实现的重要因素。当前,各级各类的学校、城市与乡镇的学校,甚至同一地区的不同学校,条件都千差万别,发展不平衡。制订体育教学目标时,必须从实际出发充分考虑学校的客观条件以便使所设计的目标更符合实际,更具有可行性。

2.体育教学目标制订的原则

科学性原则。体育教学目标的科学性体现在:体育学科的特点、要全面包括各个学习方面、根据教材的特点,突出重点和难点、具体、明确、可操作、难度要适中等五个方面。

灵活性原则。体育教学目标可以由师生根据体育教学实际情况灵活制订,其内容和水平可以有一定的弹性。灵活性的体育教学目标可以更好地适应学生的学习特点,使其通过体育教学目标的实现而获得身心方面更有利的发展。

可测性原则。体育教学目标是对体育教学过程中学生身心发展状况的明确、具体、恰当的描述,而这种内心发展的状态是利用现有技术手段可以进行定性或定量测量的。

发展性原则。体育教学的效果最终要落实并体现到学生的身上。体育教学目标的制订,要着眼于学生现有的发展水平和学习需要,又要放眼未来,使学生升入下一阶段学习或将来走向社会健康地成长成才,获得健康完满的生活,并有能力从事终身体育。

3.体育教学目标制订的要求

要反映体育教学的发展趋势,从实际出发,考虑需要与可能。制订体育教学目标要从实际出发。全面准确地掌握学校体育教学内部与外部条件及环境,将需要与可能结合起来,才能制订出科学的体育教学目标。制订体育教学目标时要系统把握,整体协调与衔接。体育教学目标应具有整体性、注意不同层次和序列体育教学目标的协调与衔接。体育教学目标只有形成一个纵横连接的网络系统,才能充分发挥体育教学目标的系统功能。制订体育教学目标时,体育教学目标的表述力要明确、具体、可量化。体育教学目标明确、具体、可量化,有利于加强体育教学工作的计划性,为体育教学实施,特别是检查与评价体育教学工作奠定基础。体育教学目标必须分解成细致的操作目标,才可使教学目标的要求落到实处。所以,体育教学目标的细目分解直接关系到体育教学效果的优化和体育教学质量的提高,每个体育教师都应该具备细目分解的能力。体育教学目标要有一定的弹性。体育教学目标受多种因素的影响制约,而诸多因素都在不断变化,保持体育教学目标的稳定性是相对的,而体育教学目标的发展、变化是绝对的。

第三节 高校体育教学价值观与目标思考

一、高校体育教学价值观概述

从一定的角度来说,体育的历史就是体育观不断变革的历史。体育是什么?体育对个人和社会的发展有什么意义?对此问题的看法就是体育价值观。

(一)关于体育价值观的基本认识

体育的发展过程是对体育价值的认识逐步深化的过程。它的发展历程与体育功能的扩展和对体育价值的认识的逐步深化总是紧密联系在一起的。从心理学的角度考察,人的所有行为的产生都有其心理依据,而需要是诱发动机和产生行为的动因。因此,人们为了改善生存和生活条件,就必须传授和提高这些技能,这时体育的价值就开始显现出来,由此可见,体育的产生与体育的价值是密切相关的。

社会化程度的提高扩充了体育的价值。随着历史的进步、社会化程度的提高,人们的需要逐渐从低层次向中等层次发展。在满足这些需要的过程中,体育始终扮演着非常积极的角色,展现了它特有的价值。在几千年的中国历史中,虽然体育的发展也遭受过一些挫折,但它总是以其特有的魅力而保持着持续发展的势头。

社会文明程度的提高,使体育价值得到了更充分的体现。随着社会文明程度的提高,人们在工作中减少了身体活动,体力劳动强度降低,脑力劳动强度提高,许多"文明病"应运而生。为了适应社会的竞争,提高生活质量,人们的体能需要保持,绷紧的神经需要松弛,所有这一切都可以借助体育得到解决。

两种体育价值观的比较:体育的变革在很大程度上都是体育价值取向的调整。这两种价值观都承认以体育动作为手段,可以实现体育的直接目标和间接目标。它们的主要分歧是:价值取向侧重于社会目标,还是满足行为主体的需要。

手段论价值观和目的论价值观的价值取向。手段论价值观认为:运动的目的是以运动为手段来培养社会所需要的人才,体育教学必须根据国家提出教学目标的需要来确定教学内容和设计体育方法体系,其价值取向的重点是因国家需要而规定的社会目标;目的论价值观认为:运动的目的在于运动自身和以运动为手段,使作为运动主体的人得到满足。因此,在教学中就必须根据学生的需要提出教学目标,确定教学内容和设计体育方法体系,使教学手段与教学目标相一致,教学目标与主体需求相统一,这与当前教育界提倡的素质教育思想是吻合的。

手段论价值观和目的论价值观基本内涵的比较。手段论价值观和目的论价值观的主要分歧在价值的取向上,其焦点在于是:侧重满足社会需要,还是满足作为行为主体的学生的需要。在行为主体的地位上,两种价值观也有所不同。目的论价值观认为:学生是体育教学活动的行为主体,教学活动要以满足学生的需求为目的。

在个体的发展方向上,两种价值观存在着类似于科学主义教育思想和人文主义教育思想的差别。手段论价值观关注的是运动技能的掌握和合理的运动负荷的影响。而目的论价值观恰恰涵盖了手段论价值观所忽略的范畴,不反对掌握适宜的运动技术、技能和承受合理的运动负荷。

在教学内容的选择上,手段论价值观强调的是体育内容自身的逻辑关系,奉行按部就班,讲究全面系统、整齐划一。目的论价值观在教学内容体系的构建上,主要是从学生的学习需求出发,根据学生实际和教学目标选择教学内容。

在课程结构上,因为手段论价值观追求运动技术的掌握和技能的形成,强调合理的运动负荷,所以课程结构比较固定,组成课程的各个部分比较规范。而目的论价值观在学生掌握知识技能的基础上,重视态度和情意的培养。

体育价值观的选择。体育作为教育的一个组成部分,它的价值观的选择要受到教育思想的指导和约束。根据素质教育的内涵,在体育教学要求上,我们应该如何做呢?①要面向全体学生,使所有的学生的健康水平都能够得到提高、身心素质得到发展。②突出全面性。③突出主体性。给学生更大的活动空间,使之在兴趣爱好的培养、人格的完善、特长的发展等方面拥有充分的主动性,真正发挥他们的主体作用。④突出发展性。奠定身心健康发展的基础,形成终身体育的能力。

从素质教育对体育的要求,我们不难看出,目的论价值观与素质论教育观更为吻合,这是我们今后学校体育的正确方向。

(二)体育教学的基本价值内涵

1.从知识形态的转化来看体育教学的基本价值

通过教学活动使学生获得了他人总结的知识,这是古今中外一切教学活动的共同特征,也是实现其他教学价值的基础。这些需要教师根据学生的实际去挖掘、剖析,使之进一步升华。

2.从教学的功能看体育教学的基本价值

体育教学的功能主要体现在两个方面:一是继承的功能。二是有效地促进学生身心的发展,具有发展功能。从教学的功能来看,体育教学的基本价值在于使学生获得知识、发展能力、形成良好的品格结构和掌握科学有效的方法。

3.从素质的构成看体育教学的基本价值

构建学生相对完备的素质结构,是教学活动最根本的价值。人们把人才素质归结为德、识、才、学、体五个方面。其实,上述方面都不是孤立存在的,它们相互之间有着互相渗透甚至互相包容的关系,有些甚至互为条件,它们组成的基本因素归根结底还是知识、能力、品格和方法几个方面。体育教学作为一个发展身体,增强体质,传授锻炼身体的知识、技能、技术,培养道德和意志品质的教育过程,它在学生素质构建中除了具有其他教学活动共有的功能外,还为学生科学锻炼身体提供理论和方法的指导,使其增强体质、提高健康水平,是其他学科所不能替代的。因此,体育教学对于学生素质的构建的价值也是非常重要的。

(三)现代体育教学价值的形成特点

体育教学能对人的生存、生活、发展和社会进步产生积极的影响,这是体育教学的价值所在,这些因素互相联系、互为条件,在体育教学过程中转化为过程价值,在教学结束后凝结成终极价值,从而使体育教学的价值得到完整的体现。

1.体育教学价值的形成规律及内部关系

体育教学价值的形成规律实质上就是体育教学活动的规律,即体育教学过程中内在的本质联系。在这个过程中,学习必要的体育知识,树立正确的体育态度是形成教学价值的基础,它是通过认知来实现的。具备基本的体育能力是形成教学价值的重点,它是终身体育的基本条件,它的实现过程是一个有目的、有计划的培养过程,能力价值的实现有利于学生有效地进行自我锻炼,以促进身心的不断完善。体育教学的另一个重要价值是道德品质的养成和情意的发展,它的实现是一个潜移默化的过程。思想品德的养成和情意的发展,有助于前几项价值的实现,也有利于健康心理的形成。它们之间既有联系,又各有侧重,它们有机地协同和复合,才能促进体育教学价值的完整实现。

2.体育教学价值的形成过程与特征

从体育教学的特点来看,体育教学的价值可以分为过程价值和终极价值。过程价值以终极价值为指导,而终极价值则是过程价值的集中表现。

体育教学的过程价值的形成。体育知识是一种复合形态的知识,许多体育知识的获得,必须通过感性的体验来予以验证和强化,因此,体育知识价值的实现依赖于讲授和实践的紧密配合。方法价值具有手段的特征,从体育教学价值实现的主体学生的角度来看,它主要侧重于学习方法和身体锻炼方法。学法是在教师的指导下,由学生根据主体需要、主体特征、主体认知特点去认识事物的途径。思想品德价值是体育教学的重要价值之一,它与其他各科教学具有共同的价值取向,都是为了个体的社会化提供明确的指导。品质的形成需要主体认识、情感意志和行为三个方面的协同发展。综上所述,体育教学的过程价值是体育知识的认知、体育能力的培养、体育方法的训练和良好品质的养成。

体育教学的终极价值的实现。体育教学的终极价值是通过体育教学的过程价值的升华而实现的,它主要体现为掌握体育知识技能,树立终身体育观念,为终身体育打好基础,完善人格个性,发展身心素质,提高健康水平,能与社会所需人才的相关素质结构相适应。因此,教师必须树立正确的体育教学思想和终极价值观念,并采用合理的教学设计,把价值观念融合在教学指导思想的教学行为之中,通过教学过程价值的形成,最终凝结成终极价值,以满足自身和社会发展的需要。

体育教学过程是一个体育教学价值凝结的过程,也是一个人才的相关素质形成的过程。

体育教学最高的价值就在于共建良好的人才素质结构,这是体育教学最根本的价值观。这既是一个促进学生身心发展、提高健康水平、满足学生和社会需要的过程,也是一个为学生和社会的进一步发展奠定基础的过程,因此,体育教学的价值也在促进学生身心发展方面具有双向促进作用。

二、高校体育教学目标的结构与制订

(一)高校体育教学目标的结构

1. 体育教学目标与体育学科功能、价值的关系

体育学科的多功能。功能取决于事物的性质和特点,同理,体育学科的功能来自体育学科自身所具有的性质和特点。

体育学科的价值。由于体育学科具有多样的功能和特征,使得体育学科具有了多方面价值取向多样性。虽然体育学科的功能是相对稳定的,但在不同的历史背景下和不同的国度中,体育学科的各个功能被不同程度地加以利用,体育学科被赋予各种各样的价值,此时,体育学科有些功能可能被忽视,这方面的价值也难以实现。

当然,人们在注重追求某种体育功能并努力实现某种体育价值时,也并不是绝对单一的,在多数情况下,人们是同时追求几种体育的功能,只不过是更注重、更强调某个功能而已。

体育教学的目标。不同时代的体育教育都有着独特的目标体系,这些目标是当时的社会对体育价值取向的具体化,也是对体育功能及重要性的认识。所以,无论是哪种体育形态,其体育教学的目标通常都不是一个,一般说来,从体育教学的第一目标的设定就可以大致看出该体育形态的价值取向,当然目标顺序与价值取向不完全吻合的例外也有。

2. 体育教学目标、体育学科的功能及价值之间的关系

功能是一个事物固有的、客观的属性;而价值是外赋的、主观的属性;目标则是根据功能进行价值取向后的行为效果指向。功能是事物固有的和客观的属性,而价值是外赋的和主观的属性,也就是说,一个事物即使具有这个功能,而人们如果没有看上这个功能,也不会把这个功能的实现作为目标;相反,一个事物不具有这个功能,即使人们非常希望通过这个事物实现这个功能,也是无济于事的。体育学科的功能不会有大的改变,但不同的社会和不同的历史阶段会有不同的体育价值取向,因此体育教学的目标会随着社会的变化与发展产生相应的变化。

3. 体育教学目标的外部特征

体育教学目标的外部特征是:属于体育教学目标内容以外的,但对体育教学目标内容具有规定性的那些特点及其标志。首先,体育教学目标是由多个层次的目标组成。所谓体育教学目标的功能与特性,是指各个层次的体育教学目标都有其独特的"功能"和"特性"。如果不明确各层目标的功能与特性,这层目标就会与其他层目标相混淆。我们也可以把"目标的功能与特性"理解为"目标的定位"或"目标的个性"。各层体育教学目标有着各自要解决

的问题,因此各层的目标就有自己独自的"着眼点",就是"围绕着什么来看目标"和"围绕着什么来写目标"的视角。学段体育教学目标面临许多的运动教材,因此不可能围绕某一个运动技能来写。单元体育教学目标是学段目标的下位目标,它也不可能围绕学段的发展来写目标,而它面临最清晰的对象是"在这个单元中,利用这个运动教材应该发展学生什么,能发展学生什么"。

4.合理制订体育教学目标的意义

合理制订体育教学目标的意义主要体现在以下几个方面:①充分发挥体育学科教学的功能。只有合理地制订了体育教学目标,才能明确要实现那些体育教学的功能。如果乱定体育教学目标就不能充分发挥体育教学的功能,使目标偏离了体育教学的基本功能,因此也就无法发挥好体育教学的主要功能,使得体育教学的质量大为下降。②保障实现体育的教学目的。只有合理地制订了体育教学目标,才能稳妥地实现体育教学的目的。如使学生的体格强健是健身目的的标志;使学生每个单元每节课都能愉悦身心是促进学生运动参与的标志等,体育教学目标是体育教学目的实现的标志。③确保层层目标衔接,最终实现总目标。如果错定了阶段体育教学目标,就使得阶段体育教学目标的总和不能等于总的体育教学目标,那么就意味着总的教学目标没有完成。正确地制订好各个层次的教学目标,是最终实现总目标的可靠保证。④明确和落实体育的教学任务。体育教学目标决定着具体的体育教学任务。因此,要有具体的体育教学任务来支撑目标的实现。好的目标有助于明确教学任务,体育教学目标是"的",体育教学任务是"矢",有了明确的目标,教学的任务才能"有的放矢"。⑤指引、激励教师的教与学生的学目标反映了人的愿望和努力方向。虽然体育教学目标并不完全是由任课教师和上课学生群体制订的,但合理的体育教学目标必定充分反映着教师的努力方向和学生的学习愿望。有一套科学合理的体育教学目标必定可以指引教师的工作,必定可以激励学生学习。

体育教学目标为教师指明了体育教学工作的预期成果,使他们清楚地知道自己工作的努力方向。在体育教学目标实现的过程中还会使教师受到鼓舞,实现过程中的困难也会促使教师去发现和解决问题,所以明确、具体而切实可行的教学目标,可以指引教师努力地工作。学习目标的不断实现会使学生受到鼓舞,实现过程中的困难也会使学生受到鞭策,明确、具体而切实可行的教学目标可以激励学生努力地学习。

(二)高校体育教学目标的创新发展

1.中国体育教学目标系统的发展

多年来,可以说中国一直只有比较笼统的、指令性的"体育教学目的",衡量体育教学质量也一直是依据《体育教学大纲》的要求进行的,各学段和各年级的教学任务也分不出阶段的层次。因此,21世纪以前的《体育教学大纲》以及《普通高等学校高校体育课程教学指导纲要》等教学文件中的目的和任务对体育教学的指导意义不强。归纳过去的体育教学目标系统的问题主要表现在以下几方面:①体育教学目的的表述不明确。②技能掌握和身体锻炼的教学任务不甚清楚。③各级学校的体育教学目的和任务之间的衔接不好,明显存在着体育教学目标的区分度不高的问题。④各级各类学校的体育教学目的和任务的重点不明确和缺乏特色。

中国体育教学目标系统发展始终面临的另一个问题就是怎样完成社会对体育教学的期待和要求。多年来,中国体育教学目标系统基本上反映出中国社会发展和学生个人发展对体育的要求。如何不断将时代对教育和体育的内在要求包容在体育教育目标中,是中国体育教学目标系统亟待研究的课题。

2.中国体育教学目标系统的完善

自20纪90年代后期以来,中国对高校体育课程进行了大幅度的改革。根据国家教育改革的总体要求,中国体育教育逐步向体育与健康教育转轨。体育教学体系涉及了体能、知识、技能、兴趣、爱好、习惯、心理、交往合作、生活方式、生活态度等诸多方面的教育目标,并将各个教育目标分为五个领域,分出层次。中国新一轮的高校体育课程和教学改革,为重新思考和建立中国体育教学目标系统提出了要求并开辟了道路。新课标的目标方案中必然存在一些不足,也面临着新的课题。

科学的体育教学目标系统的确立,必须遵循体育和教育的自身规律,要以"体"为对象,以"育"为目的,以身体锻炼为特征。符合体育的特质和内在价值规律的体育教学目标系统,才会有助于形成对人产生价值和教育影响的体育教学,才能体现体育文化与教育的完美结合。可以预见,有关中国体育教学目标系统的研究必将随着新的体育教学改革,随着体育教学基础理论的不断完善而更加深入。教学目标朝着更具时代特征、更反映社会要求、更体现目标特点、更能指导教学实践的方向发展,是未来中国学校体育教学目标系统不断努力的方向。

第四节 高校体育教学内容结构体系的构建

体育教学内容是体育教学大纲规定的学习范围。我国体育教学内容包含理论和实践两部分。教材是一个知识技能体系,是联系教师和学生的中介,是学生主要的知识来源,也是学生身心发展的基础。

一、高校体育教学内容的结构特征

体育教学内容的结构是指体育教学中特定的内容之间的分工配合。它必须既能满足社会的需要,又能满足作为教学主体的学生的需要。换句话说,就是学生对能满足自己需要的教学内容才能产生兴趣。因此,教学内容的优化组合是体育教学内容结构中的关键,而社会需要是社会对教育目标的要求。社会需要和学生主体需要具有统一性,但它们在满足的层次上、时间顺序上是不一致的,我们必须把握体育教学内容结构的基本特征。

(一)体育教学内容结构的目的性

体育教学内容结构具有明显的主观目的性:当客观的需要和主观目的相一致时,所建立的体育教学内容结构才是合理的。首先,在不同的学习阶段,学生对体育教学内容的需要是不一致的。其次,体育教学的内容结构要有利于学生形成合理的认识结构、技术技能结构、能力结构和体育方法结构。

(二)体育教学内容结构的联系性

体育知识和运动技能的种类是极其丰富的,任何体育教学内容结构都只能包含其中的一部分。通过这些内容的教学,可以有效地扩大知识范围,打下良好的体育运功技术技能基础并建立良好的能力结构,为学生进一步的发展创造条件。体育教学内容结构的联系性表现在以下方面:第一,具有横向特点的广泛性。身心的发展要求是全方位的,既包括保健、营养、卫生、锻炼原理、竞赛规则等基本知识,又包括促进身体发展的各种运功技术技能和练习方法。第二,具有纵向特点的复合性。体育教学内容要随着学习的进行逐步深化,这是教学的基本规律。但是体育教学目标是多元化的,它的实现依赖于多种教学内容的综合效应。复合性和广泛性的结合,可以提高体育教学内容结构的全面性和协同性,教学内容的广博性和教学内容之间的联系性对于学生创造性的发展也是非常有利的。

(三)体育教学内容结构的相容性

体育教学内容结构的相容性表现在体育教学内容结构内部相互渗透、彼此贯通。作为一个知识结构,体育教学内容结构应该是纵向联系、横向相关的,这种结构内部互相关联的特性,必然要求不同的内容之间彼此相容。体育教学内容结构的相容性使教学内容的选择具有更大的灵活性,体育知识技能具有更强的综合性。

(四)体育教学内容结构的动态性

体育教学内容结构要跟上体育科学的发展步伐,符合社会发展的需要,就必须具有动态性。这些新的知识必然要及时在体育内容结构中反映出来。社会对人才素质的要求是不断变化的,如现代社会的快节奏、高竞争性的特点,对人才的竞争力、创造力和良好的心理素质有了更高的要求。因此,体育内容结构总是处在一个动态的变化之中。

(五)体育教学内容结构的实践性

体育教学内容以实践为主,这是体育的本质属性所决定的。活动性内容应以在实践过程中对身心健康水平的良性影响为依据,换句话说,就是要考虑它对体育教学目标的贡献。使之既能产生教学内容体制改革具有的个别优势,又能形成多种内容结合而成的结构优势。

二、高校体育教学内容选择的原则

体育教学内容非常丰富,而真正作为教学内容的,仅仅是其中的一部分。我们应该遵循以下原则。

(一)实践性和知识性相结合的原则

实践性和知识性相结合是由体育的本质属性所决定的。通过实践,要使身体的大肌肉群得到活动,各内脏器官系统得到锻炼,同时体验到体育的乐趣,这些都是以体育教学内容作为媒介来实现的。知识性主要体现在为什么做、怎么做和为什么要这样做上,这固然要通过基础理论内容来讲授,但更多的是在实践中体验、理解,并通过运用来强化。体育教学内容发挥的作用就是将实践与知识连接起来。

(二)健身性和文化性相结合的原则

健身性是体育教学区别于其他教学的显著特点。文化是人类认识世界、改造世界和适应环境的产物。健身性和文化性相结合,就是体育教学内容既具有良好的健身价值,又具有丰富的体育文化内涵。

(三)民族性和世界性相结合

体育的形式和内容总是与一些国家或地区的民族文化传统和民族习俗有关的。如我国的武术、希腊的马拉松、欧洲的击剑等,无不具有鲜明的民族色彩。体育教学内容仅强调民族性是不够的,任何民族,无论多么优秀,在发展过程中总会受到来自方方面面、形形色色因素的约束,总会具有一定的片面性。因此,体育教学内容必须体现出民族性和世界性相结合,既要在保留优秀的民族体育内容的基础上,又要充分吸取来自世界各民族的优秀体育内容,将它们融合在一起,使之形成一个优势互补、功能齐全的体育教学内容体系。

(四)继承性和发展性相结合

继承优秀的传统文化是教学的重要功能。体育教学内容的选择无疑是要吸收我国历史悠久的传统体育内容,这就是体育教学内容的继承性特点。文化的继承是有选择的、批判性的,对于传统体育内容,我们在有选择继承的基础上进一步丰富其内涵,在保留其原有特点和精华的前提下剔除那些不健康的东西,使其更具有时代气息,这就是体育的发展性特点。

(五)统一性和灵活性相结合

体育教学内容要面向全体学生,它必须有基本的要求,有一个相对统一的标准,使体育教学有一个较为规范的目标。我国地域辽阔,各个地区的条件不一致、发展不平衡,教学的相关基础不在同一起点。即使是处于同一个教学阶段的学生,都会表现出明显的不同特点,因此,教学内容必须根据教学条件和学生特点,兼顾统一性和灵活性,才能有利于促进学生身心全面发展。

第二章 高校体育的教学内容

第一节 高校体育教学内容概述

体育教学内容是体育教学工作者在进行体育教学时的主要参考,因此体育教学内容在体育教学中占据非常重要的地位。再加上体育教学内容所涉及的知识点较为繁杂、宽泛,因此,对于任何一名体育教学工作者而言,体育教学工作必须建立在对体育教学内容充分了解的基础上。

一、高校体育教学内容的概念

体育教学内容是依据当前国家总的教育方针和社会对体育教学的需求选择出来的,根据对大学生身体条件和高校教学条件的深入分析和研究,在体育教学环境下传授给大学生的一种体育锻炼活动。

体育教学内容是根据体育教学的目标进行选择的,是根据大学生在成长过程中的发展需要以及体育教学过程中必备的教学条件最终整理而成的,并且是根据社会需求的发展而不断变化的。

体育教学内容主要是针对教学对象的大肌肉群的运动进行的,其具有很强的实践性,主要包括身体的锻炼、运动型教学的比赛、运动技能的获取等。

二、高校体育教学内容与体育运动内容的区别

众所周知,体育教学内容是保证体育教学正常进行的有力保障,但是其与体育运动内容之间却也有着非常细微的差别。作为一名体育教育者或是研究者,清楚地掌握它们之间的差别,有助于不断深入地了解体育教学内容。经过深入的分析和研究,对体育教学内容和体育运动内容之间的区别介绍如下。

(一)服务的目的不同

体育教学内容是以教育为主的,其服务的目的是促进大学生身心健康的发展,其内容偏于理论性,对教学活动具有指导意义。体育运动内容是以提高竞技运动水平、夺取胜利为主的,其服务的目的较偏重于教学内容的娱乐性和竞技性,对教学活动而言具有很强的实践性。

(二)内容的改造要求不同

随着时代的不断进步,体育教学内容需要根据时代的变化和社会的需求不断改变,以保

证体育教学内容能够满足社会培养人才的需要。因此需要对体育教学内容进行必要的改造、组织和加工,而体育运动内容不必进行这种改造。

三、高校体育教学内容的发展

体育教学内容和其他教学内容一样,也是随着社会和教育事业的不断发展而发展的。但是,与其他教学内容相比,体育教学内容的形成和完善还处于发展的阶段。体育教学内容的发展主要来源于以下几个方面。

（一）体操和兵式体操

古代体育的主要形式是兵式体操,由国家的专门机构指导参加训练的士兵进行列队、射击、剑术等战术问题的操练。后来,随着兵式体操训练的不断改进和制度的不断优化,体操最终成为今天体育教学中的内容之一。

（二）竞技类体育运动

我国早期出现的竞技类体育运动有骑技比赛、蹴鞠等,后来,随着人们对这类竞技类体育运动的兴趣不断激增,这类体育运动的发展日趋完善,最终成为一种正规的体育运动。工业革命以后,随着人们生活水平的不断提高,英美的体育游戏迅速地发展成为一种近代的体育运动,如足球、篮球、棒球等。这些体育运动最终传到世界各地并流行起来,迅速地在各国的高校教育中开展。再加上这些体育运动具有很高的娱乐性,因此深受广大大学生的喜爱,最终演变成体育教学活动中的重要内容。

（三）武术和武道

在古代的体育教育中,体育教学多是以武术教育的形式体现的,体育教学内容也大都是一些具有军事针对性的武术内容,这种运动不仅可以强身健体,而且能防身,因此迅速成为当下流行的一种体育教学内容,在社会上展现出独特的魅力,这也构成了"武术"和"武道"的基础。再加上这些运动在对人的精神和意志方面的培养有其他理论知识和教育学科所达不到的作用,因此,这种类型的体育活动深受人们的关注和喜爱。鉴于这种原因,由"武术"和"武道"原型构成的运动项目成为体育教学中的一种正式的教学项目,受到很多国家的关注。

（四）舞蹈与韵律性体操

舞蹈是人类最古老的艺术形式之一,是从古至今人们最喜爱的一种活动。在社会发展的历程中,随处可以见到舞蹈的影子,研究各国文化发展的历史可以发现,舞蹈是世界上很多国家民族文化的重要组成部分,在民族文化的形成、民族之间的交流中占据举足轻重的地位。除了舞蹈之外,韵律性体操也因为很多体育爱好者追求美感和锻炼效果,逐渐登上体育锻炼的舞台。在韵律性体操的基础上又出现了艺术体操、健美操等。传统舞蹈经过不断的改进和提升,形成了多样的民族舞蹈、体育舞蹈等。舞蹈和韵律性体操能够陶冶身心,并且在培养机体的美感和节奏感等方面也具有非常重要的作用。因此,舞蹈和韵律性体操逐渐成为体育教学内容的重要组成部分。

研究表明,以上几类体育教学中所涉及的内容在体育教学中所占有的比例不同,并且每个国家在进行体育教学的过程中对其重视的程度也有所不同。

四、高校体育教学内容的特点

(一)功能具有多样性

体育教学内容起源不同,又受到所处文化形态的影响,这就决定了体育教学内容具有不同的功能,人们对体育教学内容的判断也必然会受到其传统起源的影响。因此在进行体育教学的时候,要遵循因材施教的原则,这样才能保证体育教学的顺利进行。

(二)更新速度较快

体育教学本身对实践性要求较高,体育教学中所涉及的因素也非常多,受当前有关体育教学方针的影响,再加上体育教学本身受到地域、经济、政治、文化的影响较大,因此体育教学工作者在进行体育教学时的工作难度较大。要想与时俱进地开展体育教学,就要根据社会的需求不断地更新教学内容。

(三)体育教学内容之间是一种平行的关系

体育教学虽然涉及的内容较多,但是各内容之间并没有太多的联系和牵制,各内容之间是一种平行的关系。如跑步和跳远之间,就是相对平行的两种内容,在教学过程中,两者之间没有太大的联系。

(四)每一种体育教学内容被赋予的教学任务不同

体育教学内容具有很强的时代性,不同时代的人对于体育教学的要求不同,因此,每一种教学内容所承担的教学目标和任务也就不同,如在体育教学中开展各种体育锻炼是为了提升大学生的体育素质,进行比赛是为了培养大学生的团队精神、合作意识等综合素质。因此在进行体育教学或是选择教学内容时,应该仔细地分析教学目标,以便对教学内容进行梳理和选择。

五、高校体育教学内容与教育内容的共性

体育教学内容是教育内容的一个组成部分,它与教育内容具有一些共性,这些共性主要表现在以下几个方面。

(一)教育性

体育教学内容是对受教育者进行身体健康教育和心理陶冶教育的参考,当体育教学研究者和教学内容组织者将众多的运动项目选为体育教学内容的时候,首先想到的就是这些运动项目本身所具有的教育性。体育教学内容的教育性主要体现在以下几个方面。

1.有利于大学生身心健康

体育教学是通过指导大学生身体的运动和一些竞技性的小组活动,以促进大学生的身心健康发展而进行的一种教学。体育运动本身就是一种肌肉群的活动,它能够通过身体的锻炼来增强大学生的体质,通过各种小组教学活动和竞技类活动的开展来培养大学生的综合素质。

2.对大学生成长具有积极的影响

体育教学内容主要是一些具有深刻影响意义的内容，能矫正大学生的心态，培养大学生坚强的意志，影响大学生价值观的形成，对大学生的成长具有积极的影响。

3.内容的设计具有普遍性

体育教学内容所面对的是教学活动中的全体大学生，因此所选择的教学内容具有普遍性。所谓普遍性就是指教学内容要保证适应大多数人群，这样才能达到教学的统一，有利于教学的开展和进行。

（二）科学性

由于体育教学本身就是一种以高校教育为主要形式进行的有计划、有组织、有目的的教育活动，是以教育和培养大学生的健康发展为主要目的，因此体育教学内容也应该与高校教育范畴中的其他教学内容一样，保证其具有很强的科学性。体育教学内容的科学性表现划分为以下几点。

1.体育教学具有很强的针对性

体育教学的对象是广大大学生，其目标就是培养社会所需要的身心健康全面发展的人才。再加上体育教学内容是对人类文明的反映和表现，同时体育锻炼的实践性也使得人们不得不重视这一过程，因此体育教学具有很强的针对性。

2.教学内容符合大学生的需求

在对体育教学内容进行筛选的时候，为了保证体育教学内容能够更好地为大学生服务，体育教学研究者要对教学内容进行反复的筛选，使其能够符合大学生的身体发展需求和社会需求，同时体育教学内容具有很强的指导性，为教学过程提供参考和依据。

3.遵循体育教学的规律和原则

任何一门学科的教学都要遵循其特定的规律和原则，这是保证教学目标顺利实现的基本条件之一。体育教学牵涉的内容较多，较为复杂，为了保证教学过程能够按照目标的方向进行，在选择教学内容时应该遵循体育教学中特定的科学规律和原则，保证体育教学的科学性。

（三）系统性

体育教学是一门繁杂的学科，不仅所涉及的内容较为繁杂，范围较为宽泛，而且对教学目标的要求也较高。因此，在进行教学内容的梳理时，应该根据知识之间的系统性进行组织和安排。通过对体育教学内容的研究可以发现，体育教学内容的系统性主要表现在以下几个方面。

1.教学内容本身的系统性

通过以上对体育教学内容的介绍可知，体育教学内容具有很大的复杂性，但是每一个知识内容之间又表现出一定的联系性和逻辑性。如安排低年级的大学生学习体育的时候，首先应该培养大学生的方向意识，先通过"向左转、向右转、立定、向后转"等一些简单指令培养大学生的方向意识，然后对大学生进行各种体育教学内容的训练。由此可知，体育教学内容本身就具有系统性。

2.体育教学目标的系统性

在体育教学的过程中,需要根据体育教学的特点、大学生的成长特点和教学环境等,深刻地认识体育教学过程和教学内容之间的规律性。必须根据大学生的成长过程系统地、有逻辑地安排各个高校、各个年级的体育教学内容,并处理好它们之间的相互关系,将体育教学贯穿于教学的始终,这就是体育教学目标的系统性。

六、高校体育教学内容的特性

体育教学内容除了具有与教育内容的共性之外,还具有很多专属于体育教学的特性,这些特性在体育教学过程中发挥着非常重要的作用,主要表现在以下几个方面。

(一)实践性

众所周知,体育教学内容主要是一些具有教育意义的运动项目,并且需要大学生肢体和大肌肉群的共同作用才能完成,因此,运动实践是体育教学中的一个较为突出的特点。一般学科都是通过教师的课堂讲授,加上听、说、读、写等一系列训练完成教学任务的,而体育教学内容仅仅依靠听、说、读、写这种相对静态的方式是无法保证完成的,需要在特定的场地通过一定的体育运动才能完成。虽然国家规定的体育教学目标中包括对大学生的心理健康的教育,但是这种教育也是通过某种体育活动的开展让大学生体会到的。由此可见,体育教学内容具有实践性的特点。

(二)娱乐性

通过之前对体育教学内容的介绍可知,体育教学内容主要来源于生活、军事和艺术等方面,如武术来源于古代军营;体操、健美操、舞蹈来源于艺术行业;跑步来源于我们的日常生活。适当的运动或者竞赛活动会让参与者获得身心上的放松或者是身体上的改变,如篮球、足球、乒乓球等,这些运动能够丰富大学生的业余生活,促进大学生之间的交流,使大学生在运动中获得快乐,这就是体育教学内容娱乐性的表现。

(三)健身性

体育教学的目的之一就是增强大学生的体质,保证每一位大学生都能拥有健康的体魄。因为体育教学内容有很大一部分是以大肌肉群运动为形式的技能传授与练习,因此,很多能为身体带来动能的体育运动都会增加大学生身体中的运动负荷。再加上大学生正处于身体发育的关键时期,适当的体育运动能够促进他们的身体成长,提高他们的肺活量和身体承重力,不断地激发他们身体内部的潜能,从而达到强身健体的目的。

(四)开放性

体育教学内容和其他学科教学最大的区别就是体育教学内容具有很强的集体性,注重对大学生的人际交流能力、团队合作能力等社会性能力的培养和提升。再加上体育教学内容中所涉及的很多运动项目都是需要小组或者是集体共同完成的,并且需要全体成员充分地发挥自己的作用才能更好地完成,从这一方面来看,其教学内容具有很强的人际交流开放性,有利于大学生人际关系的培养。

第二节　高校体育教学内容资源的挖掘与开发

一、高校体育教学内容资源的挖掘

对高校体育教学内容体系构成即内容框架有了一定的了解后,体育教学内容的挖掘就主要是在整个体育教学内容体系内进行的,具体教学内容的挖掘方向主要从传统、创新两个方面进行,具体分析如下。

(一)引入传统体育运动项目内容

我国具有丰富的传统民族体育文化,为贡献体育教学内容资源挖掘提供了一个巨大的素材库,高校体育教学工作者应注意对我国民族传统体育项目的教学可行性进行研究,并引入适合本校开展的民族传统体育项目。

事实证明,在高校体育教学中,纳入民族传统体育内容对当前的高校体育教学内容体系具有重要的教育意义。

①有助于丰富体育教学内容体系,为学校体育教学课程内容开展提供更多的教学选择。

②有助于丰富校园体育文化内容体系,通过民族传统体育所特有的民族特点、民族精神等影响学生。

③有助于丰富学生的体育知识与技能,使学生深刻理解民族传统体育文化,增加学生的民族自豪感和自信心。

④有助于我国民族传统体育文化的教育传承。高校大学生的思维活跃,学习能力强,个性鲜明,且有思想有追求。高校民族传统高校体育课程的开展,有助于通过大学生群体,将这一优秀的民族文化普及、传承下来,起到了民族传统体育文化的传播和扩散作用,不仅培养了民族传统体育文化人才,还可进一步促进民族传统体育文化的振兴与发展。

(二)引进新兴体育运动项目内容

随着体育运动在世界范围内广泛发展和备受重视,世界范围内从事体育运动的人越来越多,也有不少以前鲜为人知的体育运动项目被广泛传播和普及,还有新的体育运动项目被发明和创造出来。

近年来,为了持续为高校体育增加活力,学校体育教学工作应该不断地为高校体育教学内容引进新的运动项目,考虑当前社会上流行的,以及大学生欢迎的体育运动项目,如街舞、瑜伽、拓展训练等,这些新兴的体育运动项目的引进,为高校体育教学内容注入新鲜血液,促进高校体育教学内容的不断丰富,有助于激发大学生的体育学习与参与热情。

二、高校体育教学内容资源的开发

(一)传统课程内容优中选优

高校体育教学中,有很多传统体育教学课程和教学内容已经存在了很长一段时间,并被长期的教学实践证明了,能切实促进高校大学生的身心健康发展,应予以保留。

针对传统课程教学内容,可从中选出更合适的知识、技能部分开展体育教学,同时,为了更好地调动师生教学参与积极性,鼓励教师创新教学模式、教学方法、教学组织形式,并给予教师最大化的体育教学内容选择自由,让不同教师能结合自己的特点与特长选择教学内容、优化教学质量与效果。

(二)基于上级课程文本的拓展

所谓上级课程文本,具体是指"国家教育行政部门规定的统一课程和教学内容,它体现国家的意志,是专门为未来公民接受基础教育之后应该达到的共同体育素质而开发的高校体育课程和教学内容",上级课程文本具有导向性和政策性。

在高校体育教学内容体系中的教学内容确定方面,上级课程文本对地方和高校具体教学内容的选用具有重要影响,可在上级课程问题的教学内容框架内,适当进行教学内容的选择、拓展、修改。具体的教学内容拓展操作方法如下。

1. 参考上级课程文本建议丰富教学内容

上级课程文本对于下级地区课程文本来说,是引导性的指导性的文件,可以为下级课程教学提供范围、方向和其他一些建议与参考,地方、学校、体育教师可以结合具体的教学实际来对教学内容精心选择、优化、补充,也可以摒弃一些体育运动项目教学,灵活调度整个体育教学体系内容,使体育教学内容既符合上级课程文本,又符合实际。

2. 基于上级课程文本规定的教学内容恰当修改

从课程内容结构上来讲,我国体育教学课程文本对教学内容的规定是宏观的,这就是说给了地方充分的选择自由,上级课程文本关于教学内容的选用标准描述并没有规定"过死",具有可灵活性的理解和修缮空间。

具体来说,高校体育教育教学工作者,尤其是一线教师在选用体育教学内容时可对上级课程文本规定的教学内容进行适当修改,充分参考上级文本的内容,做到在整体思想、内容方面与上级文本保持一致,但是在具体的教材细节安排上可突出本地特色,增添相应的教学内容;教师在选择教材、确定体育教学内容时,可以充分参考统一体育教学教材的教学内容,并结合本校的实际选择补充特色教学内容,使体育教学内容整体符合上级文本要求和范围,同时又能丰富和满足教学条件要求,前提是必须在领会和坚持上级文本的精神和规定要求的基础上进行。

(三)改造传统体育教学的内容

随着社会不断发展,体育教学是社会培养人才应符合社会发展的需要,因此体育教学内容必须结合社会和时代发展背景注重更新换代、与时俱进,对传统体育教学内容中不符合时代特点、学校和学生实际的内容,需要对其进行适当的改造。

新时期体育教学内容的选择需要考虑的因素、条件发生了变化,基于这些变化,体育教师对某个具体的学校体育教学内容资源应进行合理取舍、改造、加工、处理,从中提取一些要素,改变一些要素,增加一些要素或舍弃一些要素,使之成为一个新教学角度(如娱乐性、文化性)的体育教学内容。

(四)社会新兴运动的教学尝试

当前社会,人们的社会生活与体育健康追求发生了很大的变化,体育运动项目更加丰富多彩,新时期的学生群体的体育爱好与以往的学生体育爱好也发生了很大变化,体育教学内容应充分考虑学生的喜好和发展需求。

需要注意的是,体育教学不能单纯为了求新而求新,应注意合理性、可操作性。

第三节 高校体育教学内容的编排与选择

一、高校体育教学内容的编排

(一)高校体育教学内容的编排方式

体育教学内容的编排当中,存在循环周期的现象。这里所说的循环,是指在同一教学内容当中,不同的学段、学年等范围当中进行的反复的重复安排。这种循环的周期有的是课,有的是单元,有的是学期,有的是学年,甚至有的循环是在某一个学段当中。以跑步为例,一节体育课上要进行 100 米跑,下一次课当中仍要进行 100 米跑,这就是以课为周期的循环。在一个学期内安排 100 米跑,在下一个学期内的课程上仍安排 100 米跑,这就是以单元和学期为周期的循环。因此根据以上理论,我国体育教学学者以不同的内容性质为主要依据,对体育教学的内容的编排进行层面的划分。具体来说,可以划分为以下四个层面,每个层面都有其各自的编排方式。

第一层面,"精学类"教学内容——充实螺旋式。

第二层面,"粗学类"教学内容——充实直线式。

第三层面,"介绍类"教学内容——单薄直线式。

第四层面,"锻炼类"教学内容——单薄螺旋式。

由此可以看出,体育教学内容的编排方式主要有两种:第一,螺旋式排列。体育教学内容的螺旋式意味着,当某项运动项目的教学内容的有关方面在不同年级重复出现时,逐步提高教学要求的一种排列方法。第二,直线式排列。与螺旋式教学内容的排列方式不同,直线式教学内容的排列意味着,学习了某一体育运动项目和身体练习的相同内容,基本上不再重复出现。

以上编排方式很好地满足了新课程标准中对体育教学内容的要求,并以体育教学内容当中的自身理论为主要依据,与当前体育教学内容当中的各种情况的现状有机结合起来,创新地将各个方面的内容合理编排在体育教学中,所以在未来很长一段时间内,这种编排方式的实用性都是非常强的。

(二)高校体育教学内容编排的注意事项

在进行体育教学内容编排时,需要对以下几个方面的事项进行充分的考虑。

1.要对学生的基础与实际需要进行充分考虑

体育教学的对象是学生,因此,为了使体育教学的内容更好地符合学生的实际需求,促进体育教学质量的不断提高,应使体育教学的内容与学生的实际情况和实际需求相适应。在进行体育教学时,教师不应仅仅片面地考虑体育运动和身体练习本身的难易程度,还应依据学生的实际需要、学生的体能和运动技能的基础以及其生产发展的阶段特征等方面来进行高校体育课程内容的安排。

2. 要对不同的体育运动和身体练习的特征加以重视

在对体育教学的内容进行编排时,应注重各种运动技能的学习、改进、巩固、提高和运用。教师在课程安排时,并不仅仅为了让学生懂得相应的知识,更应该注重相应的知识的运用。

二、高校体育教学内容的选择

(一)高校体育教学内容选择的依据

在选择体育教学内容时,应该按照相关的依据进行有针对性的选择,具体来说,选择体育教学内容的依据主要有以下几个方面。

1. 按照高校体育课程目标进行选择

高校体育课程内容在实现高校体育课程目标的过程中存在的方式是手段,而不是目的。高校体育课程目标存在多元性的特征,体育运动项目和身体练习也具备可替代性的特征,这就使体育教学内容的选择变得更加多样性。

高校体育课程的目标之所以能够成为教学内容选择的重要依据,主要是因为高校体育课程目标在高校体育课程编制的过程中,在每一个阶段内都作为教学内容的先导和方向,所以它经过了多方专家的合理思考验证,对各个方面的影响都进行了认真合理的验证。因此,进行体育教学内容选择时,目标是必须遵循的,相应的高校体育课程目标对应着相应的高校体育课程内容。

2. 按照学生的需要及身心发展规律进行选择

在选择体育教学内容时,学生的需要是必须考虑的。体育教学以促进学生身心发展为目的,所以对体育教学内容进行选择的一个必要因素就是学生对体育的需要和兴趣,这对于有效的学习是非常重要的。学习需要学生的主动参与,而主动参与就是说,学生自身地积极和努力是必不可少的。通常学生如果面对感兴趣的事情,那么其参与的动力就会大大增加,学习的效率也将倍增。这非常符合一些教育学者所提出的观点。如果学习是被迫的而不是学生出于兴趣而进行的,那么学习从某种意义上来讲可以说是无效的。

学生对教学内容的接受程度取决于其身心发展规律以及特点,因此从这个角度来说,体育教学内容必须使学生可以接受,并且感兴趣。所以进行体育教学内容的选择时,学生的特点就决定着教学内容当中的各项要素,绝对不能忽略学生的实际情况。

3. 按照社会发展的需要进行选择

学生的个体发展无法脱离社会的发展。因此,体育教学能够在健康方面为学生打下良好的基础,所以在进行体育教学的内容选择时,除了考虑学生本身的需求,社会现实发展的需求也必须被考虑进去。体育内容在选择方面不能够忽视学生走向社会后发展所必需的体育素质,所以体育教学内容必须能够满足学生在社会发展当中各方面的需要。除此之外,体育教学内容必须做到与社会生活和学生生活联系在一起,这样才能让学生体会到它的作用,其功能才能得以实现,因此,体育教学内容的选择与社会实际相符是非常重要的。

4.按照体育教学素材的特性进行选择

在体育教学内容的选择上,最重要的要素就是体育教学素材,体育素材有着较为显著的特性,具体来说,主要包括以下几个方面。

(1)内在逻辑关系性不强

没有非常强的内在逻辑关系性是体育教学素材的最大特性,这种特性使得体育教学内容的选择无法完全按照难易程度和学生素质来进行。因此体育教学内容往往只是以运动项目来进行划分,但各个教材内容之间的关系是平行和并列的,如篮球和足球、体操和武术。表面上看似有联系,但这种联系并非能够分得非常清晰,而且并没有先后顺序,我们也无法判断其中一个运动项目究竟是不是另一个运动项目的基础。所以在这里是无法确定教学内容内部的规定性和顺序性的。

(2)具有"一项多能"和"多项一能"的特点

所谓"一项多能",就是指通过一个运动项目,能够达到非常多的体育目的,这就是说,在这个项目中有着目标多指向性的特点,以健美操为例,有人利用这个项目来锻炼身体,有人用这个项目进行娱乐,同时这个项目还有表演的作用。在很多情况下,进行健美操运动往往能实现多个功能,这就是说,学生掌握了一项运动之后,就能够实现多种目的。"多项一能"则突出了体育教学内容之间的具备相互的可替代性。如像从事投掷练习,可以扔沙袋,投小垒球也能够实现,推实心球也可以实现,推铅球也算是能够实现。想通过体育运动得到娱乐放松,可以踢足球,可以打排球,同样打篮球、打网球也可以实现。这就是说,想达到目的并非只有一个项目可以实现,不同的项目同样能够做到。正是由于这个特性的存在,使得在体育教学内容中没有无可或缺的项目,使得体育教学内容并不具备强烈的规定性。

(3)数量庞大

庞大的数量使得其内容相当庞杂,并且在归类上存在一定的难度。人类文明自诞生以来,创造出的体育运动项目数不胜数,并且每一个运动的技能对于练习者的身体素质都有着各种各样的要求。鉴于这个原因,没有哪个体育教师能够精通全部的体育项目,因此体育教师的培养才要求一专多能,高校体育课程的设计者也很难寻找到最合理的运动组合运用到体育教学内容当中,也几乎不可能编写出适合所有地区和教学条件的教材。

(4)不同项目乐趣的关注点不同

以篮球和足球为例,其乐趣就是在激烈的直接对抗中,通过娴熟的技术和精妙的战术配合而得分。再如,在隔网类运动当中,其乐趣则是双方队员在各自的场地中通过巧妙的配合,而将球击到对方场地而得分。因此,体育运动都有各自乐趣的特性使得体育教学内容在选择上乐趣是无法忽略的内容,这同时是快乐体育理论存在的事实依据,并且这一理论在体育改革进程中产生关键影响。

（二）高校体育教学内容选择的原则

选择科学合理的体育教学内容，不仅要有一定的依据，还要遵循一定的原则，具体来说，选择体育教学内容应遵循的原则主要有以下几个方面。

1. 科学性原则

进行教学内容的选择时，首先要遵循的原则就是科学性原则，具体来说，可以从以下几个方面来对体育教学内容选择当中的科学性进行深入的理解。

第一，教学内容的选择必须对学生身心的协调共同发展有利。要注意，一些内容虽然有利于学生身体健康，但对于学生的心理健康并不合适，反之，同样可能出现这种状况。因此，教学内容的选择必须使学生开心的同时，对身体的发展起到积极的促进作用。

第二，教学内容同时也要使得学生能够从根本上对科学锻炼的原理和方法有一个深入的了解，这种了解能够使学生从事体育锻炼时的自觉性和积极性得到进一步提高。

第三，教学内容本身的科学性。在今后，国家对体育教学内容的选择的限制放开，不做具体的规定，因此这就要求必须对一些科学性不够强的体育项目作为教学内容进入课堂的现象进行有效地避免。

2. 趣味性原则

兴趣是最好的老师，因此在进行体育教学内容的选择时，根据学生的各方面特征尽量选择他们感兴趣的、有趣味的，且在社会上比较流行的体育素材作为教学内容。毫无疑问的是，大多数竞技运动项目的健身价值和教育价值是不可低估的，但是，长期以来，体育教育工作者往往更加关注竞技运动项目教学的系统性和完整性，用培养运动员的方法进行体育教学，但却背道而驰，导致很多学生开始对体育课产生抵触的心理。

3. 教育性原则

在选择体育教学内容时，首先，应从教育的基本观点对体育教学素材进行选择，对其是否与教育的原则相符，与社会的固有价值观是否同步进行分析。其次，要对它是否有利于学生的身心发展和身体锻炼进行明确的分析。

在选择高校体育课程内容时，要求必须与高校体育课程的主要目标相匹配，确立"健康第一"的指导思想，并以此作为体育教学内容当中最基本的出发点，同时看重其中的文化内涵，在学生学习体育技能的同时，更能深刻体会到体育文化修养带来的益处。学校体育在培养学生时应先考虑对学生的品德、智力、体质等方面的全面发展是否有利，将理论与实际结合起来，在使学生了解人体科学知识的同时真正锻炼身体，还要从思想文化等方面下功夫，使其在双方面同时发展。体育教学内容的选择对于不同学段学生的发展特点和规律都要充分考虑到，其个体差异与不同需求将会在其中起到很大的作用，所以充分考虑能够确保每一位学生受益。进行体育教学内容的选择时，还要与各个方面的实际相符，从而确保选择时有足够的空间和灵活性。

4. 实效性原则

简单来说，所谓的实效性，就是判断某项体育教学素材是否实用，是否简便易行，是否有助于学生的身心健康。国家相关文件在教学内容的改革方面特别强调要对教学内容当中的

"繁、难、偏、旧"以及教学过程过度地偏重书本知识的现状予以改变,在教学内容当中,加强学生生活和现代社会和科技发展当中的联系,对学生学习的兴趣加大关注,教学内容中的知识和技能要有利于学生终身体育的进行。所以在进行体育教学内容的选择时一定要兼顾选择与学生自身的体育学习兴趣和经验相接近的以及大众喜欢的、社会上比较普及的,同时强调运动项目的健身娱乐效果,为学生终身体育的发展奠定良好的基础。

5.民族性与世界性相结合的原则

在选择体育教学内容时,要在保留我国民族传统体育当中的精华部分的同时,对国外好的课程内容选择的设置加以借鉴吸收。体育教学内容的选择就应该与时俱进,体现当今时代中国的特色。

(三)高校体育教学内容选择的过程

选择体育教学内容,不仅要有一定的依据、遵循一定的原则,还要按照一定的程序进行。具体来说,可以将体育教学内容选择的过程大致分为以下几个方面。

1.对体育素材的价值进行分析评估

选择体育教学内容前,体育教师应当对当今社会给予足够的关注,要从社会的生产生活、科技教育等发展的实际出发,考虑社会的发展对人的影响与要求,并以此为基点对现有的体育素材进行分析与评价,要对所选内容能否促进学生的身体健康,能否督促学生主动进行体育锻炼,能否提高学生的思想品质进行充分的分析论证,选用合适的教材内容实施教学。

2.对运动项目与练习进行充分的整合

在体育教学中,不同的体育运动项目和身体锻炼形式会对学生的身心产生不一样的作用和影响。因此在选择体育教学内容时,要以本学校的体育教学目标为根本前提,在此基础上认真分析各个体育运动项目对学生身体功能的不同方面发展是如何促进的,然后将各个体育运动项目与身体练习进行整理与合并,并对其进行合理加工,使之成为体育教学内容。

3.选择的体育运动项目要有效

由于大多数体育运动项目都可以成为学校体育教学内容的基本素材,而且体育运动项目与身体练习所具有的多功能性与多指向性特点决定了它们具有很明显的可替代性。因此,学校体育教学内容在运动项目方面可选择性强。但是由于体育教学时间有限,不可能完成全部体育运动项目和身体练习的教学,因此,体育教师要以社会的需求与条件为依据,充分考虑不同阶段学生的身心特点与兴趣爱好,选出典型、常见的体育运动项目和身体练习作为学校体育教学的内容。

4.对所选内容进行可行性分析

选好体育教学内容后,要对该体育教学内容的可行性进行分析,分析本地区地域、气候和本校的场地、器材等条件的制约与影响,充分考虑教学计划在这些特殊环境中的可行性,并保证各地、各校执行的弹性,为教师实施体育教学内容留下足够的余地。

第四节 高校体育教学内容的革新与发展研究

一、高校体育教学内容的未来发展趋势

(一)教学内容的学段分化和教学需求化发展

传统体育教学中,教师往往是简单地依据体育教学目标选择相应的内容,或仅仅教授体育运动项目技术,教学内容选择缺乏严谨性。

新时期的体育教学内容更加注重教学的科学研究,教师选择教学内容会考虑多方面的因素,关注教学客观条件、关注不同年龄阶段与不同性别的学生的体育学习需求。

(二)教学内容更加关注学生的教学主体性

体育教学内容的选择与确定受到各个方面的制约。以前的体育教学大纲中,体育教学内容的选择与确定往往更重视教育工作者的价值取向,即教师的教。

随着体育教学改革的不断进行,目前,体育教学逐渐摆脱了传统的以实现体育教师的教学而选择体育教学内容的做法,而逐步转变为教学内容的选择服务于学生的学习,从学生的实际情况出发,重视学生的价值取向,即学生的学。

(三)教学内容更强调对学生综合素质的促进

传统体育教学,更多的是为发现和培养竞技体育人才服务,体育教学内容多是专业化的体育运动训练技能,更关注学生的体能、技能训练和达标。

新时期,体育教育更多地关注学生的身心健康和全面发展,同时,新时期教育的根本目的在于培养适合社会发展的全方面发展的人才,在素质教育背景下,体育教育关注学生的综合素质的提高与发展,新的"以人为本""健康第一""终身体育"教育理念指导下的体育教学内容选择,应该更加关注选择那些对于学生素质的全面发展(身体、心理、智能、社会适应能力等)有利的体育教学内容,将其纳入现代体育教学课堂。

(四)教学内容更注重学生的终身体育培养

在传统体育教学,教师学生的竞技能力的发展,竞技性体育教学内容过多。

现代体育教育教学,强调体育教学应促进学生的终身体育知识、技能的培养,关注学生的长远发展。体育教学内容教授与传播为学生的终身体育的服务,而非竞技化的技能的不断提高。围绕终身体育教育教学总目标的实现,体育教学内容的选择应处理好健身性、运动文化传递性和娱乐性之间的关系,与学生生活相贴近,并关注学生的自我体育参与指导。

二、高校体育教学内容的改革建议与措施

(一)高校体育教学内容改革建议

①以学生为本,从学生如何学以及他们兴趣的角度出发选择体育教学内容。

②跳出传统体育教学大纲的规定过死的内容框架,扩大体育教学内容弹性,使体育教学内容的选择更加灵活、丰富,与学生、教师、学校实际更相符。

③逐渐淡化竞技体育运动的技术体系。

④增加体育教学中基础性的体育教学内容,使学生的体能和技术能够得到适当、充分的发展。

⑤重视女性体育教育,适当增加女生喜爱的韵律体操和舞蹈内容。

(二)高校体育教学内容改革措施

1. 教学内容选用以学生为本

以学生为本,是体育教学内容改革的一个非常重要的特点,对于体育教师来说,教师的体育教学活动要面向全体学生,学生的特点与情况将会直接影响教师对教学内容的选择,在当前越来越重视教学活动中突出学生主体地位的"以人为本"的现代教育思想与理念指导下,教师的体育教学内容选择必然要坚持以学生为本,结合学生的年龄、性别、身心发展特点、运动爱好、运动基础等进行教学内容选择,这样才能提高学生的体育学习积极性,加深学生对于体育的印象和理解,最终实现学以致用。

2. 重视学生体育素养培养

体育教学内容选择应服务于"使学生养成独立的人格,实现个性的全面发展"的体育教学目标,重视学生体育素养培养,培养和发展学生全面的体育素养。

现代体育教学过程中,应关注和重视学生的素质教育和综合能力培养,在培养符合社会发展的现代化人才中,体育教育是人才培养和教育的非常重要的一个环节与途径,体育教育教学应注重学生的各方面素质的培养,尤其要关注学生的体育素养的培养与提高,通过体育教学,为学生的日后体育参与奠定基础。

体育教学应关注学生生理健康,还应促进学生心理、体育观、价值观、意志品质等的提高,上述这些内容都应该被纳入体育教学的内容之中,而不只局限于运动技能的学与练。

3. 丰富体育文化内容

校园文体活动是促进体育文化在校园中发展和传播的重要手段,学校应尊重并努力实现每个学生的体育文化活动参与权利。

当前,高校不仅要做好体育教学的日常工作,还应以学校具体情况为依据来对群体活动项目进行安排,适当增添一些喜闻乐见能够提高运动兴趣的活动,开展一些学校群体体育活动,帮助学生了解和认识体育竞赛文化,并进一步提高体育文化素养。

现阶段,课堂体育教学内容应与校园体育文化建设相结合,体育教学内容选择与安排,应对本校的教育计划、季节特点、节假日和项目多少等进行综合考虑,形成校园体育文化教学与校园体育文化建设特色,使得学生更好地了解体育文化,传承体育文化,并发展体育文化。

4. 突出教学内容的实用性

在体育教学内容的安排与设计中,根据具体教学情况选择相符合的体育教学内容。同时,在满足学生自我发展需要的基础上,不断丰富与社会接触密切的体育教学内容,如游泳、攀岩、野外生存、高尔夫等,让学生能更多地与社会生活接触,做好学生体育活动的校园生活与社会生活的衔接,增强学生的社会适应能力。

第三章　高校体育教学理念与创新

新时期高校体育教学改革与发展,需要科学的体育教学理论做指导,只有充分了解体育教学特点、规律,认清体育教学本质特征与体系构成,才能进一步优化体育教学。新的体育教学理念从教学观念上为体育教学工作者更深入地认识体育教学提供了理论指导,在新的体育教学理念指导下,体育教学中的很多问题可以得到有效解决,从而促进体育教学的进一步发展与完善。

第一节　"以人为本"教学理念

一、"以人为本"教学理念概述

(一)"以人为本"的基本内涵

"以人为本"思想在古今中外均有所提及,只是一直到近现代才发展成为一个系统的思想,在教育教学领域成为一个固定的名词。

1.我国古代"以人为本"思想

在我国古代有着最早的学校和体育教育,一些思想家所提出的教学思想与现代"以人为本"教学理念有着相通的思想内涵,只是,当时的各种教育教学思想并没有形成一个系统化的理论体系。

早在商周时期,就有人提出了"民本"思想,指出人民是国家的基础,这是我国古代教育家和思想家重视"人"的重要体现。

春秋时期,儒家倡导"仁者爱人""以民为国家之本"等思想,都与"以人为本"教学理念有着密切联系,只是,当时对人的关注更多的是政治意义的体现,在教育方面并没有系统地显现出来。

2.现代"以人为本"思想内涵解析

新时期的体育教育坚持"以人为本"教学理念,教育的出发点、中心以及最终归宿都是"人",教育的目的是"人的发展",教育以人为基础和根本的。"以人为本"的发展观要求在教育过程中将人的自由、幸福、和谐全面发展以及终极价值实现重视起来,要求体育教育突破机器的教育模式,真正转变为人的教育。教育是人的自我实现、自我理解以及自我确认的过程。而不是用金钱来衡量现代人的自我价值和自我尊严,新时期,将"以人为本"的基本发展理念融入体育教育,是人类社会协调和可持续发展的基本要求和重要内容。21世纪的竞争的根本是"人才"之间的竞争,而人才的培养是依靠教育来实现的,新时期,各级学校贯彻落实科学发展观,坚持"以人为本",是学校体育教学发展的必然趋势与必然要求。

(二)"以人为本"的理论基础

进入20世纪后,随着科学技术的快速发展,科学主义成为当代教育发展的主流。20世纪50年代的教育改革中,各种教学思想、教学观点层出不穷,其中,认知心理学和行为主义均对人性的认识分析带来困惑,教育单纯成为人们获得更高技能与认可的一个途径。

也正是在科学技术不断发展的影响下,人类社会的生产生活方式和模式发生了很大的变化,科学改变生活,对人们启发很大,人们依赖科技,也会越来越受制于科技,因此在教育层面,人们也越来越强调"人本主义",旨在将人从"器物"中解放出来。现代人本主义强调,应将人类从依赖科技中解放出来,恢复人在世界中的本体地位,而非依附于科技发展。

从社会发展中人的主体地位的体现到教育领域中对作为学习者、施教者的教学活动参与主体的"人"的重视,"以人为本"思想在包括教育在内的各个领域得到重视。

教育教学中的"以人为本"教学理念旨在将教学活动参与者从传统教学中的非人性化的状态中解脱出来,恢复人的教学主体地位,强调了"人"的重要性,在教学中,真正关注教师、学生的自我的健康、可持续发展。

"人本主义"理论具有以下几个基本观点:

第一,学习者是学习的主体,应受到尊重。

第二,学习是丰满人性的过程,根本目的是人的"自我实现"。强调教育应促进教学参与者(尤其是学生)人格的完整,促进人的认知与情感的丰富、提高。

第三,人际关系是最有效的学习条件。

第四,"意义学习"是最有效的学习。

(三)"以人为本"的教学解析

在"以人为本"教学理念中,广义的"人"是指学生、教师和教育管理者;狭义的"人"是指学生,教育是"培养人"的一种活动,"以人为本"中的"人"的最大内涵是"学生",教育应以学生的身心健康、全面发展为"本"。

(四)"以人为本"的教学观点

"以人为本"肯定了人在教育中的重要作用,在教育教学实践的广泛应用过程中,体育教育工作者和许多学者逐渐总结概括出了以下几个观点。

1.教育的目的是促进师生自我实现

首先,在体育教学中,学生的自我实现是要促进学生的身体、心理、智能、社会性等全面的自我发展,让每一个学生都能通过体育教学而有所进步,体育具有多元教育价值,通过体育教学能促进学生的各种素质的综合发展。在"以人为本"的基础性理论人本理论的支持下,体育教育强调了在体育教学中不仅要重视健康知识和运动技能的学习,还要通过科学的体育教学环境创设和教学过程安排来促进学生的心理、情感、智慧、社会性发展,使学生情感和智力有机结合。教育学家罗杰斯认为,体育教育的一个重要教学任务就是在体育教学中促进学生的认知与情感的共同进步与发展,通过体育教学,发掘和发挥每一个学生的学习潜能,培养学生在各个方面的创造性,最终所培养出来的学生应具有创新、创造意识与能力,这样的人才才是社会真正所需要的人才。

其次,在体育教学中,教师的自我实现最基本就是能创造性地完成体育教学任务,在教学中实现作为教师的这一角色的价值,通过体育教学培养出适合社会发展的合格人才,促进学生的发展与进步。同时,在体育教学中,通过对体育教学的科学设计与各种丰富多彩的体育教学活动的开展和教学媒体的应用来提高自己的教学能力、组织能力、社交能力、科研能力、创造力等,促进自我综合教学能力和体育素养的不断提高,实现自我职业生涯的不断发展,并能在日常工作和生活中身体力行地从事体育健身锻炼,不断提高自身的身体健康水平,并能对学生和周围的人形成一种潜移默化的影响。

2.课程安排应尊重学生的自由发展

在人本教育理念产生之前,传统的教育侧重社会价值和工具价值,人本位的思想和观念使得人们认识到了传统工具化教育是对其本质属性的违背,必须认识到,人是教育的出发点,人本教育将教育的重点落实到人身上,关注人的健康成长。

体育教学所面对的教学对象是人,每一个人都与其他人存在个体差异,教育不是为了"批量生产人才",而是旨在促进每一个人健康全面发展的基础上的个性化发展,因此,体育教学应在统一要求的基础上做到因材施教,教师必须尽可能实现多种多样、侧重点不同的教学课程设计,使每一个学生都能在体育教学中有所进步,通过科学体育教学组织与引导学生正确、充分地参与到培养个性化的人才活动中。

3.教学方法选用应重视学生情感体验

人本主义教学理论强调"以人为本",主张教学以学生为中心,实现个性化发展,而学生的这种发展都是从学习经验中体悟和实现的,因此,这就要求体育教学中应重视科学化体育教学方法的选择,激发学生的体育学习兴趣,为学生创造良好的学习体验。

在"弘扬人的个性,强调以人为中心,尊重人的情感体验"的现代体育教学中,体育教师应全面了解学生、充分尊重学生、真正理解和信任学生,在此基础上,教师与学生之间的关系才能彻底改变,才有助于教师与学生构建和谐的师生关系。而良好的师生关系的建立对于体育教学活动的顺利开展具有非常重要的意义。可以说,学生对体育学习的态度、个人爱好、获得学分是重要动机,来自教师的个人魅力因素也具有重要影响。此外,师生的和谐关系建立也有助于教学活动中师生更好地配合,从而提高体育教学的质量。

二、"以人为本"教学理念的高校体育教学指导

(一)重新定位体育教育价值

长期以来,人们总是在理解体育科学化的基础上,常常采用生物学的观点来对学校体育的价值做出判断,并且过多地关注学校体育"增强体质"的功能。此外,在对体育运动的本质理解上,一些教师存在一定的偏差,以足球运动教学为例,我国体育教材普遍将体育运动确定为"是以脚支配球为主,两个队在同一场地内进行攻守的体育运动项目",针对此概念,有教师认为,"球"是活动争夺的目标,自然应该处于主体地位,因此也就忽视了"球"要受制于人,"人"才是整个体育活动中的活动主体。

在全球化的发展背景下,各种思想文化处在不断的发展和融合之中,教育思想也呈现出这一发展趋势,人本理论和"以人为本"教育理念的提出体现了当代社会对人的发展的重视,在体育教育教学领域,当前的学校体育更加强调人性的回归,学校体育的根本出发点和落脚点应是"育人"。

现代高校体育教学中,"以人为本"教学理念是符合当前时代的发展要求的,当前社会,人的发展在社会的各个领域受到了重视,即使是在智能时代,很多机器生产代替了人工生产,但是发明机器、操控机器的还是人,人在人类社会的发展中是起到关键作用的,任何时候都不能忽视人的作用。

人本主义教学理念与思想指导下的体育教学,就是要求教育者在体育教学活动开展过程中关注作为教学对象的学生这一因素,教师的教学活动开展需要学生的参与、配合,如果没有学生的参与,则教学活动就没有开展的意义了。

必须注意的是,教师也是教学活动中非常重要的参与一方,也是应该受到关注的人。体育教师在教学活动中所发挥的作用也不容忽视。

现阶段,我国的体育教学思想呈现出多元化的发展趋势,诸多教学思想都围绕"人"的教育展开论述,讨论了体育教学中如何更好地促进和实现"人"的发展。

(二)体育教学目标的重构

在我国,传统的学校体育教学目标为增强学生体质、掌握"三基"和德育,体育教学过于功利化,过于追求竞技成绩和金牌数量,这些都严重忽视了学生的健康发展,不利于学生的健康可持续发展的同时,也不利于整个教学的可持续发展。

随着体育教学的不断发展,新的科学化的教学理论、教学理念给了体育教育工作者更多的教育启发与指导,体育教学的育人作用被不断丰富和发展,多元化的学校体育价值体系对体育教学目标重构提出了要求。

新时期,"以人为本"教育理念在学校不同学科的教学中广泛应用并渗透,也有越来越多的学者认识到传统的体育教育体制不再适合当前的体育教育教学,不能单纯地追求学生的外在技能水平,而应该重视学生的全面、健康、可持续发展。新时期的体育教学的重点转移到"以人为本"上,在体育教学中,教师必须认识到,人是运动的参与者、是运动的主体,体育运动的教学和训练也必须以促进人的全面发展为根本目标。

(三)学生教学主体观的建立

现阶段,"以人为本"教学理念成为我国体育教学的重要教学理念,我国在体育教学实践活动地开展过程中,越来越多的教师开始关注学生,从学生的特点、条件、基础和学习需要出发来选择教学内容、选择教学方法、选择教学组织形式与教学模式。高校体育更多以选修课形式设置,不同教师之间也正是通过个人教学能力和对学生的"因材施教"和关心关爱学生、研究学生获得学生喜欢,以此来促进更多的学生选修自己的高校体育课程。

总之,学生是教学的主体,没有学生,教学也就不复存在。

(四)高校体育课程内容的优选

传统体育教学对学生的全面健康发展关注不够,体育教学课程内容主要是竞技体育运动技能,体育教学课通常被体能训练课、技能训练课代替,新时期的"以人为本"教学理念重视学生的全面、健康、个性化发展,在体育教学内容选择上,也更加科学。

在"以人为本"教学理念指导下,我国的体育教学有了很大的进步与发展,为了进一步促进我国体育教学的改革,教育部门先后修订各级学校体育教学大纲,强调在体育教学中要不断丰富体育教学内容,通过多样化教学内容旨在促进学生的身心健康与全面发展。高校体育教学中,教学活动开展也建立在落实"健康第一"的教学理念的基础上进行,通过丰富的体育教学内容来吸引学生参与体育锻炼,通过体育教学促进学生身心健康发展,而非传统体育教学中只关注竞技能力提高,有时为达到这一竞技力提高的目的,甚至安排不合理的教学内容,超负荷的拔苗助长,可能对学生身心健康造成损害,这种行为是"健康第一"教学理念坚决禁止的。

此外,在丰富高校体育教学内容的同时,"以人为本"教学理念还强调体育教学内容应与不同大学生的发展需求相适应,在体育教学内容优选中应注意以下几点要求:

第一,突出体育教学内容的趣味性,在课程改革过程中,激发学生学习的兴趣。

第二,强调体育教学内容的健身性,过度强调竞技技术提高的体育教学内容予以摒弃或改编,使之能更好地为促进高校大学生的身体健康服务。

第三,重视体育教学内容的适用性,体育教学内容的教学实施应有利于学生的当前身体健康发展,并能为高校大学生的终身体育意识和体育能力的培养奠定基础。

第四,关注体育教学内容的创新性,高校体育教学内容还应适应现代化社会发展潮流,应具有启发性、创新性,促进高校大学生的创新意识和能力培养。

第二节 "健康第一"教学理念

一、"健康第一"教学理念概述

(一)"健康第一"的理论依据

从世界范围来看,"健康第一"教学理念的提出是符合世界教育发展趋势和社会对人才的发展要求的。

1. 世界范围内对人类健康发展的重视

在人类社会的发展历程中,健康始终是一个备受关注的课题。人类健康是推动人类社会发展的一个必要条件。

世界范围内各国开始普遍性地关注社会健康、大众健康是在 20 世纪 50 年代以后,各国社会经济逐渐恢复,各方面的发展促进了各个国家和地区对本国家和地区的人们健康的重视,大众健康逐渐走入公众视野,同时,教育领域关注学生健康也成为国际体育教育的发展潮流。

1948年，公众健康问题在世界范围内广受重视，世界卫生组织提出现代健康新理念，为适应世界发展趋势，我国也开始关注社会大众健康教育、学校体育教育，提出"健康第一"的教育教学指导思想。

随着国际大众健康交流日益增多，各国和地区都非常重视本国和地区的大众健康发展，整个社会已对体育的功能、价值等方面形成了全新的认识，在教育领域，重视学生的健康发展，成为各个国家和地区重视本国体育事业和教育事业发展的一个重中之重，体育健康教育对增强学生体质健康和通过学生群体影响周围群众健康，实现学生进入社会成为社会体育入口，对间接增进社会大众健康具有重要而深远的影响。

2. 社会发展对人才健康发展的客观要求

随着科学科技的不断进步，经济的迅速发展、社会生活节奏地日益加快，人类的体力劳动越来越少了，长时间伏案工作所造成的"运动不足""肌肉饥饿"严重影响了人们的身体健康。基于社会压力所产生的各种心理疾病严重影响了人们的心理健康；社会功利化发展，过多地利益争夺对人们的社会性发展也产生了不良影响。诸多健康问题困扰着个人的发展和整个社会的健康发展。

进入21世纪以后，"全民健身"和"学生体质健康"问题更大范围地走进我国国民的生活视野，大众体育健身参与、体育健康教育成为我国重要良方和强大武器。

在当前和未来社会的发展过程中，健康问题始终是影响个人和社会发展的一个首要问题，社会的快速发展与激烈竞争要求现代人，不仅要有正确的政治思想，具备扎实的科学知识和能力，还必须具备强健的体魄。"身体健康是其他一切健康的基础""身体是革命的本钱"，身体健康是个体生活、学习、工作的基础，如果没有一个健康的身体，则很难在社会劳动力竞争中占据优势，社会竞争对劳动力的基本要求就是身体健康。要想在这个竞争中立于不败之地，必须首先拥有一个健康的体魄。

教育的最终目的是促进个人的健康发展、培养符合社会发展的合格人才，对学生群体的身体健康教育是体育健康教育的重中之重。

(二)"健康第一"的教育特点

"健康第一"教育理念内涵丰富，其在体育教学实践中表现出以下特点。

1. 强调身体健康是健康的基础

"健康第一"其中所提到的"健康"是全面的健康，是包括身体健康、心理健康、社会健康、生殖健康等在内的多维健康，健康的基础是身体健康。健康的体魄是人类发展的基本标志。教育应首先关注健康教育。

2. 强调多元健康发展的素质教育

"健康第一"作为一个现阶段重要的先进教育理念提出，强调体育教育应重视学生的健康发展，指出学校教育教学的首要目标是促进学生的健康成长，学生的身心健康比"卷面分数""升学率"更为重要。

3. 强调健康教育的全面性

第一,学生身体健康教育,在"健康第一"思想指导下,高校体育教学应时刻关注学生的各方面健康的综合发展,通过体育教学,关注和促进学生的身体健康发展,也促进学生的心理和社会性的发展,为学生奠定良好的身体基础和心理基础,并能在走进社会之后,能有良好的身心健康状态和水平应对生活、工作、再教育中的各种挑战。

第二,学生心理健康教育。现代社会竞争日益加剧,各种社会竞争要求社会生活中的每一个成员都应具备良好的心理素质,如此才能正确地看待、应付学习、生活、升学、就业、婚姻等过程中的各种问题。当前,就我国高校大学生群体而言,许多大学生都深受学业、就业、生活中的各种问题的困扰,都存在不同程度的心理问题。因此,教育关注学生心理健康非常必要。体育具有促进运动者健康心理形成和发展的重要作用,现代大学生压力大,也容易受不良因素影响,高校体育教育应关注大学生的心理健康发展,通过体育教学活动开展,促进大学生心理健康发展。

第三,学生社会性发展教育。体育是一种独特的教育形式,学校体育教育可促进学生的社会性良好发展,应该在教学中有意识地培养学生的人际关系建立、竞争与合作能力。

因此,在高校体育教学活动开展中,深入挖掘体育的教育价值,在体育教学实践中充分贯彻"健康第一"的教育理念,切实促进学生身心健康、全面的发展。

二、"健康第一"教学理念的高校体育教学指导

(一)树立体育教育新观念

"健康第一"教学理念对我国的体育教育的最重要的影响就是教育重点和方向的转变,新时期,贯彻"健康第一"教学理念,就必须转变体育教育观念,改变竞技化体育教育,关注学生身心健康发展。应该把教育的重心从单纯地追求学生的外在技能水平向追求学生的全面协调发展上转移。

新时期,不断强化高校体育教育教学改革,必须落实健康教育,每一个高校体育教育工作者,都应该形成正确的体育价值观,培养良好的意志品质,不断完善性格特征。总之,现代科学化的体育教育应该将体育教育工作理念从以往单纯的"增强体质"为主转移到"健康第一"的新型教育观、发展观。

现阶段,社会发展对人才的要求是全面化的,一名合格的社会人才应该是健康发展的人才,身体健康、心理健康、社会性健康等,缺一不可。

(二)明确体育健康教学目标

在当前的体育教育教学实践中,"育人"是学校体育教学工作的最根本目标,技术教育和体制教育并不能完全作为学校体育实践的重心,"健康第一"的教育理念为促进我国高校体育目标多样性、多层次的建构提出了新的要求。具体如下所述:

第一,高校体育教育应重视加强学生的体育文化知识教育,提高学生体育文化素养。

第二,高校体育教育应充分融合健康、卫生、保健、美育等多种教育内容,通过内容全面

的体育教育来培养学生健康的体育意识、健康的娱乐休闲习惯,远离可能影响个人身体健康的一切不健康因素和事件的影响。

第三,高校的体育教育工作的开展应紧密结合学生生长发育与生活实际开展健康教育,使学生学会自我保护,预防疾病发生。

第四,高校体育教育应重视大学生青春期教育和心理健康教育,作为健康教育的重要内容来抓好,为学生在特殊时期的健康成长提供科学指导。

(三)完善体育教学课程体系

深化高校体育教学课程体系改革是促进高校体育教学发展的一个重要和有效途径,新时期,要贯彻落实"健康第一"体育教学理念,就必须在体育教学课程体系建设方面做好工作,不断丰富体育教学课程体系内容,以更好地满足当前高校大学生的多元化、个性化的体育健康发展需求。

在"健康第一"教育理念影响下,我国的高校体育教学课程现状发生了很大的改变,如高校体育课程内容的增加,教学方法的不断丰富、学校体育课内与课外活动的有机结合,体育选修课越来越考虑大学生的学习爱好与需要,高校体育课程与内容设置针对不同专业学生突显出了专业特点等。

现阶段,要继续贯穿"健康第一"教学理念,建设更加完善的体育教学课程体系,应持续做好以下工作:

第一,在高校体育教学中,应始终坚持以学生为主体,将学生的身心健康发展放在首位,所有教学活动的开展都应围绕促进学生的健康发展服务。

第二,调整体育教学内容,充分了解学生的特点和需求,对体育教学大纲所规定的教学内容进行科学选择,对与本校实际教学情况和本校学生不适合的教学内容进行调整,使体育教学内容能更好地从理论落实到教学活动实践中。

第三,丰富体育教学内容。通过丰富的体育教学内容吸引高校大学生的体育学习与体育参与兴趣,通过丰富的体育教学内容满足大学生的不同体育学习需求。

第四,重视教学内容的因地制宜,根据本地区气候、资源以及学校自身教学特点来进行特色化的体育教学课程设置,并研究推出更能反映本校学生健康发展的健康检测内容与标准。

第五,重视高校大学生课内体育教育与课外体育活动的有机结合,加强体育课对学生的教育意义和提高学生对体育课的兴趣,并使学生养成科学合理的作息习惯、健身习惯,在课余时间也能科学健身,保持健康的生活方式。

(四)重视体育教学方法优化

良好的体育教学效果的开展受到体育教学方法是否正确的影响,在高校体育教学中,有很多体育教学方法可以供教师进行选择,不同的体育教学方法有不同的特点,同一种体育教学内容的展现可通过多种教学方法来展现给学生,体育教师应该判断出哪一种教学方法是最合适的,这样可以促进教学方法应用的最优化,进而促进体育教学效果的最优化。重视体育教学方法优化,要求体育教师具有良好的体育教学能力,有科学选择各种教学方法、有效应用各种教学方法的能力。

(五)教学评价体系的完善

在"健康第一"思想的影响下,体育教学的评价应以学生的体质增强、身心健康发展为重要评价指标,完善体育教学评价体系。

"健康第一"教学理念指导下的高校体育教学评价体系的科学化构建与完善,具体要求如下:

第一,对学生的全面评价中,要重视对多方面的教学效果进行量化分析,并且将定性评价和定量评价相结合,提高教学评价的科学性,促进学生能更好地认识自身的不足以及获得学习的动力。

第二,对学生的全面评价中,要做到评价内容的全面、评价指标的全面、评价方法的全面,还有尽量做到邀请不同的评价主体进行评价。

第三,体育教学不仅注重对学生进行全面的评价,还注重对教师教学方面的评价。

第三节 "终身体育"教学理念

一、"终身体育"教学理念概述

"终身体育"教育思想的形成是人类自身和社会发展的必然。终身体育包括两个方面的内容:一是终身教育贯彻人的一生,从出生开始一直延续到生命的结束,在人的一生中,都应养成参加体育锻炼的习惯,体育是日常生活的重要组成部分;二是终身体育是科学的体育教育,在人的一生中的不同的阶段,都有正确的价值观念来指导和引导个体参加体育活动,并通过参加体育活动实现身体的健康发展,终身受益。

具体可以从以下几方面来理解终身体育:

第一,时间方面,贯穿于人的一生。

第二,内容方面,项目丰富多样,选择性强。

第三,人员方面,面向社会全体公民。

第四,教育方面,旨在提高全民体质健康水平。

学校"终身体育"教学思想的树立和形成能有效促进我国体育教学的发展,是所有运动项目的体育教学都应该树立的一个正确教学思想和观念。

要切实推动终身体育教育理念在高校的贯彻落实,教师在推动"终身体育"教育思想的落实方面具有非常重要的责任与作用,调查发现,在学生对于体育运动的参与方面,有很多学生受到教师的影响,特别是教师业务水平的影响,教师应在教学中和课堂外都提倡学生积极参与体育锻炼。

在体育课堂教学中,教师应关注学生终身体育意识和能力培养,不能只关注和过于重视技术、技能教学。

在体育课堂外，教师可以组织学生开展各种体育活动、体育游戏，对高校大学生体育俱乐部活动的开展，教师应鼓励，并给出指导性意见和建议。

（一）"终身体育"的思想特征

1. 体育锻炼时间的终身性

"终身体育"是一种先进的教育理念，其最为重要的一点就是它可以令个体一生受益。

从教育功能作用于个体的影响来看，"终身体育"突破了传统的学校体育目标过分强调学习和掌握运动技能的观念，打破了传统的体育教学把人接受体育教育的时间仅仅局限在在校学习期间，而是将体育教育时间大大延长，囊括了人的一生。

"终身体育"教育理念强调体育教学应符合学生生长发育、心理健康发育的客观规律，以及健身的长久性，注重培养学生对体育的爱好、兴趣，养成锻炼的习惯和能力，强调体育终身参与的终身受益。

2. 体育锻炼群体的全民性

"终身体育"的体育对象指接受终身体育的所有人，每一个社会成员都应该积极参与，"终身体育"是面向全体社会成员的，从学生在学校体育教学中逐渐培养起体育锻炼意识到走进社会之后能持续参与体育锻炼，为以后的整个人生参与体育锻炼奠定良好的基础。因此，终身体育教育的主体并不局限于在校学生，而是面向所有民众，应做到全民积极、主动参与。

从一种体育发展理念演变为一种体育教育理念，"终身体育"教育理念的教育对象是面向整个人类社会的成员，"终身体育"教育不仅仅局限于学生，也包括社会大众。

体育教育是一个需要长期坚持的系统工程，生存、健康是社会和时代发展的主流，健康是人们生存生活的重要基础，体育健身与生活是密不可分的。因此，无论个体的年龄、社会身份发生怎样的变化，都应该成为"终身体育"的教育对象。

3. 体育锻炼目的的实效性

"终身体育"以适应个人发展和社会发展为根本着眼点的。因此，终身体育参与必须要做到因地制宜、因人而异，不同的人应结合自己实际选择具体锻炼内容、方式、方法等，同时，应融入日常的生活、学习、工作中。

在现代社会生活中，人们为了改善自己的生活质量，根据自身条件合理选择适合自己的体育方式，做到有的放矢，具有较强的针对性和实效性。

在高校体育教育教学中，体育教学的内容选择、方法运用都应为提高学生的体育知识、体育技能服务，不断提高学生的终身体育意识和终身体育能力，如此，在大学生毕业进入社会后，也能持续参与体育健身锻炼。

（二）"终身体育"与体育教育

1. 终身体育与学校体育的相同点

（1）共同的体育目标——育人

体育具有多元教育价值，无论是终身体育参与还是体育教育的体育活动参与，其最终目标都是为了实现体育运动者的体育、智育、德育、美育等多元教育价值，更好地促进运动参与者的健康全面发展。

健康的身体是其他健康的前提条件,学校体育教学就是要培养学生的终身体育意识与能力,以为其健康的一生,更好地实现个人价值和社会价值奠定健康基础。

(2)共同的体育手段——健身

终身体育活动参与和体育教育都是通过体育运动健身参与来实现体育的教育价值的,最终的个体行为也都落实在体育健身活动上面,终身体育强调个体应养成终身参与体育锻炼的习惯,在人生的每一个阶段都积极参与体育健身锻炼。体育教学以学生的身体练习为主要教学手段,通过身体活动促进身心、社会性全面发展。

(3)共同的体育任务——掌握体育知识,提高运动能力

个体的终身体育健康,离不开科学体育知识作指导,离不开体育健身锻炼实践活动参与,而同时,体育知识与体育技能的掌握,也是高校体育教学的重要任务,只有掌握这两方面的内容,才能更加科学地从事体育健身实践活动,才能通过身体力行的体育活动参与实现运动者的身心健康全面发展。

2.终身体育与学校体育的区别

(1)体育参与时限不同

终身体育贯穿人的一生,学校体育只负责学生在校期间的体育教育。

(2)体育教育对象不同

终身体育以全社会所有成员为教育对象,学校体育以在校学生为教育对象。

二、"终身体育"教学理念的高校体育教学指导

(一)转变传统体育教学思想

"终身体育"教学思想指导下的高校体育教学,应该在体育教学内容、体育教学方法、体育教学评价等各方面都要做到以培养和提高学生的体育终身意识和能力为标准,通过与学生日常生活、学习、工作关系更密切、关联程度更大的体育项目教学,培养学生的运动习惯,而不是仅仅关注学生的运动技能掌握情况。

高校体育教育教学过程中,教师应将体育教学达标的制订从单纯和过度关注技能指标的思想观念中解放出来,关注学生的体育价值观、体育态度、体育意识、体育行为习惯,如此才能真正有针对性地开展体育教学,才能真正实现终身体育教育。

"终身体育"教学理念是高校体育教学改革的指导思想,也是高校体育教学发展的落脚点。

(二)重视学生终身体育意识的培养

个体的体育活动参与行为的实现,必须建立在对"终身体育"教育理念有一个正确的认识的基础上,"终身体育"意识是高校大学生主动进行体育学习、体育参与的重要内部驱动力。

当前,社会节奏快,每一个人可能都面临着各种各样的生理和心理负担,要获得高质量的生活,就必须确保身心健康发展,体育运动能有效促进运动者的身心保持良好的状态,终

身体育对于学生的身心素质发展地促进具有重要作用,体育健身锻炼是一种身心压力释放、身心健康状态重塑的过程,对运动者保持良好身心状态迎接生活、学习、工作挑战是非常重要的,可以有效地提高个人生活质量,提高学习、工作的效率。

终身体育活动参与对于个人的社会性发展是具有重要的促进作用的,大学生坚持体育健身锻炼,能有效增强身心适应能力,可以在毕业步入社会后更好地适应社会,提高自己的抗压的能力。

现代高校体育教学实践中,要培养学生的终身体育意识,要求教师应做好以下教育引导工作:

第一,引导学生树立正确体育价值观。

第二,端正体育学习态度。

第三,将素质、技能、知识、能力等教育内容渗透到终身体育教育中。

第四,通过体育教学丰富学生的体育知识、体育技能,提高终身体育参与能力,为终身体育锻炼奠定基础。

(三)丰富终身体育教学内容的设置

学生的个体差异性决定了学生的体育兴趣不同、所适合从事的体育运动项目不同、所渴望学习的体育运动知识与技能(水平)不同,因此,在高校体育教学中,不能只追求学生某一特定的运动技能和运动的熟练程度,而是重视不同学生的不同体育发展需求,尽可能地丰富体育教学内容,使体育教学内容项目、层次多样化。

"终身体育"教学理念指导下的体育教学内容丰富化教学工作要求如下:

第一,延伸与拓展学校体育课堂教育,使学校体育向终身体育延伸。

第二,不同教学内容的课程目标设置应在充分了解与分析学生的现状的基础上进行,以高校体育课程终身体育教学目标为导向,组织体育教学。

第三,选用高校体育课程内容时,应重视对休闲体育项目、时尚体育项目的引进,开展能够激发学生体育兴趣和潜能的体育活动。

(四)关注学生需求与社会需求的统一

"终身体育"旨在为学生提供一种健康的生活态度与生活方式,对于任何人来说,身体健康都是个体适应现代社会生活、工作、发展的必要条件。

高校体育教育的终身体育教育理念的贯彻,是在培养符合社会发展的合格人才的基础上,促进学生的个性化发展,实现学生的社会价值与个人价值的共同发展。

高校终身体育教育对学生需求与社会需求的统一性的实现,要求应做好以下工作:

第一,重视国家需要、社会需要与学生个体需要的有机结合。

第二,明确学生需要与社会需要的彼此地位。这是正确处理学校体育发展与社会需要适配性的关键问题。

第三,重视体育教育的健身价值与人文价值的实现,重视体育知识、体育技能、体育习惯的共同培养。

第四,围绕学生开展体育教学,充分满足学生的学习和发展需求。

第五，全面提高大学生的体育素养，以符合社会发展对人才的体质、体能、知识、精神、道德要求。

"终身体育"教育有四个支柱，即"学会认知、学会做事、学会生活、学会生存"，但应充分考虑"终身体育"与"以人为本""健康第一"的有机结合。

第四节　坚持体育教学理念创新的注意事项

一、综合加强体育、卫生、美育和心理健康教育

体育教育是一种以体育为主的全面教育，在体育教学中，应加强体育、卫生、美育等教育的充分结合，加强学生的多元和多方面的体育教育，注意以下几点：

第一，学生参与体育活动，必须注重营养，养成讲卫生的好习惯，高校体育教育教学应将学生的多方面体育教育综合起来施教。

第二，高校体育教学中，应加强对学生的营养指导，让学生了解有关营养、卫生保健的知识。

第三，高校体育教学中，应加强对学生的美育教育。美育不仅能陶冶和提高学生的修养，而且有助于开发他们的智力。体育是健康与美的有机结合，寓美育于体育之中，提高学生对体育的兴趣，增强学生的体育学习情感体验，提高学生的审美、创造美的能力。

第四，高校体育教学中，应加强对学生的卫生保健教育，并应紧密结合学生的生长发育与生活实际来开展健康教育，使学生学会自我保护，促进自我健康成长发育。

第五，在高校体育教学中，应加强对学生的心理健康教育，把学生青春期教育和心理健康教育作为健康教育的重要内容来抓。

二、综合培养学生的体育健康意识、行为和能力

健康的意识、知识、方法、技能对每一个参与体育锻炼的人来说都非常重要，开展高校体育教学活动，要真正促进学生的健康，就必须将体育教学活动与学生当前和日后的日常生活与工作密切结合起来，使体育意识演变成体育习惯，并落实成体育行为，在以后的发展过程中，都能通过体育运动参与来更好地促进生活和工作的发展，如此就将体育知识、技能转化为学生自觉的行动基础。通过体育教学中对学生的体育健康知识、锻炼方法、运动技能等的传授，使学生能自主参与体育锻炼，并对自我体育锻炼效果进行正确评价，进而不断改进与完善体育锻炼。

具体来说在体育教学中，学校和体育教师应做好以下几方面的工作：

第一，结合学生实际选择体育教材。

第二，活动适量，不应矫枉过正。

第三，加强学生体育课外活动指导。

第四，组织开展多种体育比赛。

第五，展开与体育相关的各学科的教育，如运动学、心理学、营养学、保健学等。

第六，坚持以运动技术为主，注重一专多能。

第七，体育运动项目的开展要和社会体育资源相结合，不断提高学生参与体育的运动能力。

三、实现"以人为本""健康第一""终身体育"多元教学理念的相互促进

在教育教学的发展过程中，出现了许多先进的体育教学理论和教学思想，这些教学理论和教学思想在不同的历史时期，对教育教学实践具有重要的促进和推动作用，而且在同一时期可能会有几个教学理论和教学思想同时对教育教学实践发挥着影响作用，只是一些教学理论和教学思想起着主导影响作用，另一些起着次要的影响作用。

体育方面的教学思想有很多，各种不同的体育教学理念具有其优点，也有不足之处，不同的体育教学理念相互影响，不同的体育教学思想可能相互补充，也可能存在有冲突的地方，教师在开展体育教学活动时，应注重对具体的体育教学实际进行分析，在坚持"以人为本""健康第一""终身体育"的三个主要教学理念的指导下，各种教学活动安排都应该充分体现出这三个教学理念中的一个或几个，如此才能切实促进学生的身心健康全面发展。各种不同体育教学理念也可相互借鉴，丰富完善自我教育理念内涵，对不足之处予以改正，或者用其他更加与体育教学实践贴近的体育教学理论和思想予以补充，如有利于人性发展的观点值得吸取，但可能放任教学内容的泛滥应坚决摒弃；运动技术技能教学思想的落实可有效促进学生对体育运动技能的掌握，但容易过分强调技能水平而忽视学生身心发展规律，对此教师应格外重视。

在当前体育教育教学的发展过程中，"以人为本""健康第一""终身体育"都是先进的体育教学理念，对体育教学实践具有重要的指导和发展促进作用。

现代体育教育教学实践中，新的体育教学理念要求体育教学应关注学生发展、充分重视学生的体验，让学生在愉悦的体育教学氛围中能积极主动地参与体育活动、进行体育学习，同时，新的体育教学理念还重视培养学生终身锻炼的习惯，使学生在体育中养成积极健康的生活方式，进而促进学生的全面、长期、持续发展。新的教学理念中的"以人为本""健康第一""终身体育"是相互促进、互为补充的，通过这些体育教学理念对体育教学实践的共同的教学指导，能真正实现体育教育促进对学生的全面健康发展。

新时期，要实现体育的多元教育功能，促进学生、教师、体育教育的科学发展，就必须综合实现"以人为本""健康第一""终身体育"的相互促进和对体育教学实践的共同启发与指导价值，以不断完善体育教学，通过体育活动最终实现人的可持续发展。

四、提高高校体育教师队伍的综合素质

在体育教学实践中，体育教师发挥着重要主导作用，体育教学理念在体育教学实践中的贯彻实施需要体育教师去执行，提高高校体育教师队伍人员的综合素质，有利于更好地在体育教学中发挥先进的体育教学理念的作用。

新时期,要促进先进体育教学理念对体育教学实践的指导,提升体育教师素质,应注意做好以下工作:

第一,一名合格的体育教师应具备良好的体育文化素养,掌握丰富的体育文化知识、理论知识。教师要丰富自我文化素养,不仅要重视对体育学科知识与理论的学习,还要重视对体育相关学科知识的学习,以不断丰富自我知识结构。

第二,重视体育教师的综合教学素质、体育素养的提高。通过培训、学术交流、体育文化活动参与等不断促进体育教师熟知信息科学,通过对多方面的科学发展规律,如生命科学、环境科学、教育科学、传播学等知识学习,掌握不同活动发展的规律,为体育教学活动开展提供理论指导。

第三,加强终身学习意识,体育教师要落实终身体育,自己要先有足够的体育学习与参与意识,并形成体育健身习惯,教师必须为人师表,做出表率,才能为学生积极参与体育健身锻炼树立一个良好的形象与榜样。

第四,鼓励体育教师积极参与体育科研,体育教学实践活动的开展离不开具体理论的指导,体育教师提高科研能力,有利于更敏锐地在体育教学中发现问题、分析问题、解决问题,从而促进体育教学的不断完善。

第五,加强对体育教师的教学监控,督促教师不断完善自我、促进自我可持续发展。教师作为人,也有人的一般惰性,因此,有必要通过客观的教学监督指导来促进体育教师对自我工作的不断改进与完善。

五、建设良好的高校体育教学条件与环境

先进体育教学理念的实施需要学校的全方位的支持,需要学校教学工作者、领导等的支持,为整个高校体育教学创造一个良好的体育教学条件、环境与氛围,提高高校的体育教学软件、硬件、文化等方面的条件与环境创设水平,为高校师生更加主动、积极、顺利地参与高校体育"教"与"学"奠定良好的基础。

第四章　高校体育教学方法与创新

第一节　高校体育教学中多媒体技术的应用

一、多媒体教学技术的特征

（一）多媒体教学技术的多维性特征

所谓的多媒体技术的多维性特征，主要是指多媒体教学技术所拥有的对信息范围进行处理的扩展与扩大空间的能力，而此种多维性职能能够变换、加工、创作输入的信息，使其输出信息的表现能力得到增加，其显示效果得到丰富。如在高校体育教学开展的过程中，利用多媒体系统进行辅助，不仅能够保证学生对文本知识的学习，使其对静止图片进行观察，并且在多媒体技术的支持下，学生能够清楚地观察、了解体育教师的动作演示，使高校体育教学效果得到加强。

（二）多媒体教学技术的集成性特征

所谓的多媒体技术的集成性特征，主要是指多媒体技术能够将不同类别的多种媒体信息有机地进行同步组合，如声音、文字、图像等，进而促进多媒体完整信息的相册。此外，集成性还存在另外一层含义，指对这些多媒体信息进行处理的工具或者设备的集成，包含视频设备、储存系统、音响设备、计算机系统等的继承，总而言之，是指在提供的各种设备上将各种媒体紧密地进行关联，使文字、声音、图片与音像的处理实现一体化。

（三）多媒体教学技术的交互性特征

所谓的多媒体教学技术的交互性特征，主要指的是人和人之间、人和机器之间、机器和机器之间的交互活动，是人和机器进行对话的能力，也是使用者同机器之间进行沟通的能力。这也是多媒体计算机系统不同于传统音响、电视机等家电设备的地方。根据实际的需要，人们能够选择、控制、检索多媒体系统，同时，还能够参与到播放多媒体信息与组织多媒体节目的行列中。传统的被动接收的电视节目的形式已经被打破。

（四）多媒体教学技术的数字化特征

所谓的多媒体教学技术的数字化特征，主要是指在多媒体计算机系统中，各种各样的媒体信息都是以数字的形式在计算机中存放，并得到处理。多媒体技术是在数字化处理的前提下被建立的，如以矢量方式储存与处理的图形、以点阵方式储存与处理的图像、以数字编码方式储存与处理的音频和视频。在数字化技术发展的背景下，多媒体教学技术得到了广泛的传播与发展。

除上述的四种主要特征，多媒体教学技术还有其他的一些特征存在，通常来讲，还拥有实时性、分布性和综合性等特征。所谓的实时性特征,主要是指对于同时间相关的心理,如声音与视频信号等的处理,还有人机的交互显示、操作与检索等操作都存在实施完成的要求。所谓的分布性特征,主要是指基于多媒体数据多样性的存在,在不同的时间与空间都会存在它的素材,并且在不同的领域中,它也得到了广泛应用。所以,对于多媒体产品的开发,在离不开计算机专业人才参与的同时,更加需要的是听、视专业的人才。而多媒体计算机系统的存在比较明显的综合性,它不仅能够综合集成各种媒体设备,同时还能够综合提成各种信息,是他们成为整体,促进综合效应的产生,不再是单兵作战,而是文字、图片、声音与音像的有机组合。

二、多媒体在高校体育教学中的应用优势

多媒体教学技术通过文字和图形的形式,同动画、音频与视频相结合,将高校体育课程的教学内容进行立体地显示,具有表现形式和表现手段丰富多样、灵活多变的特征,使其独特的优势得到充分体现。

(一)多媒体技术使高校体育教学观念得到了更新

高校体育教学的传统教学模式是以教师的教为重心,在高校体育教学应用多媒体技术,能够使此种传统高校体育教学模式发生改变。体育教师在进行授课的过程中,对现代化的多媒体教学手段进行了应用,同时还需要人机交互活动与学生间交流活动的开展,使学生的体育参与意识得到激发,将体育多媒体教学的教学思想进行了展现,即以学生的"学"作为中心。这都能够极大地促进高校体育教学方法的实践性与多样性变革,改变学生体育知识与体育技能的学习思路与方式。

(二)多媒体教师使高校体育教学的质量得到提高

在高校体育课程的传统教学活动中,教师主要应用的教学方式是讲授为主,挂图等展示方式为辅。在实践课中,需要体育教师进行讲解与示范,在主观条件与客观条件的约束下,很难做到完全规范、标准的技术动作示范,在较短的时间内,学生们正确的动作概念也很难形成,只有体育教师才能够反馈出学生的体育学习状况,而这样的高校体育教学效果很不理想。

多媒体高校体育教学的实施使得上述的状况得到改变,在文字与图片的辅助下,高校体育课程的抽象概念得以具体化、形象化,而通过计算机,能够对难度较高的体育技术动作进行模拟演示。而在对速度较快、结构复杂的技术动作进行讲解与示范的过程中,取得的效果将会更加的明显。在多媒体技术的支持下,通过慢动作使学生对这一系列动作进行清晰的感知,促进相关体育概念的形成与动作要领的掌握,方便进行模仿与掌握,使得高校体育教学效率得到提高。

(三)多媒体技术使学生的体育学习效果得到提高

多媒体技术能够使人的视觉、听觉等多种感官系统得到刺激,促进大脑不同功能区域交替活动的开展,促进体育学习内容生动化、形象化的发展,增强高校体育教学活动的趣味性与直观性,方便学生对体育技术动作的理解。多媒体技术对字体、色彩、图表、音乐、动画和

闪烁等多种表现手段进行了综合利用,保证"声图并茂""有声有色",使得高校体育教学内容的艺术表现力与强烈的感染力得到增强,使高校体育教学的课堂氛围得到活跃,特别是多媒体高校体育教学资料中对肢体和谐美、力量美与技艺美的体现,使高校学生对体育的功效与个性的社会价值取得真正的认识,使他们的求知欲与体育学习的热情得到激发,进而使学生的体育学习兴趣与体育课堂教学的质量得到有效提高。

三、多媒体CAI在高校体育教学中的应用

(一)目前我国CAI的发展现状

目前,CAI正迎来了一个多媒体大面积教学的时代,即使用先进的计算机技术、多媒体技术、网络技术、通信技术和设备,"让最好的教师面向最广大的学生的时代"。所以,保证CAI课件大数量、高质量的发展具有十分深远的意义。

(二)多媒体CAI的发展趋势

对于近年来,在CAI中多媒体技术的应用情况进行综合分析,可以得知多媒体CAI的应用存在三个方面的发展趋势,具体内容如下所述。

1. 呈现网络化的发展方向

计算机技术的不断发展,尤其是网络技术的迅猛发展,使人们的生活方式与工作方式得到很大的改变。网络技术的发展需要多媒体技术的支持,而多媒体技术需要在网络中得到应用,进而使网络的表现力得到了增强。在网络中应用CAI课件,能够保证"最好的教师面向最广大的学生",进而使多媒体CAI的群体教学模式得以实现。

2. 呈现智能化的发展方向

从功能上来讲,多媒体教学软件与智能教学辅助系统之间存在着互补的关系,如果能够将两者进行结合,那么就能够规避短处的同时发扬长处,进而使得性能较高的新一代多媒体CAI系统顺势而生。如果想要使多媒体CAI具备一定智能性的问题得以实现,那么就不仅仅需要同人工智能领域的知识表达与知识推理紧密联系在一起,同时还需要对学生模型的建构问题进行考虑。在人工智能领域的知识表达与知识推理问题上,需要探求出一种能够与多媒体环境相适应的新型知识表达方式及与之相对应的推理机制。

除此以外,还可能应用方法保证多媒体知识库中导航功能的智能化发展。智能化导航在具备一般导航功能的同时,还能够按照当前学生的知识水平,对学生最合适的下一步路径进行及时的建议,如果学生碰到了困难,就要对学生进行帮助,等等。

3. 呈现虚拟现实的发展方向

虚拟现实的英文全称是 Virtual Reality,简称为 VR,属于交互的一种人工世界,需要多媒体技术同仿真技术的有机结合,在此种人工交互的情境中对一种身临其境的感觉进行创造。通常来讲,如果想要融入虚拟现实的环境中,那么就需要对一个特殊的头盔与一副特定的手套进行佩戴。

在高校体育教学中应用VR技术,具有十分广阔的前景,如人们可以对一个"虚拟物理实验室"的系统进行建造,这种系统能够帮助学生开展各种各样的虚拟实验,如万有引力定

量实验等,进而深入地了解物理的概念与规律。伴随多媒体技术与仿真技术的不断发展,VR实现的理论与方法也不断发展。

(三)同传统的高校体育教学方法相比,多媒体CAI具有的优势分析

在高校体育教学课堂教学活动开展的过程中,由于高校体育教学内容与高校体育教学任务方面存在着一定的需求,因此,多媒体CAI能够科学地、合理地对现代化教学媒体进行选择,并进行应用。而信息的全方位传递需要人体的多种感官,同时对于媒体组合开展的系统教学能够进行反馈与调控,在高校体育教学课堂教学开展的过程中,保证它的存在是始终有效的,从而实现高校体育教学过程的优化。

多媒体CAI高校体育教学同传统的高校体育教学活动相比较,存在的优点有以下几个方面。

1.体育教师在指导学生体育学习活动的过程中对其系统进行利用

在现代化高校体育教学中,计算机能够对大量的教学相关信息进行承载,能够按照高校体育教学的实际需要,开展人机对话,并且能够对各种各样的高校体育教学活动随意地调用、开展。

2.可帮助学生对动作概念尽快地建立

如果能够将多媒体CAI应用在体育课堂教学过程中,能够促进力量教学效果的获得。如体育教师在对足球理论课进行教授的时候,提到"越位"这一概念的时候,大部分学生对此概念能够很好地理解,然而,在具体的实践中却不能较好掌握。在进行表达的过程中,体育教师可以对画图的形式进行利用,同时,还能够对声像资料进行应用,并对足球比赛活动中一些典型的与不典型的"越位"镜头编辑在一起,从各个角度出发,向学生及时展示什么是"越位",同时还将经过反复多次推敲的解说词列入其中,使学生的各个感官得到调动,从理性上与感性上使学生对这一概念进行理解。

3.学生可用其直接开展自我学习、自我测验与自我评价

对于多媒体高校体育教学的使用方法,由体育教师向学生传授,保证学生的体育学习活动,不仅能够在课堂上进行,还能够在课堂教学结束后开展,即复习或自学。

4.向学生及时、准确地反馈其学习进程,使体育学习效率得到提高

在传统的高校体育教学过程中,教师在对跳远动作进行教学的时候,会对学生做出的不规范腾空动作或者是没有达到规定标准的动作进行指出,但是有时候学生可能并没有意识到错误的动作,因此导致教师和学生之间出现了沟通障碍,需要注意的是,如果想要消除错误动作,就需要在体育教师的悉心指导下,学生对某一种动作一遍一遍地不断重复,并且在不断地重复练习中,对动作的要领不断体会。如果是在学生需要改进某一个成型动作或者使自身运动成绩得到提高的时候,就可能会导致学生具有较低的训练水平与较慢的成绩提高。如果体育教师对每一次学生做的跳跃动作进行录制,进行慢动作处理。再组织学生进行观看,使学生对于存在的问题能及时地发现,并予以纠正。还可以利用计算机的处理作用,将一些优秀学生所做的这一动作进行事先的录制,再将两者开展对比,就能够很明显地得出两者之间存在的区别。此外,这套编制的多媒体CAI在专业运动员的训练中也同样

适用。

5. 使学生的体育学习兴趣提高

在传统高校体育教学活动开展的过程中，鉴于单调高校体育教学形式与落后高校体育教学手段的存在，使得学生由于学习过程反复、辛苦、无聊而产生的不能积极应对学习的心理状态，想要调整过来是不容易的，同时，多媒体CAI具有的形式是新颖的、变化多样的，能够对学生良好的心理状态进行调节，同时还能够有效刺激学生自身的求知欲，从而使学生的体育学习效率得到一定的提升。

综上所述，多媒体CAI能够刺激学生的各种感官，对知识或信息进行最大限度地吸收。多媒体CAI在高校体育教学中的应用，促进高校体育教学软件多媒体化的发展，能够使学生心理上的不同要求得到更好的满足。它能够将信息编码成图像，经过同步识别以后，保证高校体育教学文件的声图并茂、绘声绘色，且清晰，便于理解，使学生更加容易接受。

（四）体育多媒体CAI课件设计

体育课件的结构主要包含两个主要部分构成，即原理教学模式与训练教学模式。而对于体育多媒体CAI课件而言，总体的结构组成是高校体育教学内容与高校体育教学目标，其主要目标是使学生对体育基础知识和基本技术、技能进行掌握，使学生的身体素质得到增强，使学生的良好思想品德得到培养，促进学会观察能力与模仿能力的提高。而体育多媒体CAI课件的主要内容由理论课与实践课构成。

1. 体育多媒体CAI课件设计步骤

体育多媒体CAI在设计的过程中，主要包含四个主要步骤，具体内容如下。

(1) 体育多媒体CAI课件设计的第一阶段

在体育多媒体CAI课件设计的第一阶段，首先要对题目进行确定，之所以对题目进行确定，目的在于对课件设计所依据的规范进行了解。

(2) 体育多媒体CAI课件设计的第二阶段

在体育多媒体CAI课件设计的第二阶段，要对脚本进行撰写。撰写脚本的目的是对高校体育教学的内容进行安排。主要使由具有丰富教学经验的高校体育教学者来负责撰写。

(3) 体育多媒体CAI课件设计的第三阶段

在体育多媒体CAI课件设计的第三阶段，需要编制软件，在前两个阶段中还只是纸上谈兵，但是在这个阶段，不再是字面上的，而是课件的实际材料。在这一过程中需要做的工作有三项：第一，通过对多媒体编辑工具的利用，对多媒体数据进行准确编写；第二，通过多媒体的著作工具对多媒体课件进行制作；第三，对相关的程序进行编制。

(4) 体育多媒体CAI课件设计的第四阶段

在体育多媒体CAI课件设计的第四阶段，需要测试、检验。当完成了体育多媒体CAI课件的开发、设计工作以后，就需要进行测试、检验。主要目的是对体育多媒体CAI课件的运行情况进行测试，从而对课件能否达到规定的目标进行测验。

2. 体育多媒体CAI课件的选题原则

人们需要承认的是，体育多媒体CAI课件具有的特点与优势是非常强大的，然而，有时候也会有相对的不足与局限存在,因此,在完成全部教学任务的过程中,不能对体育多媒体CAI课件过分依赖,还应该对高校体育教学目标、教学条件、教学资源与教学内容进行考虑,保证选择的最优化,并精心设计。更要同其他教学媒体紧密联系在一起,组合应用,才能扬长避短,使更加高效的教学系统得以构成。

首先要对体育多媒体CAI课件设计的价值进行考虑,即这堂课是否必须使用课件。如果传统的教学方式就能够使良好的教学效果得以达成,就没有必要花费大量的精力去对体育多媒体CAI课件进行制作。所以,在对体育多媒体CAI课件的内容进行确定的时候,通常很难使用语言对高校体育教学过程中的难点与重点进行清晰的表达,在这样的情况下,对于体育多媒体课件的形式进行使用是比较合适的。之所以这样,主要原因是对于体育多媒体课件而言,自身具备较为丰富的功能,能够将声音、视频、动画、效果汇集在一起,能够更贴切地模拟自然,表现自然,或者是在实验条件的支持下,通过局部放大、旋转与重复等多种方式进行展现,从而有效地突破高校体育教学的重点与难点。基于模拟训练的目标而言,特别是初级训练更是比较适宜对多媒体形式进行应用。体育多媒体具有比较强大的模拟功能,能够有效地实施高校体育教学中的各种模拟技能训练。如对于一些进展比较困难的危险实验进行替代,高校体育教学过程中学生的实际操作,周期较长或者代价较高的实验,但是,需要注意的是,在选择高校体育教学内容的时候,应该选择那些不存在演示实验或者是演示实验不容易做的教学内容,进行使用。

3. 体育多媒体CAI课件的设计原则

(1)体育多媒体CAI课件设计的结构化分析原则

在体育多媒体CAI课件进行设计的过程中,应该对结构化分析原则进行遵循,而这里所说的结构化分析原则,主要是指设计体育多媒体课件的时候应用系统分析的方法,按照结构要素组成对事物的依次分解,等到对于所有的要素都能够清楚地进行理解与表现的时候,就能够停止事物的分解了。基于结构化分析原则下的体育多媒体CAI课件,能够将高校体育教学的内容进行层次清楚地表达,不管从系统宏观来讲,还是对于局部细节而言,所做的认识都是非常详尽的,因此,对于体育多媒体CAI课件中框架的展开与学科内容的设计都能够起到一定的促进作用。

(2)体育多媒体CAI课件设计的模块化分析原则

所谓的体育多媒体CAI课件设计的模块化分析原则,主要是指按照结构化分析的框架图指示,将相同或相近的部分设计成模块,使其相对独立,用模块图表示出单一功能模块的组成结构,由此对课件系统及与之相应的功能结构进行确定,进而为结构化编程创造良好条件。

诸多实践证明,体育多媒体CAI课件的模块化设计不仅减轻了繁杂的内容编程的负担,还保证了课件的风格统一、制作程序化。

(3)体育多媒体CAI课件设计的个别化教学原则

在对高校体育教学内容进行选择与组织的时候,应该选择具有广泛的适应性,应该保证某一层次的所有学生都能够适用。同时,根据学生不同能力的差异,对相应的高校体育教学程序和对策进行设计。如学生能够对自己学习内容的深度和广度进行控制,并对自己的学习进度进行确定。

(4)体育多媒体CAI课件设计的反馈和激励原则

体育多媒体CAI课件应该对于每一个学生做出的反应都能够将与之相对应的信息不论时间、地方的进行反馈。在体育多媒体CAI课件中,要保证友好的交互界面,充分调动学生体育学习的积极性,使学生始终处在良好的学习状态中,同时,还要及时的、有效的强化高校体育教学的效果,使及时、正向激励的作用得到有效的发挥。

(5)体育多媒体CAI课件设计的贯彻教学设计原则

对于体育多媒体CAI课件的设计而言,其理论与方法在将体育课堂教学呈现包含在内的同时,也存在体育多媒体CAI课件进行设计的方法与原则。在对高校体育教学的结构与内容进行设计的过程中,体育教师不能单纯地依靠传统的方法与经验对高校体育教学结构与内容进行设计,还要适当地使用系统的技术和方法,进而对高校体育教学目标的设计与分析,以及高校体育教学的诊断工作进行实施。

4. 设计体育多媒体CAI课件的具体方法

体育教师在开始制作体育多媒体CAI课件之前,应该对课件设计工作的重要性进行明确。现阶段,有一些体育教师不能够把握住体育多媒体课件的精髓所在,只是一味地去追求最新的科学技术,一不小心就将体育多媒体课件的性质进行了改变,这样是不正确的。之所以出现这样的结果,主要是因为没有对高校体育教学中多媒体课件起到的作用进行明确,需要注意的是,在高校体育教学过程中,体育多媒体课件发挥的作用不是主要的,而只是辅助性的。在体育课堂教学开展的过程中,教师仍然发挥着主导作用。只要将体育多媒体CAI课件的设计工作做好,才能够制作出更多优秀的课件。所以,在设计体育多媒体CAI课件的过程中,可以从以下几个方面进行考虑。

(1)从体育多媒体CAI课件的可教性考虑

对体育多媒体CAI课件进行制作的主要目的是使体育课堂教学的结构得到优化,使体育课堂教学的效率得到提升,在保证促进体育教师教的同时,还要促进学生的学。所以,在设计体育多媒体CAI课件之前,人们应当对其存在的教学价值进行优先考虑,也就是说,对于这堂课是不是有必要使用体育多媒体CAI课件进行考虑。通常来讲,如果仅仅使用传统的高校体育教学方式就能够使良好的高校体育教学效果得以实现,那么花费大量的精力对体育多媒体CAI课件进行设计就没有必要。所以,在对体育多媒体CAI课件的内容进行制作以前,应该尽可能地对那些不存在演示实验,或者是演示实验不容易做的高校体育教学内容进行选择、应用。

(2)从体育多媒体CAI课件的易用性考虑

对于体育多媒体CAI课件而言,应该能够清楚地表达出高校体育教学的目标、高校体育教学的步骤与高校体育教学的具体操作方法,同时,有一点需要注意,即在同本机脱离的情况下,在其他的计算机环境中,体育多媒体CAI课件也能够运行成功,因此,需要对以下几个方面具体的内容进行注意。

①体育多媒体CAI课件应该便于安装,且能够随意拷贝到其他硬盘上使用

首先,体育多媒体CAI课件应该保证启动比较快速,避免体育教师和学生焦急等待的情况出现。其次,体育多媒体CAI课件应该尽可能占据较小的容量,需要注意的是,对于体育多媒体CAI课件越大越好的错误观念必须更正,伴随网络技术的日新月异,体育多媒体CAI课件的运行在网络环境下最好。

②体育多媒体CAI课件应该具备友好的操作界面

对于体育多媒体CAI课件而言,其操作界面应该包含一些具有明确意义的按钮和图片,同时还要能够通过鼠标进行操作,对于一些特殊情况应避免发展,如键盘操作复杂等。此外,应该合理设置体育多媒体CAI课件各个内容部分间的转移,保证方便地操作跳跃、向前与向后等步骤。

③体育多媒体CAI课件的运行要保证一定的稳定性

对于体育多媒体CAI课件而言,在其运行过程中应该保证一定稳定性的存在,如果体育教师在执行体育多媒体CAI课件时做出了错误操作,那么就十分容易产生退出的情况,也会出现计算机重新启动的情况。因此,在体育多媒体CAI课件具体的操作过程中,体育教师应该尽可能地避免死机的情况出现,甚至不出现,保证体育多媒体CAI课件运行过程中稳定性的存在。

④体育多媒体CAI课件要保证及时进行交互应答

在体育多媒体CAI课件运行过程中,应该保证及时地进行交互应答。而不能将体育多媒体CAI课件等同于电影。同时,体育教师应该高度重视学生的学,使学生学习的过程是循序渐进的,为学生留出更多的思考余地。

(3)从体育多媒体CAI课件的艺术性进行考虑

对于一个体育多媒体CAI课件而言,它的演示在保证良好高校体育教学效果的同时,还应该是令人愉悦的,只有这样才能够将美的享受提供给体育教师与学生。如果上述的两项因素都能够保证,那么就表示这样的体育多媒体CAI课件存在着较强的艺术性特征,完美地融合了优秀的内容和优美的形式,值得人们注意的是,想要实现这些内容,体育教师不仅应具备一定的美术基础,还要存在一定的审美情趣。所以,如果在这一方面存在过高的要求,就很难顺利实现。

体育多媒体CAI课件的艺术性特征主要的表现是:具有柔和色彩的操作界面,科学合理地进行搭配,画面应该同学生的视觉与心理产生共鸣;为了能够保证将更加逼真的图像呈现出来,可以考虑使用3D效果;对于画面的流畅性要做出保证,避免停顿、跳跃的现象出现,需要注意的是,体育多媒体CAI课件画面中最多只能存在两个运动对象。此外,不仅要存在优美的音色,还必须通过适宜的配音进行辅助。

5.体育多媒体课件创作工具的选择

在选择体育多媒体课件创作工作的问题上,如果能够恰当地选择体育多媒体课件的创作工具,那么就能够使体育多媒体CAI课件的具体实施产生更加理想的效果。在内容的分

析与研究中,主要从以下几个方面简单地分析比较典型的体育多媒体课件创造与开发工具。

(1)在体育多媒体课件的创作过程中,选择体育多媒体创作工具的基本原则

在体育多媒体课件的创作过程中,所选的创作多媒体工具,其主要用途是对用户编排、制作各种各样的节目能够起到一定的促进作用。多媒体的创作工具在向用户提供的过程中,通常是交互的设计环境与易懂、通俗的高级编著语言,如此一来能够为用户编制各种内容提供便利。如果在体育多媒体 CAI 课件设计过程中,恰当地选择多媒体创作工具,那么就能够保证体育多媒体 CAI 课件的效用得到最大程度的发挥。

①高效原则

在体育多媒体课件创作的过程中,将会对多媒体的开发、创作工具进行应用。对于多媒体开发、创作工具而言,存在的特点主要有:具有容易实现、丰富多样的效果、较高的媒体集成度,在体育多媒体课件备课问题与课件开发的开展方面,具有十分明显的效率优势,这一点传统"语言"系统是做不到的。

②易用原则

对于同一种知识而言,如果通过 1000 名教师进行教授,自然就会存在 1000 种不同的教学方式。而体育多媒体课件的实际操作具有简单、便捷、方便、容易使用等多项特征,如果想要体育教师真正地接受并使用他们,就需要体育多媒体课件的使用方法在较短的时间内被体育教师所掌握,即便是这个体育教师对于程序设计一窍不通,甚至是对于计算机的操作也了解甚少。

③开放原则

在高校体育教学开展的过程中,可以使用的素材是富有变化的,因此,体育多媒体课件必须拥有一个几乎被所有多媒体格式都能兼容的体育多媒体课件创作开发平台,在能够提供或者应用各种各样高校体育教学素材的同时,还能够支持各种各样输入的设备格式。此外,还应该保证存在的所有素材都能够得到充分利用,自己的产品不管是在哪一台计算机中都能够适用。

④价廉原则

体育多媒体课件创作工具选择的价廉原则,是一种共同要求,在任何一个领域中都适用。当前"质优"是必要的前提。

(2)体育多媒体课件创作工具简介

在体育多媒体教学课件创作的过程中,选择体育多媒体创作工具的时候必须要对其存在的功能进行了解。通常来讲,体育多媒体课件创作工具具备的功能有很多,例如,第一,为体育多媒体的编程营造良好氛围;第二,多媒体数据管理功能;第三,超文本功能;第四,超媒体功能;第五,对于体育多媒体数据的输入和输出都能够有效的支持;第六,连接各种各样应用的功能;第七,友好的用户界面;第八,制作、编排动作的功能。

在体育多媒体教学课件创作的过程中,如果体育多媒体的创作工具存在于不同的界面中,那么就会同样存在不同的创作特点与创作风格,同时,每一种都会存在其各自的不同优点与缺点。但是,如何对这些界面不同的创作工具进行选择,主要依据是个人的偏爱与需要

完成的创作任务。如果仅仅是对学术会议的报告与研究生答辩的内容进行制作,那么就不需要通过更加复杂的编程软件来完成制作,只需要对幻灯创作工具进行选择、使用就可以了。但是,有一点需要进行说明的是,如果想要针对某一个领域中的教育教学软件进行制作,以便于更好地辅助个别化教育训练的开展,或者是实际操作的练习中使用,那么就应该选择具有较强交互性的多媒体创作工具。对于几种比较常见的多媒体创作工具,作者进行了如下的分析。

①幻灯式多媒体创作工具

体育多媒体课件创作过程中的幻灯式多媒体创作工具,一般来讲是一种呈现以线性为主的体育多媒体创作工具。而此种创作工具在应用中就是通过一系列的幻灯片的排列对其过程进行呈现,也就是按照顺序分离并展示屏幕。而此处所提及幻灯片,可以是简单的文字幻灯片,也可以简单的图像幻灯片,还可以是由声音、图像、文字、视频或者动画等多种要素结合在一起的体育多媒体课件复杂组合,但是,有一点需要强调,此种体育多媒体课件创作的幻灯式多媒体创作工具,在开始使用之前必须存在一个预先设置完整的展示程序。

对于体育多媒体课件创作的幻灯式多媒体创作工具而言,其某一些特殊存在能够将一定程度的交互提供出来,再按照一定顺序设计体育多媒体教学课件界面中的键盘操作、鼠标操作与按钮操作,在对体育运动技术动作进行设计的时候,必须借助动作按钮的功能,完成超级链接,此外,也可以打开一些外部程序。此外,对其包含的许多模版,人们可以直接进行调用,但是,此多媒体创作工具也是存在缺点的,即只存在简单的交互,甚至是缺乏交互,并且存在的交互只是在幻灯的线性序列的点之间进行跳转。在学术报告、汇报与演示过程中对此种幻灯式多媒体创作工具使用较多。

②书页式多媒体创作工具

书页式多媒体创作工具的主要特点是,将相关的高校体育教学内容制作成一本书的形式,当然也存在"页",并且这些页像书稿一样,也有一定的顺序存在。而上述的这一特征同体育多媒体课件创作的幻灯式多媒体创作工具是比较相近似的,但是,两者之间也肯定会存在一定的差别,即在页与页之间也能够有效支持更多的交互形式,给人一种身临其境,能够浏览真实书稿的感觉。可以说,书页式多媒体创作工具与幻灯式多媒体创作工具相比,在结构方面,交互能够在一页内完成,显示出更加丰富的特点。因此,在应用程序中的实现智能只能是利用页内不同的现实才能够完成。此外,还能够在打开某一本书的某一页内容的时候,同时打开其他的书籍,所以,对于更加复杂化的一个层次结构的建立,可以进行充分的考虑,也就是所谓的书架式的应用程序。对于此种书架式的应用程度而言,其原理在于在书架上,将多种多样的事物当作一本书进行放置。

③时基模式创作工具

这里所说的时基模式创作工具,一种常见的多媒体编辑系统,主要将时间作为基础,通过此种编辑创作工具制作出的内容近似于卡通片或者电影。时基模式创作工具通常是利用看得见的时间轴来对显示对象上演的时间段与事件的顺序进行确定。在这样时间关系存在的情况下,它的出现形式可以是许多的频道,从而能够使多种对象得到安排,同时呈现出来。

通常在这样的系统中会有一个控制面板的存在,主要是为了对播放进行控制,一般来讲就像是常见的录音机与录放像机,主要包含了演出、快进、倒带、前进一步、后退一步、停止等按钮。

④网络模式创作工具

对于网络模式创作工具而言,它可以在允许的程序下组成一个自由形式的结构,即可以任何一个地方到另外的任何一个地方。同时,它存在着不固定的结构与呈现顺序。在利用网络模式创作工具进行创作的过程中,仍旧需要作者建立自己的结构,也就是说作者需要尽可能多地完成工作。但是,在所有模式的多媒体创作工具中,此种创作工具是一个存在多种层次的,比较适宜建立的应用程度。网络式的实现可以对任何一种程序语言进行利用,然而,它存在较高的计算机方面的要求,首先需要作者至少是一名程序员。

⑤传统程序语言为基础的多媒体创作工具

对于程序员来讲,在编程方面比较擅长,通常对于多媒体编辑创作系统的限制及依赖工具箱产生的方式很难接受,所以,想要他们对多媒体创作系统进行应用,完全地丢弃到他们所熟悉的语言创作工具是非常困难的,几乎不可能实现。在这样的情况下,不仅适当地保留传统语言的特征,还要对设计程序过程中的环境进行改进,使之能够向可视化操作的一个系统转变。如果这样的话,就能在程序编写的过程中,使程序员在充分利用传统语言的同时,还能够对多媒体开发的工具箱进行应用,并且还能够直接使用工具箱内的这些编码,使之变成能够得到重用的编码。可以预见,此种多媒体创作工具存在的应用前景是相当广泛的。

四、基于 WEB 的体育多媒体网络课件的教学设计

(一)体育多媒体网络课件设计特点

基于 WEB 的体育多媒体网络课件的设计,主要对高校体育教学过程中学生的中心地位进行了强调。在主动获取知识的环境下,教师和学生的地位、作用和传统教学方式已发生了很大的变化,相应的教学设计理论与传统教学相比也出现了差异之处。因此,就需要围绕以学生为中心、强调教师与学生充分交互这一原则对体育多媒体网络课件进行设计,保证能够将对网络教学特点进行体现的软件被设计出来。

1. 对于"以学生为中心"的思想进行强调

在体育多媒体网络学习的过程中,应该使学生自身的主体性作用得到有效的发展,将高校体育教学课内与课外相结合、体育锻炼活动自觉参与的精神得到展示。应该保证学生能够在自身联系反馈信息的支持下,形成高校体育教学理论与方法的独到见解。

2. 对于情境在获取知识中的重要性进行强调,对于高校体育教学信息的接受与传递不等同于知识建构的问题进行强调

在高校体育课程构建的实际情境中,能够开展一系列学习相关的活动,能够促进现有认知结构中的一些相关经验能够被学习者有效的利用,使他们对于现阶段所学的高校体育课程教学的新知识可以更好地固化、索引。进而将某种特殊的意义赋予到新的高校体育教学知识中。因此,在对体育学习情境进行构造的过程中,必须要强调知识点与知识点间的结构

关系,注意不能只是简单地罗列高校体育教学内容。

3.对于获取知识方面,协作学习发挥的重要作用进行强调

在体育多媒体网络课件进行设计的过程中,对于学习者与周围环境之间存在的交互作用,还有网络环境能够强化协作学习环境的作用,能够得到充分地、有效地发挥,这对于学习者充分理解高校体育教学内容有着非常重要的作用。

4.对于学习环境的设计进行强调

这里所说的学习环境,通常指的是学习者能够自由地进行学习与探索的场所。在学习环境中,学生为了能够使自身的学习目标得到顺利实现,需要充分地利用各种信息资源与工具。基于WEB的体育多媒体网络课件的设计,以学生为中心思想的指引下,并不是从高校体育教学环境进行设计,而是针对学习环境展开一系列的设计。这样做的缘由是,更多的控制与支配产生于教学过程中,而更多的主动与自由则是会产生于学习过程中。

5.对于学习过程中各种各样信息资源的有效利用进行强调

在体育多媒体网络学习开展的过程中,为了能够有效促进学习者对知识的主动获取与探索,需要将更多有效的各类信息资源提供给学习者,与此同时,对于学生自主学习活动与协作式探索的顺利开展,对于这些媒体与资源应该要科学合理的利用。因此,在选择、设计同传统课件设计相关教学媒体的问题上,需要应用全新的、有效的处理方式。如充分考虑到如何获得信息资源、获取信息资源的途径有哪些、怎样有效利用信息资源等多项问题。

(二)高校体育教学内容选择与组织

只有对高校体育教学内容精心选择和组织,才能够使WEB的优势得到充分利用。具体的做法主要包含以下几个方面的内容。

1.教学内容的多媒体化

在高校体育教学开展的过程中汇总,不仅可以对文字和图片进行使用,还可以利用声音、动画和视频。如果高校体育教学内容具体多元化的形式,那么也要综合地设计高校体育教学内容的形式,对于文字形式、图片形式、声音形式、视频形式与动画形式等多种高校体育教学手段综合利用,详实地解说体育运动技术动作的要点、方法、难点、练习方法、容易犯的错误、纠正错误的方法等多个方面的问题。

2.补充高校体育课程教学相关内容与链接

在高校体育课程教学开展的过程中,在教学的各个知识点中不仅能够将高校体育课程教学大纲要求的内容引入其中,还可以融入大量的相关信息与知识。如在篮球教学中,不仅仅包含高校体育课程教学大纲中规定的一些技术教学内容与战术教学内容,同时,对于篮球运动的所有战术进行了扩展,同时,还补充了篮球运动战术在实战应用的内容。在完成高校体育课程教学大纲要求内容的同时,使爱好篮球运动的学生能够给对于国内外先进的篮球运动战术、教学与训练相关网络站点进行了解学习。此外,还能够对网络连接的特点进行利用。

3.高校体育教学内容动态更新

在高校体育课程网络教学开展的过程中,学生体育学习的教材由体育教师负责编写的

传统方式已经不再适用了。主要是因为在高校体育课程网络教学中,对于高校体育教学课件的相关内容,学习者可以自由地进行浏览,还能够通过网上教师答疑解惑与课程互动讨论等教学手段对高校体育教学内容进行讨论,同时,还可以将一定的修订意见进行提供,促进高校体育教学互动过程中教师与学生对教材进行共同编撰可行性的实现。经过了体育相关教材的共同撰写以后,对于自身的问题与意见,学生能够进行充分的表达,从而使高校体育课程网络教学过程中学生的参与感得到提高。

(三)体育多媒体网络课件的结构设计

在设计体育多媒体网络课件结构的时候,需要考虑的因素有:高校体育教学的目标、高校体育教学的内容、交互方式的性质。体育多媒体网络课件结构主要建立在高校体育教学内容的基础结构上,它可以保证体育多媒体网络课件的相关教学功能与大致框架得到充分地反映。

对于体育多媒体网络课件而言,其总体结构主要由两个部分内容构成,分别是高校体育教学的内容、网络交互。高校体育教学的组成内容,不仅包含高校体育课程教学大纲要求的全部内容,还包含一些扩充性的知识。在高校体育教学网络手段应用的前提下,大量同高校体育课程教学核心内容相关的补充性知识在高校体育课程教学内容中能够有机融合,进而促进高校体育教学资源在一个特定环境得到营造,对于那些存在不同兴趣、爱好的学生而言,能够给予他们的个性化学习活动适当的支持。在大量扩充性知识得到引入的情况下,极大地丰富了体育多媒体网络课件的内容。对于体育多媒体网络课件而言,其主要内容包含了体育理论课的教学内容与体育实践课的教学内容。

对于体育多媒体网络课件而言,其主要内容包含了多项内容,如相关课程的介绍、课程讲解的要点内容、教师答疑解惑、课程讨论、作业处理与课程公告等。其中,相关课程的介绍主要有对学习总体目标的介绍、考核的办法、学习方法、学习进度与课时安排等的介绍;课程讲解的要点内容主要有每一个项目的教学任务、技术动作的要点、技术动作的难点、练习方法、容易犯的错误与纠正的方法等。

(四)撰写脚本与设计素材

多媒体手段的引入使得高校体育教学内容的形式得到多元化的发展,在体育网络课件撰写中需要对素材的撰写和设计进行考虑,人们这里所说的素材,主要包含文字、图形图片、声音、动画和视频等,对于这些不同类素材之间的连接关系也要进行考虑。

1. 文字脚本的撰写

通常对 Word 软件进行利用,来实现文字脚本的撰写,在内容的问题上,不仅仅要对高校体育教学的知识点进行考虑,还要利用文字清晰地表达出教师的讲解,另外还要在引入图形、图片、动画及视频的文字做出标记,以便于后期的制作者使用,所以,在字数上,文字脚本是传统教材的 2~5 倍。

2. 声音脚本的撰写

在网络条件的制约下,如果在高校体育教学网络课件中对于大量的声音文件进行应用,很有可能会降低其最终的运行速度,所以,声音文件的使用只能在特别需要的地方才可以,如对动画的解说、对视频的解说等。同时,在对这一种类别的声音脚本进行撰写的时候,首先要进行考虑的是目标动画与目标视频,同时,按照动画的解说与视频的解说,对时间与内容开展配音,需要注意的是,应该保证配音脚本的精炼化,同时,将动画、解说与配音的过程紧密地联系在一起。

3. 关于图形、图片的设计

人们常说的图形,是指利用计算机的相关软件而绘制出来的示意图,如篮球运动战术配合的相关线路等。在对图片进行拍摄前,体育教师应该针对每一个技术动作按照文字讲解的实际需要进一步设计照片拍摄的地点与数量。人们常说的图片,是指利用拍照技术而生成的图片。当体育教师向学生讲解高校体育教学内容的时候,可能需要使用到大量的图片。通过计算机相关软件绘制出的示意图,不仅要对相关的内容进行表现,还要对图形的种类进行确定,可以使二维图形的绘制,也可以使三维图形的绘制。从原则上讲,为了能够使基于WEB的体育多媒体网络课件的制作成本适当地降低,尽量对二维图形进行使用,而放弃对三维图形的使用。

4. 关于动画的设计

这里所说的动作,主要是指动态的图形或图片。在基于WEB的体育多媒体网络课件中,动作的使用只是为了表达原理性的一些内容,如体育教师在讲解球类运动的战术配合问题的时候,就需要应用到二维动画。在对相关动画进行设计的时候,首先需要进行设计的就是最原始的静态图形,然后需要通过文字与图示对初始动态图形的每一个变化过程进行说明;其次要以文字撰写的形式编写相应的解说文字。对于动画脚本而言,其主要构成有:每一步动作的图形、说明性的文字与线条、图片中的文字提示、解说的文字等。一般来讲,一套规范的制作表必须通过制作人员和脚本撰写人员一起进行商讨、确定,这对于撰写脚本与双方交流活动的开展能够起到一定的促进作用。

5. 关于视频的设计

在基于WEB的体育多媒体网络课件设计过程中,视频的拍摄类似于图片的拍摄。通常来讲,视频的拍摄和图片的拍摄在步骤上是一致的。同时,如果拍摄过程中使用的是数字摄像机,那么图片拍摄与视频拍摄事实上就是处在同一个过程中。

6. 关于功能的设计

对于基于WEB的体育多媒体网络课件而言,其功能的设计内容主要有:对于课件界面的层次选择、导航模式设计、按钮的选择、功能按钮的确定、课程内容展示方式的确定、类型不同素材的连接方法确定、课件内容文件结构的确立等。功能设计的目的主要是最大限度地使用多媒体网络手段,以便能够使特定内容对教学活动辅助作用的完成起到一定的促进作用。在基于WEB的体育多媒体网络课件中,按照总体结构的相关要求,通常通过三级结构对界面进行设计,分别是:主要界面(也就是网络课件的主页面)、选择内容的界面、讲解内容的界面。

在基于WEB的体育多媒体网络课件的主要界面中,通常存在两组可以选择内容的按钮,分别是:高校体育教学内容组按钮、网络交互组按钮。为了可以适当地减少页面切换的数量,从而提升基于 WEB 的体育多媒体网络课件的运行速度。因此在选择内容的界面、在设置每一节内容选择按钮的同时,还要设置每一章节的切换按钮。针对某一个高校体育教学内容,综合利用各种各样形式的高校体育教学手段,可以采用的高校体育教学手段有:文字介绍、动画讲解、图像图片、录像片段等。不仅如此,基于 WEB 的体育多媒体网络课件还可以设置其他超文本链接形式的按钮,在基于 WEB 的体育多媒体网络课件中,其界面存在的各式各样的按钮充分考虑了学生各种需求。此外,还可以科学合理地增加按钮的趣味性与动态效果。

基于 WEB 的体育多媒体网络课件作用的主要表现是:使实践课中理论讲授时间紧且不系统的问题得到较好的解决,可在网上将体育课的教学内容完整系统地进行讲授,供不同需求的学生在网上进行个性化学习;可以利用多媒体的手段对体育运动技术动作要领进行形象生动地讲解,保证统一的、规范的动作,便于学生重复多次地进行观摩与学习,从而保证基于 WEB 的体育多媒体网络课件对于课外体育锻炼能够起到很好地辅助作用;对于网络上能够提供的条件应该充分地利用,对于相关的问题,体育教师应该指导学生进行谈论,并且为其答疑解惑,等等。

基于 WEB 的体育多媒体网络课件,其应用与发展在对高校体育教学手段与高校体育教学方法进行改革与创新的同时,还会在一定程度上影响到体育教育理论的发展与高校体育教学模式的发展。在多媒体课件中的一种重要形式就是基于 WEB 的体育多媒体网络课件,同时它也将成为网络教学发展的重要资源基础之一。

第二节 高校体育教学中微课的应用

一、微课的概念

(一)微课概念

所谓的微课,主要是指以视频的方式把教师在课堂内外教学活动开展过程中传授的教学环节或者强调的主要知识难点与重点进行展示的新型的一种教学资源。微课具有一些比较显著的特点:第一,碎片化;第二,突出重点;第三,具备的交互性比较强;第四,能够反复多次使用。微课作为一种全新的教学模式,能够使学生的碎片化学习活动随时随地的展开。

(二)微课的组成

对于微课而言,其组成内容的核心就是示例片段,也就是课堂教学视频。不仅如此,也有同某个教学主题相对应的辅助性教学资源,如素材课件、教学设计、练习测试、教师点评、教学反思和学生反馈等。在一定的呈现方式和组织关系下,它们共同营造了资源单元应用的"小环境",而这里所说的资源单元具有的显著特征是主题式的半结构化单元资源,因此,微课同传统单一资源类型的教学资源之间是有一定的差异存在的,主要表现在教学设计、教学课例、教学课件与教学反思等方面,同时,微课与上述的这些教学资源之间存在一定的联系,即微课作为一种新型的教学资源,其发展基础就是上述的这些教学资源。

(三)微课的特点

1. 碎片化

微课视频具有10分钟左右时长,将课程教学过程通过清晰的视频录制的方式进行呈现。一堂传统课堂教学的时间是45分钟,而原有的段状课程在微课的作用下,逐渐向点状课程转变,促进了更加精华、细致课程内容的出现,因此,学生除了课堂的教学时间以外,还可以利用课外的其他的零散时间,如当学生排队等待就餐的时候,可以利用这一小段时间进行学习,所以,微课的显著特点之一就是碎片化。

2. 突出重点

基于学生的学习特点,在微课显著碎片化特点的影响下,对于教师的教学能力,微课也提出了更高的要求。在微课视频的10分钟展示时间内,要求教师将严谨的逻辑性进行体现的同时,还要将课程内容的重点与亮点突显出来,真正地抓住学生的学习重点所在,才能够使学生的学习兴趣得到更好的激发。

3. 较强的师生交互性

微课作为一种新鲜的课堂形式,它的出现在满足学生知识渴求与好奇心理的同时,还能够有效改善传统教学模式中教学内容单方面输出的情况。在微课教学开展的过程中,教师与学生之间的互动得到加强,不仅仅及时收集了学生课程学习的兴趣点,同时,对于学生存在的疑问,教师也能够及时进行回答。这无疑会为教师课程后期的设计提供便利条件,使其能够同现阶段学生的知识渴求得到一定的满足,进一步提升课程的教学效果。

4. 能够反复多次使用的教学资源

在微课的模式下,学生能够按照自身的实际需要,对体育学习活动随时随地的展开,如在课程开始之前,学生可以通过微课来预习运动技能、巩固难点和重点、练习课后的动作等,上述的这些微课学习途径,在进一步提升教学效果的问题上都能够发挥出有效的促进作用,此外,对微课教学模式的使用,还可以使学生课程学习的积极性得到增强。

二、微课在高校体育教学中的应用

由于微课存在碎片化、突出重点、较强的师生交互性与可重复利用教学资源的特征存在,从体育微课的基本设计原则出发,开发质量较高的体育微课,进一步地改善当前高校体育教学的现状,使学生学习体育运动项目的兴趣得到提高,对于应用微课的体育方法要始终去探索,一般来讲,在高校体育教学中,主要会在以下几个方面将高校体育教学中微课的应用体现出来。

(一)微课应用在学生体育需求调研中

鉴于高校体育教学传统模式中同高校体育教学内容间存在的关联,在高校体育教学实践活动正式开始前,体育教师应该按照课程逻辑将高校体育教学内容中的难点与重点提取出来,同时,还应该同现阶段体育栏目与体育热点新闻相结合,对体育微课进行制作,之后再将已经制作完毕的体育微课利用移动互联网的各种渠道实施学校范围内的广泛传播,通过对微课中学生的点击率与评论内容的考察,体育教师能够有效地评定高校体育课程内容的合理性，保证体育教师更加深入地了解到学生兴趣与期待。此外，在前期对体育微课进行传播，能够有效地调动学生体育学习的积极性，使学生更加期待即将要学习的新学习内容，使学生的被动学习行为转向主动学习行为，进而提升学生的体育参与度。

（二）微课应用在高校体育课程设计中

对于体育微课而言，它不仅补充了传统的高校体育教学模式，还是多媒体时代下高校体育教学发展的必然结果。微课的逐渐出现，使得原本的高校体育课程设计得到了重新的定义，因此，就需要保证高校体育课程有理有据，有血有肉。在高校体育教学开展的后期阶段，将以往室内体育理论课与室外实践课分开开展的高校体育课程设计进行改变，将两者进行融合，同时，对于多媒体时代大数据的时代特征进行考虑，在设计室内理论课的时候，可以以教师和学生的信息数据交流为主，使他们的头脑风暴在高校体育课程中得到掀起，呈现出更加公平、更加自由的高校体育课程，此外，在这样的形势下，体育教师的教学思维能够得到更进一步地更新，使学生体育学习的热情得到提升。

（三）微课应用在高校体育课程教学中

一方面，基于体育时事热点与高校体育课程的新内容等方面，体育教师能够对新颖的体育新课进行设计，并向微课导入，在体育课堂教学开展的过程中，组织学生集体观看，主要的目的在于吸引学生的注意力，激发他们的体育学习兴趣；另一方面，在高校体育教学实践活动开展的过程中，体育教师可以将复杂动作的教学制作成微课，同时，在体育课堂教学过程中，重复地向学生播放，将更加具体、直观、生动的高校体育教学过程呈现出来。

体育教师可以根据新课内容和时事体育热点等方面设计新颖的新课导入微课，在课上给学生观看，目的是使学生的注意力得到吸引，使学生的学习兴趣得到激发。对于高校体育教学中复杂的教学动作，教师可将其制作成微课，在上课过程中对学生进行重复播放，使高校体育教学过程教学更生动、更直观、更形象、更具体。

（四）微课应用在体育课后辅导中

对于高校体育教学而言，每一节体育课堂教学的时间是45分钟，有限的高校体育教学时间，使教师能够全面地讲授内容，想要实现精细化教学几乎是不可能的，所以，一部分学生不能与教学节奏同步或者是学生不能对其所学运动技能充分掌握的情况必定会出现，所以，当体育课堂教学结束以后，教师可以将包含有高校体育教学重点的微课视频向学生发放，以便于学生能够在课堂结束以后，对于已经学习的技术动作进行练习，对课堂上所学内容进行复习，切实保证温故知新，提升学生的学习效果。

（五）微课应用在高校体育课程分享中

从本质上来讲，分享就是学习，学生们喜欢在朋友圈中分享一些好的视频课程，对身边的朋友、学生进行感染，使学生的学习圈子得到扩大。因此，我们应该对于一种倡导分享精神的学习共同体进行构建，这样能够保证学习共同体成员间能够互相督促，对有用的体育学习信息进行分享。如将微课应用在体育舞蹈教学过程中，在校园内学生可以对已经学习的且比较感兴趣的体育舞蹈课进行分享，使越来越多热爱体育舞蹈的学生能够及时地对学习资源进行获取、分享，同时，学生还可以对校园内其他兴趣一致的学生进行自发组织，安排大家一起对体育舞蹈微课进行学习,保证体育舞蹈社团的更进一步发展,通过对社团活动的有效组织,如"快闪"等,使学生的课堂学习以外的生活得到丰富。

第三节　高校体育教学中慕课的应用

一、慕课的概念

(一)授课形式

慕课是一种将在世界各地分布的学习者与授课者通过某一个共同的主体或者话题而联系在一起的方式方法。

几乎所有慕课的授课形式都是每一周话题研讨的方式,并且只会将一种大体的时间表提供给授课者与学习者,但是一般来讲,慕课课程都不会对学习者存在特殊的要求,一般进行说明的内容比较简单,如阅读建议、每一周进行一次的问题研讨、每一周进行一次的问题研讨等。

(二)主要特点

1. 规模比较大

所谓的规模比较大,是指网络开放的大规模课程,而不是以个人名义对一两门课程进行发布。人们这里所说的网络开放的大规模,通常是指那些参与者发布出来的课程,这些课程一般会被人们称作是大规模的课程或者是大型的课程,慕课的典型形式就是这些课程。

2. 开放的课程

所谓的开放的课程,一般会对创用协议严格遵守;可以说,开放的课程,就能够称为慕课。

二、慕课在高校体育教学中的应用

(一)高校体育教学中慕课的应用价值分析

自慕课引入我国以来,已经过了很长的一段时间。对于此种新式的教学方法许多的学校都开始进行尝试,然而,慕课在高校体育教学方面的应用非常的少。实际上,慕课的教学方式在高校体育教学方面也是非常适用的。

随着社会网络的日渐发达,人们每一天都会上网,不管是对网页进行浏览,还是刷微博,人们都必须要承认的是网络在现代人们生活中承担的责任越来越重要,而对于慕课而言,就是对此种现状进行利用,在学习开展的过程中应充分利用网络条件。

除此之外,作为一种学习方式,慕课还具备一定的主动性特征,任何人的监督与强迫都不会对其发生作用,按照个人兴趣爱好,使用者可以选择、学习自己喜欢的运动。同时,慕课所拥有的资源范围是非常广泛的,在高校体育教学开展过程中对慕课进行应用,教师和学生还可以实现对国外高校体育教学资源的分享与使用。

现阶段,学校体育课的开展形式主要是体育教师授课,学生接受学习,即高校体育课堂教学中,教师首先进行讲解、示范,之后学生在进行练习。然而,我国大多数中小学、高中体育课的开展时间一般是45分钟,当体育课的准备活动做完以后,由体育教师进行体育技术动作的讲解与示范,但是,一堂体育课的时间已经耗费很多,学生们的练习活动无法在剩下的时间展开。然而,对于这个问题,慕课就能够很好地进行解决。

当体育课堂教学结束以后,学生在课后就能够自行复习。在体育微课视频中包含真人操作与讲解,能够帮助学生对于白天体育课堂学习的动作进行复习与记忆。尽管高校体育教学时间长达一个半小时左右,学生能够拥有足够的时间去学习、练习体育运动技术,但是,他们只能对每门体育课修习一次,由于基本上每一个学期所要学习的内容都是相同的,但是学生会存在差异,不利于一部分学生深入学习、练习的开展。

在高校体育教学中应用慕课的教学方式,不仅能够保证学生深入学习活动的开展,还有利于学生自己掌握学习进度。同时,由于慕课中存在的学习资源是非常丰富的,有利于学生寻找到适宜自己的运动方式。如对于一部分学生而言,可能剧烈的运动不适合他们,所以,他们能够在慕课中对比较适合自己的运动进行寻找,如此一来,不仅能够避免损伤自己身体的情况发生,还能够使体育锻炼的目的顺利实现。

实际上,如今许多家长也比较重视学生的体育锻炼问题,为了保证孩子的健康成长,家长总是喜欢带着孩子从事散步、晨练等体育锻炼活动。然而,这些体育活动的效果能够真正实现吗?大多数的时候,人们通常会认为,只要自己去参加体育锻炼了,那么就会有益自己的健康发展,然而,需要注意的是,如果人们不能应用健康的方式开展体育锻炼的话,那么在浪费了体育锻炼时间的同时,还会在一定程度上造成身体伤害。如果在高校体育教学中应用慕课的方式,那么在体育运动锻炼的过程中,参考标准的动作,去完成体育锻炼,在这样的情况下,就像是一个专业的私人教练陪在自己身边,并对体育锻炼活动进行正确的指导。

(二)慕课应用在高校体育教学中的未来发展

慕课的教学方式来源于国外,在我国的高校才刚刚开始起步,而且有一些内容对于我国高校而言是不适用的,必须进行一定时间的磨合才能够同我国的教学理念相适应。

基于这样的形式,我国大部分高校应该按照自己学校的特点自行录制慕课视频。同时,在录制慕课视频的时候,可以是多个学校的教师共同参与录制、讨论,然后在对多个优秀的视频进行选择,并且上传到网上,方便学生们进行观看、下载、学习。由于不同的教师在讲课的风格与方式上也会存在不同,而教师们录制的慕课中包含多个教师的教学课程,那么学生就能够选择最适合自己的教师。此外,这方面对于大课参与人数多的情况能够进行避免,还能够有效改善学生听课效果不佳的情况。将慕课应用在高校体育教学中,能够使小班教学的目的得以实现。同时,同一学科由多个教师进行录制,能够使比较与竞争更加容易形成,能够帮助学生对于自己的教学缺点更加仔细地观察,使高校体育教学质量得到提高。因为慕课在高校体育教学中的应用主要以网上教学为主,所谓的监督制度是不存在的,因此,要求学生的自主学习能力是比较强的。在高校体育教学考核的问题上,计算机考核的方式可以不再使用,体育教师组织学生开展网络学习以后,再安排传统方式的考试即可。只有这样才能够使学生通过计算机检测进行作弊的情况得到有效避免。此外,还能够对学生通过慕课进行学习的效果得到检测。需要注意的,对于慕课教学的认识,教师与学生应该摆正。

对于慕课教学而言,并没有对教师完全地解放,如在高校体育教学开展的过程中,通过慕课教程开展教学的方式是可取的,然而,如果学生出现一些疑问,也只能是对同一个视频进行观看。因此。教师与学生之间的定期交流应该存在,如此一来,不仅能够使教师和学生之间的感情得到增进,还能够对学生的学习产生一定的帮助。尽管我国对于慕课的应用还处于刚刚开始发展阶段,然而,在现代网络发展的背景下,慕课的发展是一种必然趋势。将慕课应用在高校体育教学中,能够给教师未来教学的开展带来一定的启示,需要注意的是,在使用慕课方式开展高校体育教学的时候,还应该同国内的高校体育教学情况相结合。

第四节 高校体育教学中翻转课堂的应用

一、翻转课堂的概念

(一)翻转课堂的含义

所谓翻转课堂,通常是指重新地调整教学课堂内外的时间,从本质上来讲,就是学习的决定权不再属于教师,而是由学生掌握学习的主动权。在翻转课堂教学模式的应用过程中,学生能够在课堂有限的时间内更专注的开展学习活动,对于全球化的挑战、本地化的挑战、现实世界中存在的问题,教师与学生一起研究、解决,使得获得理解的层次更加深入。

在课堂教学开展的过程中,教师不会再耗费大部分的课堂时间去讲授信息,但是在课堂教学结束以后,学生需要自主地完成这些信息的学习,他们可以利用的方法有:听播客、看视频讲座、对功能强大的电子书进行阅读,或者是通过网络同其他同学互相讨论。综上所述,翻转课堂教学模式应用过程中,不管什么时候,学生都能够对自己所需的材料进行查阅。

此外,教师同每一个学生进行交流的时间也得到了增多。当课堂教学结束以后,学生就能够自主地对学习节奏、学习内容、学习风格与知识呈现的方式进行规划,同时学生的学习需要教师对讲授法与协作法的使用才能够得到满足,使学生实现个性化的学习,最终的目的是通过实践活动保证学生学习活动的真实性。

(二)翻转课堂的主要特点

1.教学视频的短小精悍

学科教学视频很明显存在一个显著的共同点,即短小精悍。即便是较长一点的视频也只有十几分钟,而大部分的视频通常只有几分钟。同时,每一个视频存在的针对性都是比较强的,如果能够对某一个特定问题进行针对,那么也就会比较方便进行查找;应该尽量在学生注意力比较集中的时间范围内控制视频的时间长度,同学生的身心发展特征相适应;在网络上发布的视频存在回放功能、暂停功能等,能够自己进行控制,使学生的自主学习能够得以顺利实现。

2. 教学信息的明确清晰

在萨尔曼·汗的教学视频中存在一个比较明显的特征，即唯一能够在视频中看到的就是他的手，将一些数学的符号不断地进行书写，并且将整个屏幕慢慢地填满，同时，在书写时，还有画外音的配合。对此，萨尔曼·汗自己的观点是：在这样的方式中，同站在讲台上讲课是不一样的，这样的方式就像将人们聚集在同一张桌子前面，一起学习，在一张纸上写下内容使人感觉贴心。这也是同传统的教学录像相比，翻转课堂教学视频的不同之处。如果在视频中出现了教室中的各种摆设物品，或者是教师的头像，那么就非常容易分散学生的注意力，特别是当学生处于自主学习状态的时候。

3. 重新建构学习流程

学生的学习过程一般会有两个组成阶段：第一阶段，传递信息。其实现需要教师与学生之间的互动、学生与学生之间的互动。第二阶段，内化吸收。需要学生在课堂教学结束以后自己完成。在学生自己完成的过程中，因为缺少教师的支持与同学的帮助，因此，学生在内化吸收的阶段经常会出现挫败感，使他们丧失学习的动机与成就感。

"翻转课堂"的教学模式使学生的学习过程得到重新建构。第一阶段的传递信息，是在课堂教学开始之前由学生完成的，而教师在对视频进行提供的同时，也对在线的辅导进行提供；第二阶段的内外吸收，是在课堂教学开展的过程中，由互动而实现的，对于学生存在的学习困惑与困难，教师应该提前进行了解，同时在课堂教学开展过程中对学生进行有效的指导，而学生与学生之间的互相交流活动，对于学生内化吸收知识的整个过程，还能够起到一定的促进作用。

4. 复习检测的快捷方便

当学生观看完教学视频以后，就会看到视频结尾处出现的几个小问题，通常是四个或五个，能够帮助学生及时检验自己教学内容的学习情况，同时，根据自身的学习情况做出合适的判断。如果对于这几个问题，学生的答案不是很理想，那么学生就应该回放一遍教学视频，对于出现问题的原因仔细思考。同时，通过云平台，将学生回答问题的实际情况及时地进行汇总、分析、处理，使教师对学生学习情况的了解更加客观、全面。教学视频的另一个明显优势，就是能够在经过一段时间的学习以后，方便学生对学习到的知识进行复习与巩固。伴随评价技术的不断发展跟进，使得学生学习的相关环节具有足够的实证性资料支撑，这对于教师真正意义上的了解学生是非常有帮助的。

二、体育翻转课堂的实施策略

（一）做好在线虚拟教学平台的建设

在线虚拟教学平台搭建的主要目的在于为翻转课堂的实施创造前提和基础，这一平台主要包括教学内容上传模块、师生交流与答疑模块、在线测试与评价模块、学习跟踪与监控模块以及学习总结与成果展示模块等。体育教师通过这一平台，就可以将与高校体育教学相关的微视频、PPT、各种音频等教学材料向在线虚拟教学平台上传，还可以借助这一平台实现作业发布、在线测验、监控督促、在线交流、在线评价等;学生则可以通过这一平台进行学习材料下载或在线学习,并同体育教师之间实现及时的交流与沟通。

(二)注重评价机制的创新

翻转课堂教学模式下的高校体育教学评价不能限于传统的纸笔测验,评价内容、评价主体、评价标准和评价方法等都应区别于传统教学,否则,翻转课堂的实施就会流于形式。翻转课堂模式下的高校体育教学评价应该把"以评促学""以评促教"作为评价的主要目的,并将学生的进步程度作为评价的主要指标,并注重多元化评价的采用,只有这样,评价才能既有针对性又不失全面性。多元化评价主要表现在评价主体、评价内容、评价方法、评价阶段等方面,紧紧围绕促进学生的学和促进教师的教两个方面,最终将提高教学实效作为评价的主旨。

(三)注重提高体育教师的综合素养

无论何种教育教学改革,教师始终是改革成败的核心与关键。作为信息化社会的产物,翻转课堂不仅仅是一种先进的教学理念,还是一种先进的教学方法,它对体育教师的综合素养提出了较高的要求。体育教师既是在线虚拟教学平台的搭建者、设计者和使用者,又是教学视频等学习资源的开发者和上传者;既是学生学习与实践的组织者、引导者,又是学生学习成果评价的设计者和评价者;既是学生在线学习情况的监控者和督促者,又是教学设计的完善者。

(四)对体育课堂实效进行追求,对翻转课堂异化进行避免

翻转课堂作为一个新生的事物,虽然它顺应了信息化社会的时代背景,但还没有形成公认的科学实施模式,各个学科对翻转课堂的研究成果较为丰富,但各类研究也存在很多的不足,综合起来主要表现在以下几个方面。

1. 要对弱化体育教师的作用而过度强调以学生为中心的情况进行避免

翻转课堂模式下,体育教师虽然把课堂讲解与示范的时间让位给了学生,但并不代表教师的作用被弱化了,事实上,体育教师的作用变得更加关键。课前教学视频的录制和搜集、教学资料的优化与整合、在线虚拟教学平台的建设与管理,课中体育教师的讲解与示范、学生活动的设计与组织,课后学生学习结果的考核与评价、教学方案的优化与修订等,每一项工作都离不开教师的付出。如果对体育教师的作用过度弱化,学生的学习就会失去系统性和效能,高校体育教学最终难逃沦为"放羊式"的结果。

2. 要对忽视学生课前学习的跟踪和监测而高估学生的自主性的情况进行避免

对于翻转课堂教学模式而言,"掌握学习"使其建构的重要基础。翻转课堂的有效实施离不开学生的自主学习性。作为现实社会中的复杂存在,学生在课堂教学开始之前的在线学习中,并不是每一次都能够针对高校体育教学内容有效的、自觉的学习。因此,教师有必要对学生进行适当的检测与跟踪,它不仅仅能够对学生的技能学习和知识学习的完成起到督促作用,还能够有效培养学生的自主学习能力。

3. 要对忽视学科的差异而一味借鉴其他学科的经验的情况进行避免

现阶段,翻转课堂教学模式的相关理论研究成果与实践研究成绩,主要是基于其他学科的基础智商。在体育学科的理论等方面的研究还并不十分成熟,在对高校体育教学中翻转课堂教学模式的应用进行研究的时候,人们对于其他学科的实践经验不可避免地要进行借鉴。但是,学科与学科之间的差异是肯定存在的,在其他学科领域比较适用的理论和经验,在体育学科中不一定能够适合使用。因此,在翻转课堂教学模式进行具体实施的时候,人们应该要把握好体育学科本质特点,应该有选择地吸收、借鉴其他学科的理论与经验,对于生搬硬套的情况要避免发生。

4. 要对偏离翻转课堂的本质而过度追求形式的情况进行避免

实施翻转课堂教学模式的主要目标是在一定程度上提升高校体育教学的时效性,这一点是毫无疑问的。高校体育教学的存在离不开价值的支持与丰富,高校体育课程教学是一种至高境界,是对于既正当又有效的高校体育教学进行贯彻,如果过分追求形式而对高校体育教学的效果不够重视的话,那么即便是翻转课堂的教学模式得以实施,也不存在任何的意义。

在高校体育教学改革深入发展的特殊阶段,在广大体育教师积极投身于高校体育教学改革的今天,对于翻转课堂教学模式人们依然应该谨慎地对其缺陷与优势进行审视,尤其是要避免对于偏离翻转课堂的本质而过度追求形式的情况。

三、翻转课堂在高校体育教学中的应用

(一)高校体育教学中实施翻转课堂的价值探析

1. 当前高校体育教学中存在的典型问题

(1)教学指导思想混乱

教学指导思想反映的是体育教师的理念问题,它会直接影响高校体育教学主旨的确定、教学方法和手段的选择以及整个教学组织管理过程,最终影响教学实效。"健康第一""快乐体育""终身体育"等各种高校体育课程指导思想的提出,促进了我国高校体育教学的发展,但也会让体育教师感觉无所适从,众多的体育指导思想让体育教师很容易迷失教学的主旨,最后只能依据个人理解众里挑一并从一而终。可见,混乱的教学指导思想很容易让体育教师片面理解高校体育教学,最终会影响我国高校体育教学的良性发展。

(2)失去工具性和人文性之间的平衡

对于高校体育教学目标而言,存在三个维度,而里面包含的知识与技能目标能够展示出体育的工具性特征,而态度情感与价值观目标能够展示出体育的人文性。体育课堂教学所具备的工具性对于实践性与实用性进行强调;体育的人文性对于情感与精神进行强调。

现阶段,高校体育教学能够充分地表现出其工具性特征,然而却忽视了人文性方面的特征,体育教师只是对应该教什么内容、怎么样的方式进行教学、学生如何进行学习、学生能否真正学会等问题给予重视,但是却很少关注在高校体育课程教与学中态度、情感与人格等方

面的发展需求。最终导致的结果是,尽管学生已经对体育知识进行了学习,同时还对一定的体育实践能力进行了掌握,但是,在学生的体育实践意识与整体体育素养方面仍需加强,对于体育课和体育教师,学生往往表现出淡漠的情感,致使"学生不喜欢体育课却喜欢体育""体育锻炼意识与习惯缺乏"的现象发生。由此可见,在传统的高校体育教学过程中,轻视人文性、重视工具性的方法存在的缺陷是非常显著的,如果想要高校体育教学的最终目标得到实现,就需要对高校体育教学的人文性和工具性的统一起来。

(3)缺少个性与人本化

现阶段,我国体育实践中存在的问题有很多,虽然人们已经充分地意识到它们的存在,同时对其投入力度持续加大,为了能够将这些问题解决掉,对于多种措施进行了应用,然而,却没能够有效地解决这些问题,导致瓶颈状态的出现,在我国高校体育教学中,这样的情况是非常明显的。在高校体育教学活动开展的过程中,体育教师通常从主观意识出发,将"一刀切"的特点表现出来,尽管打着面对全体学生的旗号,实际上却忽略了学生的个体差异;为了能够使传递知识和技能的目的得以实现,体育教师所发挥的作用是至关重要的,这主要是因为体育课堂教学的时间基本上都是在体育教师的示范和讲解中度过,在课堂容量的约束下,学生知识和技能内化的实现上是很难的,几乎不可能,更不要说提高学生的综合能力了。

在高校体育教学实践活动开展的过程中,体育教师需要面对非常复杂的学习群体,之所以这样说,是因为他们在性格特征、知识基础、学习方式、学习能力、学习习惯与学习需求等方面会表现出较大的差别,因此,体育教师需要深入了解学生的实际情况,同时实施区别对待,展开个性化教学。在传统的高校体育教学中,如果缺少一定的个性化与人本化,那么想要将因材施教落到实处是很困难的,很容易导致学生两极分化的情况出现,即好的学生没有办法更好,而差的学生则是越来越差,在体育课堂教学过程中,学生的主体性与独立性是根本无法实现的,严重背离了人才培养的要求。

(4)学习评价结果的失真

在我国传统的高校体育教学过程中,唯一的评价主体就是教师,而一贯使用的评价方法是纸笔测试与技能考核,在统一的标准下对学生进行考核,在按照相关标准由教师进行打分,这样的评价方法尽管看起来是公正的、客观的,但是实际上对于学生的学习效果与进步程度却很难反映出来,而"通过评价促进学习"的目的更是难以达到。

对于传统的高校体育教学评价模式而言,对于学生的学习效果不能真实地反映出来,同时,学生体育学习的兴趣很难得到激发,其体育锻炼习惯也很难养成,更为严重的是,还会使学生对高校体育课程学习的抵触情绪得到增加。

2.翻转课堂在高校体育教学中的核心价值

当前,翻转课堂在我国的兴起已经成为不争的事实,但对于翻转课堂的价值进行深入探讨似乎还未引起理论层面的重视。为了更好地应用和推广翻转课堂,对其在高校体育教学中的核心价值予以探讨。

(1)翻转课堂使高校体育教学与信息技术的有机结合得到实现

在信息化社会的今天,学生的生活方式和学习方式发生了深刻的变化,借助手机、电脑等信息化平台进行学习和交流已经成为日常习惯,为适应学生在行为和习惯上的变化,教学信息化在所难免。

翻转课堂作为信息化社会的产物,它使教学与信息技术之间有机结合,高度迎合了学生的日常习惯,改变了传统课堂呆板的模式和形象,使学生的学习变得更加自然和有趣。体育教师通过上传视频、三维动画、PPT 等丰富而直观的教学材料,设置系统有序的学习导航,加上教师对学生客观而有趣的在线评价和在线交流,一个有益于学生身心发展的教学环境被创建出来,这不仅有效增进了师生之间的情感,更提高了学生的学习情趣和自主性,也为体育教师有效组织课中的教学活动奠定了基础,这对提高高校体育教学的实效性是非常有利的。

(2)翻转课堂有助于实现高校体育教学的精讲多练

学生课中学习和练习的时间总量是一定的,新知识、新技能的学习耗时过多,学生从事体育练习的时间势必减少,体育课的健身性以及学生对知识、技能的掌握和内化就会大打折扣,因此,精讲多练符合体育课堂教学的要求。在翻转课堂模式下,课前,学生通过观看教学视频,对高校体育教学内容有了初步的认知,对体育学习中的难点深有感受,在遇到无法解决的问题时,学生通过在线交流平台及时反映给体育教师,这样教师就会对学生的课前学习情况有所把握;课中,体育教师依据学生所反映的问题进行针对性极强的讲解或个别指导,不需要每个问题都进行讲解,这样就省去了很多讲解的时间,学生在课中进行体育实践的时间就被延长,精讲多练的目的自然达到。

(3)翻转课堂使高校体育教学要素的优化组合得到实现

从高校体育教学要素的层面上来讲,翻转课堂同传统的高校体育教学模式之间存在的区别并不是很明显。对于翻转课堂而言,它主要是利用科学合理地重构高校体育教学要素来使高校体育教学的效能实现增值的。人们之所以将翻转课堂判定为一种革命性的高校体育教学方式创新,主要是由于此种教学模式在对高校体育教学要素的各种功能进行准确定位的情况下,体育教师与学生的主体性地位得到了转换,使高校体育课程的资源得到拓展,促进了高校体育教学目的、高校体育教学方法手段与反馈机制的合理调整,对学生体育学习的良好环境进行创设,进而从质的层面改变高校体育教学的形态与结果。同时,需要注意的是,翻转课堂在组合高校体育教学要素的问题上并不是固定不变的,而是动态的、灵活的。在高校体育教学的实践活动中,按照实际的需要,体育教师对于各教学要素间的组合关系可以随时进行调整以保证特定高校体育教学目的的实现。只有对于这一点充分认识,才能够保证人们能够将翻转课堂作为固定范式进行看待,进而使高校体育教学中应用翻转课堂教学方法流于形式的情况得到避免。

(4)翻转课堂能够促进高校体育教学中素质教育的实施

素质教育的主要目的是对于受教育者的综合素质进行全面提高,而值得注意的是,综合素质的提升离不开人的全面发展,同时,对于学生个性的培养,人们也不能忽略。个性的完善,不仅仅是素质教育开展的价值理念,又是素质教育的目标理念,培养个性、促进人的全面发展是素质教育的真谛。

在翻转课堂教学模式应用的过程中,学生的学习目标是统一的,同时,按照学生的具体实际,体育教师可以对学生的个体目标进行制定。通过对在线高校体育教学视频的观看,可以保证学生自主学习的实现,按照学生的学习能力来确定高校体育教学视频的观看次数,而按照学生的学习基础,由学生自主选择观看的内容;从反馈问题的层面上来讲,通过在线交流平台,学生能够将学习中的问题随时向教师反映,同时,获得教师的及时教导;从学习评价的层面上来讲,体育教师对于学生进行评价的根据是学生的进步程度,同时将小组评价和个人评价融入最终评价结果之中,这种评价模式有助于让学生明确在学习过程中的优点和不足,并时刻感受到自己在不断提高。可见,翻转课堂这种个性化的教学模式对于学生端正学习态度、激发学习兴趣、提高沟通能力、培养正确的价值观以及促进学生的全面发展都是有益的。

(二)将翻转课堂教学方法引入高校体育教学的全新高校体育教学模式

人们常说的高校体育教学模式主要是指在一定高校体育教学理念、高校体育教学思想的引导与高校体育教学理论的指导下,而建立的各种各样高校体育教学活动的基本框架或者基本结构,一般来讲,高校体育教学模式主要包含了多种要素,即高校体育教学理论依据、高校体育教学原则、高校体育教学程序与学习程序、教学资源与实现条件以及高校体育教学效果评价等。将翻转课堂教学方法引入高校体育教学的全新高校体育教学模式具体包含以下几个方面的内容。

1.高校体育教学的理论依据

高校体育教学中应用翻转课堂的教学模式主要的思想基础是"先学后教",对于高校体育教学活动中学生的教学参与和学生的主体性进行强调。从高校体育教学的特征与行为心理学原理出发,特别是对斯金纳操作性条件反射的训练心理学进行考虑,对高校体育教学的程序进行确定,具体是:利用视频学习——对于联系吸收理解——再通过视频回顾——互动反馈——强化实践——学习、掌握,并且在这样循环、反复的高校体育教学过程中,对于行为目标进行有效塑造;同时,按照学习的过程与教学的实际效果、学习主体对体育"教"与"学"的活动过程进行不断的完善与创新,促进预期高校体育教学目标与学习目标的实现。

2.高校体育教学的目标与原则

对于高校阶段的高校体育教学目标而言,主要是为了对中小学阶段高校体育教学目标进行巩固与提高,即体育锻炼的思想、体育能力与体育习惯,对于学生科学、积极、主动参与体育锻炼的行为进行引导与教育,对于现代体育科学中的基础知识、基本技术和技能、方法进行扎根;使学生体育锻炼的参与意识得到强化,使其体育文化素养得到提高。

为了能够保证高校体育教学目标的顺利实现,对于将翻转课堂教学方法引入高校体育教学的全新高校体育教学模式而言,而教学原则是体育教师应该遵照学生的认知水平与心理发展特征,加工整理高校体育教学内容,高校体育教学设计、制作通俗易懂,同时还能够紧密地联系到自身已经掌握的认知结构,同时,对于优质的、适宜的高校体育教学视频进行选择;对于一个宽松的、民主的、轻松的交互式学习社区或网络教学平台进行构建,对于学习反馈信息及时地掌握,并能够发现问题、解决问题;在对总体学习情况进行把握的条件下,对于个体学习发展的过程给予重视,将高校体育教学过程中与学习过程中学生的主体性作用充分发挥出来,尽可能地使学生自己发展,对存在的问题自己进行分析与解决,同时对于自我认识、能力与技能进行深化、拓展。

3.高校体育教学程序与学习程序

将翻转课堂教学方法引入高校体育教学的全新高校体育教学模式,其主要基础是优质的交互学习社区与视频资源,因此,可以将高校体育教学程序与学习程序进行如下的设计:对于高校体育教学内容进行预习——对于高校体育教学视频有针对性地进行观看,再进行示范、讲解——使学生学习动机得到激发,对学习过程中的问题进行发现——在课堂教学中由教师对新课进行讲授,对于学生的疑惑进行解答,并进行示范——有学生自主进行练习与实践,对体育学习效果进行巩固——对体育学习效果进行反馈,由教师、学生进行评价——通过资源拓展完善、知识和技能结构的扩展,以及反复练习实践对理解与训练效果进行加强。

4.高校体育教学的实现条件和教学资源

近些年来,慕课教学平台的快速发展与互联网的广泛普及,创造了良好的条件以便于翻转课堂高校体育教学模式的实施。然而,对于现代高校体育教学来讲,我国的高校体育教学相关视频与学习资料还是相对较少的,所以,我国的体育教师应该从高校体育课程与教学内容出发,自行制作与设计高校体育教学资源。对于高校体育教学内容而言,主要有理论教学内容与动作讲解、演示的视频,保证体育练习活动的理解性与课余训练活动的实践性。既要有动作示范的要领分析,又要有训练实践的摄像记录视频,此外,还要有拓展性的教学资源和学习资源,以及专题性的研讨问题等。不仅如此,体育教师在组织学生观看教学视频、开展练习活动和训练活动的同时,还要保证体育教师在交互社区能够对于学生的疑惑及时地进行解答、讨论与指导。

5.高校体育教学效果与评价

将翻转课堂教学方法引入高校体育教学的全新高校体育教学模式,其实能够使学生的体育学习兴趣得到激发,使学生自主发现、学习、探索、分析、解决问题的综合能力得到培养,同时促进学生技术和技能的提升,同时还能够有效促进学生自主学习能力、社会发展适应能力、互相合作能力的发展与培养,体育教师应该通过交流与活动对学生的学习情况与进度实时地进行了解,还要对反馈信息及时掌握,同时再从所获的情况出发,适当地进行引导,对于学生的学习积极性进行鼓励并充分调动,在高校体育教学与讲解活动开展的过程中,针对不同的学生因材施教。将翻转课堂应用在高校体育教学中的相关活动适宜于小班教学,所以,在大班教学中一般很难实施。而对于学生的评价而言,需要注意的是,它同其他文化课程是不同的,在对其学习好坏进行衡量的时候,不能单纯地将考试成绩作为标准。在高校体育教学中,应该对"健康第一"的指导思想始终坚持,同时,还要在体育考试的各个环节中渗透"健康"的标准,对于标准化的项目应该适当地减少技能考试,同时,还要有效改进高校体育教学的评价标准,尽可能地避免学生由于害怕考试而出现的体育厌学心理与逆反心理,此外,对于学生应该积极地引导,使他们加强对高校体育教学的相关认识,使得学生养成良好的体育习惯,并且要积极构建同高校体育教学目标相适应的人性化测试方法。

第五章 高校体育教学模式

第一节 高校体育自主教学模式

一、我国高校"三自主"体育教学中的异化现象

(一)高校体育课程目标的泛化

高校体育课程目标在改革进程中经历了技能论——体质论——三维健康观的转变,在转变过程中人们容易混淆体育与健康之间的概念,片面夸大体育的健身功能,在实践的过程中要求面面俱到,而结果却什么都没有实现,最终使高校体育课程指标泛化,连最基本的学生体质都不能改善,从而发生异化。主要表现在以下几个方面:

第一,体能健康测试标准要求太低,导致学生的体质继续下降。通过走访部分高校得知,在进行体能健康测试的过程中,为了能让学生及格以及获得好的成绩,某些体育教师不按体能测试标准计分而是放宽测试要求,不管体育教师出于什么目的,但是这种做法只能助长学生的懒惰和不上进,倘若学生可以很轻松就达标的话,平时应该很少花时间去练习,更别说自觉地去进行体能锻炼了。

第二,学生有怕苦怕累的消极思想。"三自主"体育教学模式的本意在于充分尊重学生的兴趣爱好和个性发展,以便更好地发挥体育教育的效能,使受教育者得到更好的教育并获得最好的效果。但实践表明,学生的选择绝非就是合理,很多学生在选课时,首要考虑的是哪门课易得到高分(体育成绩与奖学金挂钩,体育得分越高学分积点越高);次要考虑的是上课环境,怕上室外课,更怕风吹日晒、灰尘、雨淋等;最后才选自己喜欢的体育课。

第三,考核标准华而不实。考核标准是为了衡量学生的学习状况与体质水平,而不是做报表,体育成绩不等同于身体健康,但无疑是对学生体质健康状况的重要衡量尺度之一。如果降低高校体育课程的要求,特别是降低考核的标准来求得面上数字的光亮,这绝不意味着体育教学质量和学生体质的真正提高。

(二)体育行为的异化

"教材多样化"要以培养学生体育应用能力为目标,以终身体育为主线。重视学生生理、心理发展规律,注意学生的经验、兴趣、个性,选择对终身体育必备的知识和技能,关注与经济、社会和生活的联系,体现科学性、基础性、实用性和可行性。体育教材的选择要考虑以下几个问题:要有利于提高学生的技能;要有利于体育文化的继承;要有利于形成学生身体锻炼的习惯;要符合我国高校体育的实际;要为学生未来的生活服务。

从文献资料显示的全国各高校体育课程开设的内容来看,学生倾向于娱乐性、休闲性、

时尚性健身项目,如乒乓球、羽毛球、台球、健美操、瑜伽等运动量小的室内项目,而对传统性、对抗性强、运动量大的项目,如对体操、田径等项目兴趣不大,甚至连排球、足球选择的人数也在日渐减少,致使有的高校干脆取消了田径、体操项目的内容,使高校体育课程的设置出现了残缺,使体育行为产生了异化。

高校体育要为学生终身体育打基础已成为世界各国的共识,体育教学内容日渐融入大量的具有终身体育性质的项目。一些可以终身进行的运动项目,如羽毛球、游泳、健美操等占体育教学内容的1/2,体现了教学内容的终身化倾向。首先,高校在设置体育项目的时候一定要克服"高校的毕业也是体育的毕业"这种现象,必须使学生在高校学习的体育锻炼技术与方法能够运用于终身体育。一些新兴、时尚、极限项目可以作为选修课程,提高学生的兴趣,丰富校园体育文化生活;但作为高校体育必修课程的教材,无益于终身体育和全民健身计划的实施。其实,在学生选择体育项目之前,有关部门或者教师一定要对学生进行相关的引导,这样才能使学生根据自身情况选择适合自己的运动项目,而不是盲目选择。

(三)体育教学方法的异化

体育教学方法要讲究个性化和多样化,提倡师生之间、学生之间的多边互助活动,努力提高学生参与的积极性,最大限度地发挥学生的创造性。不仅要注重教法的研究,更要加强对学生学习方法和练习方法的指导,提高学生自学、自练的能力。实践证明,通过探究式的教学方法不仅可以激发学生的学习兴趣、提高学生参与的积极性,而且可以培养学生的创造力。然而,一些教师却认为探究式教学就是让学生自己玩,教师在一旁观看,没有发挥相应的引导作用,没有体现教师的主导地位,从而形成新的放羊式教学,使体育教学方法产生异化。要想运用好探究式教学方法,首先体育教师必须做大量的准备工作,不仅要考虑如何分组、如何创设情境、如何提供相应的材料供学生利用,还要考虑如何检验学生的探究成果、如何评价等。学生在进行探究式学习的过程也是体育教师进行探究式教学的过程,只有教师给予学生相应的指导,才能更好地开发学生的创造性思维,才能保证在有限的教学时间里完成教学任务。

二、我国高校实施"三自主"体育教学的对策研究

(一)正确认识"健康第一"的指导思想,促进体育目的的实现

"健康第一"的指导思想,是在我国深化体育教育改革全面推进素质教育的形势下,确定了高校体育卫生工作在素质教育中的重要地位和独立作用。健康的身体是人的道德、认识、理想、情操、信息等软件依靠的载体,所以我们要正确认识"健康第一"的指导思想,提高素质必须把改善学生体质,大力提高学生的身体心理素质放在首位,这也是实现高校体育课程目标的本质所在。但是我们不能盲目夸大高校体育的功能,增加高校体育的压力。所以,高校以及体育教师应该重视对学生的正确引导,通过体育实践,师生体验到尊重、理解、宽容、合作、责任等积极健康的情感,使学生更加自尊、自信、自强。通过体育科学教育手段,使学生对运动锻炼的效果产生价值认同,并形成稳固而健康的生活形式。让学生真正懂得身心健康对社会发展和个人生活的重要性,从而激发学生积极参加体育锻炼,以磨炼意志,培养自

己的拼搏进取精神和公平竞争意识。从而促使高校体育课程目标的实现。

(二)改善体育物质环境,确保"三自主"体育教学的全面实行

目前普通高校中大多存在着室外活动场地较充裕,室内场地严重不足的现象。普通高校重视学生活动场所的建设,使高校的规模,都配备有田径场1至3块,篮球、排球、器械区域若干,随着高校的发展,部分高校陆续建立了网球场,开辟了乒乓球场、拓展体育场地等,改善了教学条件,调动了学生的锻炼积极性。但总体上讲,室内运动场地的缺乏与学生锻炼需求的矛盾还没有得到根本缓解。虽然大部分普通高校都建有体育馆,但人多馆少且大多数时间被校运动队训练、各种比赛和一些校内大型活动占用,可用于日常教学的时间非常有限,造成了很多室内项目无法开展,某些项目即使勉强开展,也无法满足学生的需要。这个矛盾在体育选项课教学中显得尤为突出,如羽毛球教学的矛盾,是目前普通高校中普遍存在的一个现象。为此,在现有的条件下,寻求解决或缓解该矛盾的方法具有普遍意义。

(三)加强师资队伍建设,满足学生的不同需求

普通高校传统体育教学是以竞技体育为主线的模式,受此影响,高校体育师资力量的培养都是以此为中心进行的,如传统体育类师范院校培养的师资专项绝大部分都是以田径和球类为主。其中,只有田径和三大球基本能满足教学需要,其他项目的师资还远远不能满足教学需求,有的项目还处于匮乏状态,给"三自主"体育选项课带来了不利的影响。为了解决这个问题,各高校采取了不同的做法,来缓解供需矛盾。大部分高校采用"走出去"的办法来提高体育教师的综合素质,通过暑假各类培训班对自身业务能力进行"充电",特别是学生兴趣集中的新兴体育运动项目,在现有教师不足的情况下,通过业务培训、进修等方法来提高业务水平,满足学生不同项目的需求。

(四)加强对学生自由选项的引导,实现项目选择的自然分流

首先,体育选项教学要满足学生的兴趣、爱好,激发学生学习体育的积极性、主动性,但也要考虑到学生是处于正在成长过程中的人,仅凭一时的兴趣不一定能正确选课,兴趣也不一定会持久。针对学生存在的盲目选课问题,在每学期开始选课前,体育部协调各二级学院(系、部),派出教师以理论课的形式集中讲解"三自主"体育教学模式的选课要求、项目特点、教学内容安排、所要达到的目标、考试标准等,同时向全体学生发放选项意愿的调查问卷表,了解学生的兴趣爱好趋势,排课时根据学生的选项需求,合理安排体育课。基本上消除教学中的体育素质和运动能力参差不齐的现象,教师的教学得以顺利进行,教学效果得到提升。也可在进行基础课学习的一段时间内尽可能地让学生多接触一些体育项目,让学生对多数项目有感性认识,从而选项目标更明确,兴趣更持久。其次,可建立定期换项制度。规定每个学生在大学阶段至少要选择2~3个项目,这样可从制度上满足学生选项学习的需要,也可缓解某些学生兴趣集中项目(如乒乓球、羽毛球和网球等)的师资、场地、器材的压力,实现项目的合理分流。

为了避免冷热项目的差距越来越大,最大限度地降低现有体育资源的浪费,在选课设置上必须加以限制。为此,根据选课学期(年)的设定,可将选课项目分类,如将项目分为大球、

小球和其他三大类。学生在校期间，必须分别选择一次，这样就可以使学生自然分流。这种限制，对于学年制选课的高校非常适合，但对于学期制选课的高校就增加了难度。对于网络式选课适合，但对于手工式选课工作量加大，要求认真做好教学管理工作，使每个学生的选课有据可查。还可建立每月的项目"客串"制度。如在每月的最后一节体育课，允许学生选择其他项目，这样能在一定程度上满足学生对运动项目的更多需求。"客串"日如同体育节，应成为校园里一道亮丽的风景线。

（五）改革教学方法，开创有效的开放式教学

应根据学生的身体状况、运动水平和体育兴趣与特长，打破原有系别、班级建制，重新编班上课，并在教师指导下，向学生提供自主选择课程内容、自主选择任课教师、自主选择上课时间的自由度，从而建立新型师生观和教学观。在教法上革新，学法上创造。教学中要提倡"激、思、导、练"，应留给学生必要的自我设计、自我练习、自我探究、自我评价和独立思考的空间。把严密课堂组织与生动活泼教学氛围结合起来，把教师主导作用（教学组织、启发和激励）与学生主体作用（学习主动性、积极性和创造性）结合起来，把"育体"和"育心"结合起来，营造生动、活泼、主动的学习氛围。

（六）正确认识安全问题，保证运动技术学习的实效性

安全问题是我们应该要重视的，但是重视的结果不是体育教学内容的一再简化，以及将某些体育项目的剔除。在面对某些具有一定危险性的体育项目时，我们选择的不应该是逃避，而应该是勇敢面对，用正确的方法、严谨的教学来保证学生能安全地进行练习，同时要鼓励学生勇于挑战，敢于克服困难和超越自我，这样一来学生的收获不仅仅是身体的锻炼更是意志品质的锻炼。

（七）正确处理师生互评，真正发挥体育教学评价的价值

体育课评价既是检查教学效果的手段，也是一种激励措施，更重要的是学生获得学分的依据。在"三自主"体育教学中，不管是在评价内容还是在评价方式上，都比以往的评价有了很大的进步。然而，我们在改革以往陈旧的教学评价机制的同时，也要解决好新的评价机制所带来的问题。

对于学生学习的评价，首先，要建立科学的评价标准，明确高校体育具体的培养目标，使评价目标与教育目标一致。评价内容要不断扩展，体育教学评价的内容要注重多元评价（包括学生的认知、技术技能和情感三方面），不要进行单一的技术技能考评或健康测验。其次，要综合运用多种评价方式。要改变单纯采用终结性评价的方式，就要采用与诊断性、形成性、总结性可定量评价相结合的方式。在体育教学中，存在着大量的人文因素，像学生体育态度、思想品德、心理素质、锻炼能力等指标具有明显的定性特征，是难于量化的，如果忽视这些难以量化的指标，教育评价则失去全面准确性、缺乏科学合理性。科学评价重在激励，充分利用评价来调动、激励学生学习，使每一位学习者都能看到自己的进步，改变传统的体育考试方法，采用理论与实践相结合、过程与结果相结合、主观与客观相结合、定性与定量相结合的办法，将评价内容、学习内容与过程评价紧密联系起来，进行综合评分，达到学生之间

互相竞争、互相激励、互相进步的目的。对教师的教学评价,可结合学生评教、督导评价、领导评价、同行评价等多方考核,制定出一套较客观、公正,具有说服力的量化评价办法,使对教师教学的考核不再是无法判断的软指标。在体育教师的业务考核、职务评聘和评优、评先进中,应以教学为重要依据。其体育素养、教学能力、教学效果和敬业精神等,应是主要考核指标,而不应该是目前普遍的做法——主要看科研。对于采用"生评教"的形式,为了避免评价所产生的负面影响,可将学生对教师的评价作为参考,而不应作为教师奖金或职称评定的唯一依据,这样才不会因为师生互评而导致师生关系发生异化。

(八)增加体育经费的投入,确保"三自主"体育教学更好的发展

要增加体育经费的投入,必须多渠道筹集资金。第一,政府应加大资金投入,这是重中之重,政府的资金投入是开发高校体育设施资源的重要保证。应将体育事业费纳入当年财政预算,并逐年增长,专款专用。第二,高校领导必须重视体育,建立"一把手工程"。校领导要认识到体育设施是搞好体育教学的保证。根据《高校体育工作条例》及《普通高校体育场馆设施配备目录》的标准要求为参考,加大对体育经费的倾斜,配齐器材、场馆设施。第三,采取多种形式利用社会资金,重新确立体育物质环境建设新思想。一方面利用高校的社会影响,向社会谋求体育赞助和投资。采取多种形式利用社会资金,高校可以与社会共同投资,也可以是社会单独投资等形式建设体育设施,高校需要支付一定的费用,使参与的各方共同受益。另一方面各高校可以最大限度地利用社会资源,争取得到社区、企事业单位支持,可以校厂结合、校企结合共建体育场馆,达到资源共享、互惠互利,形成优势互补和利益双赢,为全民健身、体育教学和学生体育锻炼创造良好条件。

第二节 高校体育终身教学模式

一、体育终身教学概述

(一)终身教育的概念

所谓终身教育,就是人们在一生中所接受的各种培养的总和。作为一种教育思想,终身教育强调的是整个教育应该按照终身教育的原则来组织。终身教育的基本观点是:保障终身教育、终身学习的机会、终身教育体系化、改革学校教育,终身教育是一项共同的事业。终身教育的最终目的是"努力建设更加美好的生活"和"汲取一切有益的因素帮助人们去过一种和谐的且与人性相一致的充实的生活"。具体目标包括:培养新人,实现教育民主化,建立学习型社会。

(二)终身体育思想的历史渊源

终身体育是终身教育的重要组成部分,并且终身体育的概念来源于终身教育,终身体育的思想与终身教育的思想一样古老。

(三)终身体育的产生

从改革开放以来,我国就进入了社会高速发展的时期,特别是进入 21 世纪的信息和知识经济时代,现代生产方式已经逐渐由过去的体力劳动为主过渡到脑力劳动为主。这就要求劳动者必须在业余时间通过一定的手段继续保持自身身体和心理的健康,以保证自身适应生产力的发展。体育运动锻炼恰好能够达到健康身心的目的,那么怎样的运动方式才能伴随人的一生呢?在这种背景下,终身体育顺应历史潮流孕育而生。

由于终身体育的特点和内涵,无疑能够满足现代社会发展的需要,使劳动者身体素质适应现代化生产方式和快速紧张的生活节奏,每个社会成员都应保持良好的体质以适应社会发展的需要。由此可见,终身体育的出现是中国社会发展进程中的必然产物。

(四)终身体育的概念

从生命开始至结束的一生中,学习与参加身体锻炼活动,使体育真正成为人一生中不可或缺的内容;以体育的体系化、整体化为目标,在不同时期、不同生活领域中提供参加活动的机会的实践过程。所谓终身体育,就是体育锻炼和体育受教育贯穿于人的一生。从人的生命周期来说,我们可以把终身体育定义为:"人的一生中受到的体育教育和培养的总和。"

(五)终身体育的阶段性和具体内容

终身体育按人成长的顺序和接受教育环境的不同分为三个阶段:学前体育、学校体育和社会体育。学前体育主要是儿童在家庭影响和家长帮助下进行的一些简单活动,教育的任务是保育和培育;学校体育是学校和体育教师对学生进行全面、系统、有目的的教育,其目的是全面发展学生的身体素质;社会体育主要是由社会、单位或家庭组织的体育活动及个人的体育活动组成,其目的是运用科学的锻炼方法强身健体。

(六)影响终身体育的因素

一个人要想终身保持身心健康,延年益寿,就必须长年坚持体育锻炼。然而,影响终身体育的因素十分多样,其中来自个人方面的因素主要有:性别、年龄、体格、体力、个人目标、社会地位、知识结构、修养等的个体差异;受外部影响的因素主要来自教育、家庭以及社会。

二、高校体育教学适应终身体育教学模式的思路

(一)高校体育教学适应终身体育教学模式发展的主要思路

1. 统一高校体育教育思想

高校体育必须以终身体育为指导思想,实施终身体育要充分发挥高校体育的纽带作用。终身体育的指导思想,是指以培养学生终身参加体育活动的能力和习惯为主导的思想。这种思想认为,学校体育是终身体育最重要的、带有决定意义的中间环节,具有承前启后的作用。特别是高校体育,作为学校体育的最后阶段,其目的、任务与社会紧密相连。因此,在高校阶段培养学生终身从事体育学习和锻炼的观念与习惯,并培养学生掌握终身体育的基本理论和方法。只有统一思想,更新观念,明确体育教育的发展方向,高校才能培养出适应社会发展需要的高素质合格人才。

2.明确新时期高校体育教育的目标

新时期高校体育教育目标要具体化、明确化。新的高校体育课程目标为：第一，增强体能，掌握和应用基本的体育与健康知识和技能；第二，培育积极参与运动的兴趣和爱好，形成坚持锻炼的习惯；第三，具有良好的心理品质，表现出人际交往的能力与合作精神；第四，提高对个人健康和群体的责任感，形成健康的生活方式；第五，发扬体育精神，形成积极进取、乐观开朗的生活态度。

高校体育的教学目标应随时代的变化而发展，也要受一定时期社会发展需要及其相应的教学指导思想的制约。我国体育教学目标从传授"三基"到"增强体质"，再到全面身心发展，目标从单一走向多元，从笼统走向具体。体育教学目标从强调知识、技能的掌握，到注重能力、习惯、兴趣和个性的培养，说明体育教学目标要满足社会发展对人才素质提出的要求，要为终身体育服务。

3.调整高校体育教学内容

高校体育教育改革的重点是体育教育内容的改革。体育课大都在室外进行，受场地、器材、气候、环境等各方面影响比较大，合理安排教学内容就是重中之重。体育课不是简单游戏形式的玩耍，虽然学生对游戏有着天生的兴趣，但是如果我们在体育教学的内容安排上考虑不周，不能将学生对游戏的兴趣转化为对体育运动学习的积极性，那么体育课的教学质量就无法得到保证。

第一，在体育教学大纲中选择教学内容时，必须遵循体育学科的内在规律，把一些学生喜闻乐见的、健身性、娱乐性、时代性强的体育素材选入体育课中，使体育教学内容为终身体育服务。

第二，体育教学内容的选择，多考虑学生的需求，为学生的学而选择体育教学内容，改变原有的价值取向，价值取向要更多地体现在学生对体育教学内容的要求上来。

第三，如何选择与确定体育教学内容，既要符合终身体育和素质教育的要求，又能够全面提高学生的身体素质、心理素质，培养学生终身体育能力和习惯。

第四，实现终身体育的终极目标，需要学生学习终身参加体育所需的技能、知识和态度。因此，精心选择既有健身价值，又能作为终身体育项目的体育教学内容。应处理好教材的健身性与娱乐性的关系。

第五，大学生喜欢追求时尚的运动，喜欢新兴的、娱乐性强适合自己个性的体育运动项目。因此，体育教学内容也应改变传统体育项目占统治地位的局面，引进诸如轮滑、跆拳道、啦啦操、攀岩、瑜伽、跳绳、独轮车等形形色色的内容。另外，我国是一个多民族国家，少数民族传统体育源远流长，少数民族体项目既各具特色，又有着良好的健身价值，可根据各个学校的具体情况适当选用。

体育教学内容的选择既受体育教育思想、方针政策的影响和制约，也受学校体育的功能和目标的制约。当今世界，学校体育发展的大趋势就是为终身体育打下坚实的基础，要实现终身体育的终极目的，就必须促使学生掌握终身体育活动所需的运动技能、体育知识和态度。因此,要想处理好教学内容的健身性、运动文化传递性与娱乐性之间的关系,就必须精心选择体育教学内容,最好选择日常生活中常见的终身参与的体育运动项目。

(二)高校终身体育教学模式的设计思路

1. 终身体育教学模式的理论依据

(1)依据终身体育理论,随着终身教育改革而产生

终身体育理论的提出,是学校体育本质性的变革标志之一。体育教学模式的研究始终是现今体育教学理论中的一个综合性课题。其核心问题是用系统的结构和功能的观点,考察理论和实践的基础,来探究体育教学过程的内容、方式、方法,从而使形成的体育教学模式体系具有严谨的系统化、多样化、统一化特征。通过全新的体育教学模式,最终取得"既有理论基础,又有实践经验"的效果。终身体育理论是现代教育理论思想的体现,其为终身体育的目标确定了研究方向,是实现终身体育目的的重要保证。

(2)符合"素质教育"与"健康第一"的指导思想

在新世纪、新的发展时期,中共中央国务院在《关于深化教育改革,全面推进素质教育的决定》中明确指出:"健康的体魄是青少年为祖国和人民服务的前提,是中华民族旺盛生命力的体现,学校教育要树立健康第一的指导思想"。素质教育和健康教育的重要途径就是体育教学。因此,要充分发挥教师的主导作用和学生的主体作用,倡导开放式、探究式教学方法,拓展体育课的时间和空间。在教师的指导下,学生可以自主选择体育课内容、上课时间、任课教师,在学校内营造出生动、活泼、积极的学习氛围。

(3)社会发展适应人才需要

高等学校是培养德、智、体、美、劳全面发展的合格人才的重要基地,我国高等教育要培养出具有开拓创新,与时俱进,适应激烈竞争和社会发展的高素质复合型人才。21世纪是科学技术突飞猛进的时代,也是知识经济的时代,社会竞争日趋激烈,对培养和造就一代新人提出了更高、更严格的要求。体育教育作为培养人才的重要组成部分,在教学上要不断创新,着力提高学生的综合素质、综合能力、竞争意识和创新意识。不断提高学生的体质和健康水平,不断提高学生对体育的兴趣和爱好,推动学生自身个性发展,养成良好的运动习惯,为终身体育打下坚实的基础,如此才能适应新时期社会快速发展的需要,才能有强健的体魄参与社会激烈竞争,更好地为社会服务,成为合格的社会主义事业建设者。

(4)高校体育教学规律发展的必然趋势

我国高校体育在不断地改革与发展,学校体育工作者的共识为增强学生体质发挥了一定的作用。为此,应建立一套完善、规范的体育教学模式体系,具体如下:加大教材的选择性、体现多样化、逐渐提高质量。

2. 终身体育教学模式的设计思路

(1)分级体育教学模式

这种体育教学是依据学生的身体素质状况,有目标、有计划地对不同群体采取不同的教学内容和练习方法、手段,指导学生学习和锻炼的体育教学模式,主要教学对象为大学一年

级学生。设计此种教学模式主要考虑到在刚刚入校的新生中,由于学生身体素质水平的不同,采用同一教材和教学方法根本无法满足各类学生的需要,势必会造成一部分学生"吃不饱",而另一部分学生又"吃不了"的问题,严重影响两方面学生的学习积极性和兴趣。本着区别对待和因材施教的教学原则,教师可以把一个集体的学生按照身体素质的不同水平分成不同的班级对不同的班级采用不同的教材内容、教学方法和考核方法,使各类素质水平不相同的学生都能愉快地接受体育学习,体验体育运动带来的快乐。

(2)选项体育教学模式

这种体育教学模式是一种依据学生的运动特长、兴趣、爱好等实际情况,学生自由上课的体育教学模式,主要针对的教学对象是大学二年级学生。选项体育教学模式既让学生对体育的兴趣、爱好得到了满足,又充分地发挥了学生在某一运动项目方面的特长,使其通过体育学习更加深入理解所学项目,在运动中体验体育的乐趣,从而使其热爱并长期从事该运动项目,养成自觉锻炼的习惯,形成终身体育意识和思想认识。

(3)运动处方体育教学模式

这种体育教学模式是一种依据每个学生自身健康状况和身体素质水平,对体育的兴趣、爱好和运动特长等学生的实际情况,教师有目的、有计划地对不同的群体或个体施加不同的练习手段(运动处方)和学习内容,指导学生进行自我锻炼的体育教学模式,其主要教学对象是大学三年级学生。运动处方体育教学模式是从培养学生自学、自炼能力入手,以"运动处方"为中介,培养学生掌握科学的运动方法,让学生养成自觉锻炼的好习惯,提高自我自炼、自我评价、自我创新的能力,最终形成终身体育意识和思想的教学模式。

(三)终身体育教学模式的组织形式

当前的教学模式存在着逻辑和内容上的互补,诸如教学形式、管理体制、组织方法、师生关系等方面的互补。选项课是学生根据自己的需要灵活选择运动项目,然后按项目进行正规班级教学。教学俱乐部,在组织和管理上比选项课更加人性化,其实内容和选项课比较相似,教师在教学中可以更加灵活。教师在教学中是辅导者和组织者,学生以自主练习为主,自己组织学生间的活动和比赛,遇到问题可以请教师指导或向教师咨询,教师也要主动给学生在运动技术和学习方法等方面给予指导,学生可以在课余开展一些单项体育活动和比赛,这个组织形式,是选项课教学的补充和延续。修课可以在大三和大四没有开设选项课的时候,为满足学生的体育需要,开设体育运动常识、运动损伤、体育保健和体育欣赏等方面的选修课,既能提高学生的体育素质,激发学生体育锻炼的积极性和主动性,又能为终身体育发展提供理论支持。

这种形式是将学生课内的教学活动与课外体育活动、体育竞赛和体育理论结合起来,是三维一体的教学形式,极大地发挥了学生学习体育的能动性和时间、空间上体育资源的效用。这种教学与活动相结合的形式继承了传统体育教学的理论和实践,也在很大程度上完善了体育教学的结构和内容,既符合高校体育发展的规律,也满足了终身体育的需要。

三、高校体育融合终身体育思想的途径

(一)建立终身体育思想指导下的高校体育教学模式

1.教学模式与体育教学模式

所谓教学模式,就是人们对教学过程自然特征的简化形式。教学模式是由教学理论通向教学实践的桥梁,有效的教学模式应具备以下三个特征:第一,促使学习者积极地参与教学过程,强调教学过程的有效性;第二,遵循明晰的教学步骤、程序,强调教学过程的可操作性;第三,以关于学习、行为和思维等理论为指导,强调教学过程的理论性、先进性。体育教学模式是指体育教学理论在一定条件下的转化形式,它是用于设计课程、选择教材、规定师生活动的体育活动基本框架或系统。

2.终身体育教学模式的指导思想

(1)终身体育教学以终身体育思想为教学指导思想

终身体育教学以终身体育思想为教学指导思想,强调学生(或者受教育者)终身体育能力的培养,重视个人的需要和个性的发展,以人的未来发展为本,终身体育习惯的养成是其教学的核心。

(2)终身体育教学模式注重健康教育

终身体育教学模式注重健康教育,在教学过程中贯彻"健康第一"的思想固然重要,但教学目的不是"健康唯一"。终身体育教学,是在提高受教育者健康水平的基础上培养受教育者良好的体育态度,科学的养生保健手段、健康且个性化的生活方式。终身体育教学模式发展了健康教育模式,正确文明的健康理念应贯彻于教学的始终。

(3)民主平等是终身体育教学的另一个特点

民主平等是终身体育教学的另一个显著特点,教师与受教育者是教学过程的参与者,受教育者的主体性更加突出,教师更多的是扮演咨询者、引导者的角色。教师应成为受教育者养成终身体育习惯,形成终身体育能力过程中积极的能动的工具。

3.终身体育教学模式的教学结构程序

(1)终身体育的教学过程结构

我们通常可将体育教学分为:课的开始、课的中间和课的结束等部分,终身体育的教学构成也可分为以下三部分。

第一,课的开始部分:身体动员,激发兴趣—确定大课题、确定学习目标—提假设、尝试性练习—明确小课题,设计学习步骤。

第二,课的中间部分:分组学习,探索验证—小组讨论交流、修正方法,得出结论—教师评价、小组评价、自我评价—修正计划,加深理解,分组学习,情感体验。

第三,课的结束部分:课堂总结讨论,整理学习心得—放松身心—准备下一课题。

终身体育教学的过程分为三个部分,每个部分环环相扣,课的开始部分是为整节课做准备,激发学生的运动积极性。在课的开始前,教师应该充分考虑上次课学生对教学内容掌

的实际情况以及教学中客观存在的问题,并在教学当中予以改进,这样在教学当中才能真正做到有的放矢。在分组练习当中,教师应该对学生技术动作适时给予纠正,同时教师和学生之间应该保持畅通的信息通道,使学生在学习过程当中与教师产生良好的互动。

(2)终身体育模式需遵循的原则

①快乐体育原则

兴趣是最好的老师,进行终身体育活动,首先就要考虑到学生的兴趣,在教学中一定要着重培养学生对该项目的兴趣,尽量创造条件,开设一些适合学生身心特点,深受学生喜爱的运动项目。要让学生在运动中增强体质的同时,充分进行情感体验,从而达到身心全面发展的目的。

②自觉与经常性原则

要坚持终身从事体育锻炼,就必须使锻炼者有明确的目的性,自觉地根据自身需要与条件进行身体锻炼。人的体力、智力和情绪的发展具有周期性的规律,要让学生掌握这一规律,就必须不断丰富自己在不同年龄阶段的身体锻炼知识,自觉、积极地调整运动负荷,以适应身体发展的需要和终身体育的需要。同时,要讲究终身体育锻炼持之以恒的重要性。如果不能坚持,只是断断续续地锻炼,那么前一次锻炼作用的痕迹就会消失,而后一次锻炼的影响也会不断变小,其身体结构、机体能力、运动素质和基本活动能力也不能保持良好的状态。

③全面性原则

人体是一个完整的有机体,终身体育需要全面发展身体各个部位器官系统的机能,使各种运动素质和活动能力都得到均衡发展。要合理选择锻炼内容,做到内外结合、形神一致,才能达到全面发展的目的。

(二)终身体育需要高校教师扮演的角色

1.高校体育教师要做终身体育意识的培养者

要实现高校体育与终身体育的融合,在教学中要求学生深刻地理解体育原理,更好地掌握体育锻炼所需的技术、技能之外,建立正确的体育意识对学生形成终身体育的兴趣、能力和习惯具有决定性的作用。因此,终身体育的教育观念要求在学校体育教学中注重培养学生自觉自愿地参与体育活动的兴趣、能力和习惯。体育意识的重要作用在于可以促使学生在体育教学过程中,充分发挥自身的活动能力,形成自觉进行身体锻炼的习惯,使学生意识到自己一生需按照个人意志,坚持不懈地参与体育活动,并将其变成一种有目的的自觉行为。因此,体育教师在具体的教学过程中应该培养学生的终生体育意识,使即将走上社会的大学生一生受益。

2.高校体育教师应做终身体育的引导者

学校体育是连接家庭体育和社会体育的中间环节,对实施终身体育起着十分重要的引导和桥梁作用。体育课从小学到大学,每周按2学时计算,可达1000学时,再加上课外活动,这为学生的终身体育提供有利的实践环境。但是,要真正实践终身体育,仅靠学校体育时间远远不够,还应将体育贯穿于每位学生的一生。因此,学校体育应为终身体育做启蒙教育,体育教师就是学生终身体育的启蒙人、引导者。体育教师要充分利用学生上体育课和身体锻炼的时机,加强学生体育意识的培养,树立终身体育的思想观念,使学生学会锻炼身体的科学方法,提高独立锻炼身体的能力,养成终身体育锻炼的兴趣与习惯。体育教师要改变过去那种单纯传授体育知识、技术和技能的教书匠形象,要在体育教学过程中充分挖掘学生的学习潜力,使学生从被动学习状态改变为积极思维、主动实践的状态。

3.体育教师应与学生建立新型的师生互动关系

教育的内在规律说明,没有纪律约束、没有要求、没有目标就不能称之为学校体育。传统师生关系中的"师道从严""尊师重教",在现在仍有十分积极的意义,而且随着时代的发展,体育课中的师生关系也应该反映时代性特点。师生由于共同的体育目标而结成人际关系,这种关系一经建立,就会为共同的目标而不断调节自己的行为。

作为体育课具体实施者和组织管理者的体育教师,应时刻用教师的职业道德标准来约束和规范自己的言行,不断提高与学生之间的交流水平,引导和满足不同学生的学习需求,获得学生的尊敬和爱戴;而学生应该自觉遵守课堂纪律,约束自己的行为,取得同学的支持和教师的关爱。在终身体育教学思想的指导下,教师与学生应该是平等、互信、亲密、互动、稳定以及持久的关系。

(三)在教学当中培养学生终身体育意识

1.培养学生终身体育意识的重要性

终身体育是指一个人终身进行体育锻炼和接受体育指导及教育,它包含两个方面的内容:一是指人从生命开始至结束,一生中不断学习和参与体育锻炼活动,使终身有明确的目的性,使体育真正成为一生生活中始终不可缺少的重要内容;二是在终身体育思想的指导下,以体育的体系化、整体化为目标,为人在不同时期、不同生活领域中提供参加体育活动机会的实践过程。另外,人体活动的基本规律也要求人们必须经常坚持身体锻炼,身体锻炼如不能持之以恒就不能产生持续的锻炼效果。终身体育目标就是要人们随时随地都采取有效的锻炼措施,来保证身体的正常发展。因此,只有当学生真正认清终身体育的重要性,才能够产生学习体育知识和技能的动力。

2.高校体育教学中学生终身体育意识的培养

(1)要注重培养和激发学生的学习动机

在体育教学中,首先,要给学生确立一个明确的学习目的,启发学生明确认识身体对学习好、工作好的重要意义,帮助学生形成长远的、持久的学习动机,以指引学生的学习方向,激励他们努力学习,提高学生的学习积极性;其次,要启发学生的求知欲望,因为求知欲是推动学生自己去探索知识并带有情感体验色彩的一种内心渴望,它能使学生在学习过程中产生愉快的情感、积极的态度,从而产生学习兴趣,产生进一步探求知识的欲望。

(2)改变传统的教学方法,培养学生自学的能力

传统的教学方法强调教师教的主导作用,忽视了学生本身的主体作用。要发展学生的

个性,形成终身体育的思想,首先必须了解、认识和尊重学生的心理特点。当代大学生有独特的见解和兴趣爱好,他们注意培养自己的多种能力,渴望最大限度地发挥自己的潜力。因此,在体育教学过程中,应打破传统教学方法和思维方法的束缚,放手让他们获得自主、自制、自控、自练、自评能力的实践机会,以促进身心健康和个性品质的发展。

(3)改变传统的教学形式,教学手段灵活多样,突出重点

大学生的思维比较活跃,在大学期间他们不仅仅只想学到一些单一的体育技术,更多的是要学到一些有关科学锻炼身体的方法、手段。这就要求我们的教学方法、手段,既要符合体育教学的原则,又要结合大学生的生理、心理特点,安排灵活多样的内容,引导他们逐步养成坚持体育锻炼的良好习惯。在具体的教学活动中,我们可以结合实际多采取游戏与比赛的形式,增加体育教学趣味性与对抗性。

四、高校体育终身教学模式的构建

(一)分级体育教学

这是一个依据学生身体素质状况,采取有目标、有计划地对不同群体施加不同教学内容和练习方法、手段,指导学生学习和锻炼的体育教学过程。这样能使不同素质水平的学生均能愉快地接受体育学习,体验运动的乐趣。在一群学生中如果采用同一教材和教学方法,往往无法满足不同学生的需要,势必会造成一部分学生"吃不饱",而另一部分学生又"吃不了"的现象,严重影响两种学生的学习兴趣和积极性,主要教学对象为大学一年级的学生。

(二)选项体育教学

选项体育教学是指使学生对体育的兴趣、爱好得到满足,又充分地发挥了学生在某一运动项目方面的特长,使其通过体育学习加深对所学项目的理解,从而热爱和长期从事运动项目,养成自觉锻炼的习惯,形成终身体育意识和终身体育思想,这一教学过程的主要对象是大学二年级学生。

(三)运动处方体育教学

根据每个学生自身健康状况和身体素质水平、对体育的兴趣、爱好和运动特长等实际情况,从培养学生自学、自炼能力入手,以"运动处方"为中介,使学生掌握一定的科学方法,达到培养学生养成自觉锻炼习惯,提高学生自学、自炼、自我评价、自我创新能力的目的。主要教学对象为大学三年级学生。

(四)康复体育教学

康复体育教学是针对病、残、肥胖、体弱学生的实际而设计的体育教学过程,教师有计划、有目的地依据学生实际情况,实施康复体育教学内容,使学生在治疗疾病的同时,也能体验到运动给他带来的益处,而不是"痛苦"地学习体育,从而建立体育学习和生活的信心与勇气,长期坚持体育锻炼。这种教学过程对学生克服自卑心理,树立顽强向上,勇于克服困难的人生目标具有良好的促进作用。

总而言之,构建终身体育教学模式,能够有效地促进学生的体质健康,有利于学生掌握

体育知识、技术技能,增强学生的个性和良好的思想品质,对提高学生的体育能力,不间断地从事体育锻炼习惯,达到终身体育的目的和思想有非常好的促进作用。

第三节　高校体育欣赏教学模式

一、体育欣赏教学概述

(一)欣赏型体育教学模式的含义

"欣赏"即审美,但欣赏是一个较"审美"更广泛、更朴实的概念。欣赏是享受美好的事物,领略其中的情趣,它更强调过程。人类的审美活动随着人类社会的进步而不断拓展,也必然发生在作为人类基本实践活动之一的教育领域。

欣赏型体育教学模式是与认知性体育教学、单一性运动技能训练相对而言的,它是指教师根据学生的审美心理、审美经验、兴趣爱好以及心理承受能力等,将教学过程中所蕴涵的美的因子(诸如教学目标、内容、方法、手段、评价、环境等)转化为审美对象,使整个体育教学过程转化为美的欣赏、美的表现以及美的创造过程,实现一种以身心体验为核心,着力培养学生的体育兴趣、人文素养、审美情趣、创新精神和实践能力,从而达到领悟体育的真谛,得到精神上的愉悦,促进运动技术、生理和心理等方面和谐发展的教学实践活动。

(二)欣赏型体育教学的基本特征

1.整体性

人作为一个活生生的个体,是在对象性的实践活动中展现其生命的,在这些对象性活动中结成的关系共同维系人的生存,这些因素缺一不可,共同表现出人的生存图景。人如何生产和生活的,人就是什么样的。人需要在实践中全面地占有自己的本质,人以一种全面的方式,也就是说,作为一个完整的人,把自己全面的本质据为己有。因此,人的解放就不单单是某一方面的解放,而是整体的解放。作为培养人的教育,人的生命是多层次的,多方面的整合体,生命有多方面的需要:心理的、社会的、物质的、精神的、行为的、认知的、价值的、信仰的,任何一个人都是以一个完整的生命体方式参与和投入;而不只是局部的、孤立的、某一方面的参与和投入。欣赏型体育教学是一种生命活动形态,具有整体性。无论哪个国家、哪个时期的高校体育课程,增强学生体质,提高健康水平,都是重要的乃至首要的功能,这是由体育的功能所决定的。科学研究表明:体育对提高大脑的工作能力、促进有机体的生长发育、提高人体功能、调节人的心理、提高人的社会适应能力等方面都具有不可替代的作用。欣赏型体育教学目标的整体性是以身心体验为核心,培养学生的体育兴趣、人文素养、创新精神和实践能力,从而达到领悟体育的真谛,得到精神上的愉悦,促进学生运动技术、生理和心理等方面和谐发展的一种整体教育观。它不仅仅是关注体育知识、运动技术、技能的掌握,而是把提高学生的整体健康水平作为终极目标。

2. 自由性

自由是体育最显著的特征，人们一提到体育就会联想到自由，是因为人们头脑中的体育概念本来就含着人们关于这类活动的自由体验，自由的活动必须是自觉性、自主性和自愿性的活动。如观看篮球飞人们的精彩表演，自然唤起了我们对篮球的热情与一试身手的冲动；听到富有韵律感、活泼轻快、情绪激昂的音乐，我们就会自然地进入一种运动状态，自觉地加入健身的行列。教育，作为人类的一种有目的地培养人的实践活动，就是人按照自己的目的——人的理想发展状态，来改变人在自然状态下的发展，进而实现自由的发展。正是教育的这种本性，使得教育的审美具有了一种内在的强大动力。

教学审美是一种令人愉快的自由活动，应遵循学生的审美心理特点。学生作为审美主体，由于审美情感、审美经验以及审美理想的不同，对教学美的感受、理解、评价也各有不同。学生所采取的陈述和表达方式以及审美评价方式都有自己的特点，表现出自己个体审美差异。学生总是按照自己对教学美的理解，而采取各种表述、评价方式的。

3. 多样性

在教育过程中，不同的教师对教育内容的理解、认识、感受不同，对教育媒介的运用也会不同，在教育活动中表现出自己独特的风格。学生的学习亦是如此，不同学生有自己不同的认知风格。他们无论是对知识的理解、掌握、运用，都表现出自己的特色。任何一个教师都不可能是一切优点的十全十美的化身，在每一位教师身上都有某种长处，他能够在教育活动的某一方面比别人更突出，能更完美地表现自己。受教育者不仅由于年龄不同而对教育美有不同的要求和理解，且同一年龄段的不同班级、不同学生对于教育美的要求和理解也同样表现出不同的特点。

（三）欣赏型体育教学的作用

首先，欣赏型体育教学模式是一种关注人的和谐发展的教学理念，通过欣赏型教学，能够更好地实现高校体育课程的教学目的。欣赏型体育教学中，学生自主选择喜欢的课程，在学习后为其他专项同学讲解本专业知识，并能参与到其他运动中去，使学生在课堂学习上更能积极主动地汲取知识，努力练习，并在交流过程中巩固自己所学，使课堂教学效果更加显著。

其次，欣赏型体育教学能够拓宽学生的学习范围。"三基"教学仅仅教授大纲规定的统一内容，选项课是教授单一的运动项目，致使学生的高校体育课程涉猎面太窄，不利于学生整体素质的提高。欣赏型体育教学过程中，通过交流、学习，使学生能够汲取到其他体育运动知识，并学会如何欣赏，拓宽学生的学习范围，增加学生知识的积累量，提高学生的体育运动欣赏能力。

最后，欣赏型体育教学能够全面发展学生的素质。传统"三基"教学和选项课教学内容单调，教学方法单一，以练习为主，无法全面培养学生的综合素质。欣赏型体育教学采取自主学习、欣赏评论等方式，可以培养学生的自信心、表现欲望、团队精神以及体育欣赏能力。

二、欣赏教学模式在高校体育教学中的应用

（一）重视体育文化建设，提升学生体育认知水平，为体育欣赏做好铺垫

体育文化建设在学校中的体现，除了课堂体育教学、课外体育活动之外，其中很重要的一部分就是校园体育文化建设，它是学生参与体育运动的外在影响因素。从广泛意义上来讲，校园体育文化是以学生为主体，教师为主导，以促进学生身心全面发展为目标、以身体练习为手段，其终极目的是培养人才，它与校园的德育、智育、美育等一起构成校园文化群。这种校园文化群体，对于提高学生的综合素质和整体认知水平有着非常大的促进作用，所以对于像体育欣赏这样的课程开设或者方法的应用，就是在基于学生对体育有一定认识的基础上才能更好地开展。

而重视或加强校园体育文化的建设，通过开展多样的体育活动、体育知识的宣讲、校园体育赛事等，不仅能够使学生深入地了解体育的基本知识，而且能够提高他们参与体育运动的兴趣。通过这样的兴趣带动，自然就会有更多的学生慢慢地参与到其中。

除了因为以上的原因之外，还因为校园体育文化是广大师生通过学校各层面的创造活动及创造成果表现出来的。体育文化是学生在体育活动中的各种具体形式的自我创造，并从中找到自己的价值取向。校园体育文化作为一种有特定意义的内涵指向的客观精神，总要通过某种载体表现出来，如从教育的目的来说，体现出体育文化在学校教育中的深刻内涵。而这种个人价值取向和学校教育的内涵，恰恰是学生在参与或者欣赏体育的过程中，从最初的一种身体感受、视觉感受到情感的体验和思想上的升华，才慢慢体悟出的一种道理。

（二）加强体育教师的进修培训，提高其体育欣赏的理论水平和思想认识

体育教师作为体育教学中不可或缺的关键"角色"，其所起的作用是关乎学生所学体育知识正确与否、质量高低的最基本保障，也是学生终身体育观念培养的主要领路人。因此，体育教师面对这样的价值意义，自然而然对自身所拥有的人格魅力、体育素养、专业技能、理论水平以及思想认识等方面都会提出更高的要求。所以，在高校体育教学中体育教师除了需要在满足基本教学的需求之外，还需要不断地进行新知识的学习和充电。只有如此，才能保证高质量地完成体育教学的基本任务和要求。

而体育教师进行再学习的过程就是要强化他们进行再进修或者再培训，当然，这其中涉及的内容比较多，学习的内容、模式、方法等也都多种多样，但总体而言都处在不断完善的过程中。基于体育欣赏教学，对广大高校教师而言并不是完全能够游刃有余地利用到课堂上。所以，在此种培训的过程中，对专业体育教师提出了更高的要求，那就是首先要知道"什么是体育欣赏？如何将这个方法有效地运用于课堂教学之中？"当然，这其中还有最主要的一点就是对体育欣赏认识的问题。因此，我们便不得不提到传统体育教学中很多长期存在的弊端和问题，"模式固定、方法单一、内容陈旧"等导致学生"喜欢体育但不喜欢体育课的"尴尬现状。

因此，面对这样的问题，在高校体育教学中进行体育欣赏时，从体育教师层面来说应从

以下两个方面进行改善：

第一，教师不能死板地把理论知识搬到课堂上，而是通过这门课程激发学生对体育运动的兴趣，使学生既能从中学到体育运动的专业知识，又能在学习中感受到体育文化的魅力以及体育运动所带来的乐趣。教师可以通过最直观的精彩视频、经典赛事以及体育比赛中的集锦或是经典的战术视频作为教学内容来进行教学，教师通过这些赛事及镜头来讲解运动员之间的配合、教练员临场指挥的成功经验、各项运动的特点、各国家的不同文化以及体育的常用术语等。让学生们看懂体育运动，使学生从一个外行变成一个内行，达到此门课程的教学目的。

第二，在完成以上基本教学的任务之外，要加强对高校体育教师在体育欣赏方面的培训，理论知识的掌握是体育教师更好地完成教学的基本前提和保障，所以通过定期的学习和教学实践的结合，避免体育教师出现认识上的误区（学术讲座型、影像替代型），就要加强对他们思想认识的强化，正确理解和掌握体育欣赏应用的方法、途径和意义。只有这样，才能针对师资队伍的建设做出一定程度的改善，进而使体育教学取得一定的成效。

（三）科学合理地引入体育欣赏课程，配合并改善传统体育教学模式

在对体育欣赏的相关研究中，人们发现，有的学者将其作为一种教学方法应用在课堂当中，也有学者把体育欣赏作为体育教学中的一门课程单独提出来，无论是作为一种教学方法还是一门独立的课程，对体育欣赏的正确认识和科学合理的利用至关重要。要提高和改进现阶段高校体育教学状况，可以尝试引入体育欣赏课程，使其与体育健康课程同步开展，而在实际教学过程中所占的课时比例，应以体育健康课为主，体育欣赏课程只是作为体育教学的一种辅助，是为了更全面地帮助学生学习体育技能、掌握体育知识。科学合理地引入体育欣赏课程的目的主要有两方面：第一，为了配合传统体育教学模式，使体育的"教"与"学"更加立体、多元；第二，为了改善当前体育教学中一些墨守成规的教条，使体育欣赏教学更科学的、避免盲目错误地应用到实际教学中。第二点就如部分学者提到的："现在的体育与健康课中，还有相当数量的教师仍然在沿用旧时的体育模式，一味教授体育技术，即使是上体育欣赏课，也不应该一味地回放精彩的赛事，以电视为代表的传播媒介是大学生从外界获取有关体育信息的重要手段，这种优势是体育与健康课难以替代的。体育欣赏的学校教学不应是对传播媒介简单的重复，而是要在传播媒介的基础上引导大学生怎样理性地欣赏体育。"只有这样，教师在开展体育欣赏课程时，学生才能更好地通过这样的途径更全面地认识体育运动。

因此，为了确保更科学合理地引入体育欣赏课程，使体育欣赏在体育教学中应用的效果更加显著，教师可以通过多媒体对快速、连续复杂的体育项目动作进行反复示范，对重点和难点进行详细讲解，使学生熟悉和掌握体育项目动作；在体育实践课教学中，体育运动的技术配合使教学更难，学生难以通过教师的讲解领会技术配合的目的以及发生的环境。而通过体育欣赏课教学，不但使学生更熟悉了技术配合的全部过程，而且使学生掌握到了技术配合的目的和环境。通过体育欣赏课与实践教学的有机结合强化巩固了学生的体育运动项目知识，而理论与实践的有机结合，则提高了教学效果。

(四)引导学生正确地欣赏体育,避免体育欣赏应用的负面效应

大学阶段的体育教学不单单是体育技能和知识的学习,还有健康内容的了解与掌握。因此,对于健康知识的讲解和教育就可以很好地利用体育欣赏课程来完成。很多学校或者许多体育教师在大一阶段的体育与健康课程教学中忽略了此部分内容,原因有二:一是大学阶段学生的生理和心理敏感期;二是体育教师不好意思开口。所以,这也就从一定程度上使得体育教学所应有的成效大打折扣。

因此,在大学体育教学中引入体育欣赏课程,恰好可以解决此方面的问题,但前提是教师要正确地引导学生进行体育欣赏,尽量避免体育欣赏所产生的负面效应。现代体育比赛场面激烈而紧张、战术机智而灵活,让欣赏者情绪亢奋。此时,欣赏者的情绪完全被比赛的节奏所控制,如果此时无法控制自己的情绪,也许会发生连自己都意想不到的事情。

三、高校体育欣赏教学模式的构建

(一)欣赏型体育教学模式的构建目标

欣赏型体育教学既是一种教育理念,也是一种教学活动实施策略,它是一种基于系统观、整体观、联系观、历史观、均衡观下的教育,是一种充分体现和不断运用欣赏智慧的教学模式。就性质来说,欣赏型体育模式中学生的参与主要是一种互动的、创造性的,学生是体育活动中的主角;就方式来说,欣赏型体育教学模式中学生的参与是全身心、全方位的,它包括运动觉、听觉、感觉、视觉、直觉等各个方面的参与;就结果来说,欣赏型体育教学模式中学生的参与本身就能使学生获得健康、愉悦的体验。因此可以说,参与、体验本身就是欣赏型体育教学的目的之一。通过体育参与引导人追求卓越的精神品质,使其超越自身和世界,体验健康、运动的乐趣,实现个人真正的精神成长。欣赏型体育教学模式是按照美的规律和人的审美心理特点和审美法则,把人们引入审美境界,使教学过程中各环节都具有较为丰富的审美性,并通过挖掘体育中的审美因子,发展人的体质结构、挖掘身体的潜能,实现人的生命价值。以身心体验为核心,着力培养学生的体育兴趣、人文素养、审美情趣、创新精神以及实践能力,自觉体验体育活动带来的乐趣,实现一种精神的超越,这就是欣赏型体育教学模式构建所追求的价值和目标。

(二)欣赏型体育教学模式的构建原则

1.体验性原则

由于欣赏型体育教学首先依赖于一种特殊的教学方式——审美体验,因而体验原则对于欣赏型体育教学来说,具有特殊的重要性。一般来说,知识教育所运用的是理性的逻辑推理,技能教育所凭借的是动作的训练,审美教育所依赖的是审美体验。体育教学中的审美体验可以使学生充分调动自己的感知、想象、情感、理解等各种心理功能,观察、感受、评价审美对象,从而形成陶冶心灵、情感的过程,它是学生对审美对象全身心地投入,全身心地感悟,从而达到主客体的真正沟通和交融。体育教学过程主要就是利用学生的参与体验完成的,因此,只有通过审美体验,学生才能与审美对象建立起严格意义上的审美关系,客体也才会成为真正意义上的审美客体。由于学生的审美体验所形成的审美意象,它自然要依托于一

定的审美客体,但它又不可能是客体一成不变的复现,必然带有个体鲜明的感情色彩,具有鲜明的个性化特征,这是因为审美客体经过了学生心灵化与再创造。学生的审美经验就是以大量的审美意象方式储存的,这种审美意象是学生审美体验的产物。经过审美体验产生的审美意象具有重要的作用,它是学生审美体验的结晶,可以引起学生的审美欣赏和感悟;同时,它又作为审美经验储存下来,将为以后的审美欣赏与审美创造活动提供一种审美参照系,被重新激活后又可供主体再体验、再创造,并汇合而组成新的审美意象。正如在水中学会游泳一样,因为要获得审美感就必须亲自去参与审美活动,审美本身就具有很强的直接性、直觉性,欣赏者必须亲自去感受、品味审美对象的美。只有在这种反复的感受、体验、感悟中,学生才能学会怎样进行审美体验。因为审美体验是一种个性化的具体体验,任何其他人都不能取代。因此,教师要引导学生直接参与各类审美活动,让他们亲自感受、体验各种领域的形态美。

审美体验作为欣赏型体育教学的基本原则,必须注意以下几个方面问题:第一,要为学生提供直接参与各种体育审美活动的机会,让他们在体育锻炼中学会审美体验;第二,在引导学生直接参与审美活动时,教师不能放任自流、撒手不管,还需要做适当的引导与指导。如给学生营造一定的审美氛围,把审美对象尽可能地呈现于学生面前,并能想象与创造,并能将锻炼的感受表述出来,与他人进行交流;第三,要注意选择符合学生的年龄、心理、身体、知识范围的审美对象等。

2. 交流性原则

教学过程既是师生间的认知过程,也是师生间的情感接触和交流过程。师生之间的交往,不论是正式交往还是非正式交往,情感交流是其交汇点。情感交流作为师生间的一种纽带,是教育的灵魂。其实,真正的情感不应是被别人给予的,而需要自己去体验、去感受。欣赏型体育教学模式需要让学生"找回遗失了的情感",进而激发情感,升华与重塑学生的情感。同时,还要将生动形象的情景、教师优美的语言、富有情感化的教学内容以及课堂氛围的重要性突显出来,并将这些内容融入模式的构建之中,使教师真正融入学生的生活,深切体会学生的内在情感,理解学生的切实需要,以这种真实的情感状态投身到教学之中,才会有师生之间、生生之间的互动,实现知识、情感、艺术的多向交流。所以说,高超的体育课堂教学艺术,不仅要传授知识、技能、培养能力,还要有师生间情感交流。只有这样,体育课堂才会变成身体、行为、思想的艺术享受场所。

3. 创造性原则

欣赏是对意象的情感体验,也就是说,主体在对审美客体感知观察的基础上发挥想象,引发对意象的审美感受和体验,达到情感的愉悦,从而产生对审美客体再造或重构的欲望。就人们的欣赏活动而论,也可证明主体的反复体验的创造性是引起审美快感的动力。无论是艺术美的欣赏还是自然美的欣赏,如果不能创造性地发现客体所蕴含的美感价值,就无法获得那种陶醉感,那再"美"的东西也毫无意义。也就是说,审美客体内化为审美经验并不是一成不变的,审美意象的产生本身就是一种创造过程。

"教无定法,只要得法",教学过程就是一种体验的过程、创造性过程,尤其是审美化体育课堂教学具有丰富的教学资源和广阔的教学空间,更给教学设计提供了许多灵活多变的创造机会。因此,教育者也要创造值得自己崇拜的创造理论和创造技术,我们应该从不同的角度去开发教学资源、创设审美化的教学情景、独辟蹊径地设计新的教学方案和学习策略;我们应该艺术地运用不同的教学方法去教育和感化每个个性不同的学生;我们应该不受空间的束缚,学会欣赏体育中的美,使教学各个环节都具有审美性。

4. 个性化原则

个性化教学原则在此有两层意思:一是要尊重学生的个性特征;二是要设计个性化的审美活动。尊重学生的个性特征,根据学生的需要、兴趣及审美发展水平等设计教学过程,这也是因材施教这一基本教育原则的要求。个性化审美活动的设计包括教学目标、安排教学内容、评价教学效果等方面要制定相应的多样化标准,否则就无法满足不同水平、不同层次、不同类型学生审美学习的需要,也无法达到审美化教学的效果。

5. 和谐性原则

欣赏型体育教学模式以人的各个方面和谐发展,提升学生的生命体验为最高目标。审美、立美、创美的特质决定了它必然追求和谐统一性。和谐统一性是指教学以"人的全面发展"为纽带、以审美为基础,整合体育教学系统中多种因素、多个侧面、多种矛盾对立的内容,使之成为完美统一的整体。无论是教学内容与教学形式之间,还是审美对象与审美主体之间、审美主体与审美主体之间的和谐等,都是欣赏型体育教学模式的基本特质或内在需求。

(三)欣赏型体育教学模式的构建程序

1. 创境——生命体验和审美感知的基础

教学过程必须精心构思、完美组织、巧妙安排,才会富有生命活力,才会唤起学生学习的欲望。现代情境学习理论认为:学生的学习实质是借助学习情境,实现学习者对知识的主动构建。活动中情境的创设非常重要,学生在审美情境中很容易受到情境氛围的感染,从而产生情感投入和审美体验。同时,还能够起到一种渲染、唤起、激发的作用,使审美主体在心理上产生共鸣,从而吸引审美主体去追求、去创造。引发学生美好的想象,让其有身临其境之感,使学生在美的情趣中持续地激发学习动力,在体验审美过程中学习体育知识、掌握健身的技能,在参与创造过程中拓宽体育情趣,直至达到"设境悟情",产生求知欲望的目的。要创设合理的教学情景必须了解学生、研究学生,把课前准备的着眼点始终放在学生身上,根据学生的身心特征、生活经验、感知思维方式和已达到的体育知识、技能水平对体育教学过程进行精心的审美设计。美是到处都有的,我们身边不是缺少美,而是缺少发现。挖掘体育素材的内涵美,寻找和设计与教学主题相关的审美活动,以此营造一种生动可感的互动氛围,从而唤起学生的审美情感,轻松地把学生引进预设教学情境,把学生带入美的境界之中,更有效地激发学生学习的兴趣。情景的创设包括教学过程中美的创造、教学形式美的创造、教学场地美的创造、教学评价美的创造、教师的语言艺术以及情绪的变化等。目的在于吸引学生全身心地投入教学活动的场景中,使其与活动融为一体,进入美的境界,此时的教学活动便成为学生审美享受的过程。

2. 入境——引起学习兴趣，激发审美感知

入境即教学过程的审美导入，引导学生进入预设的教学情境中。美的价值在于可以愉悦身心、陶冶性情，给人以清新、向上、愉悦的感受，在一定程度上满足人的精神需要。同时，还因为这种优美的教学情境能使学生产生愉悦感、新鲜感和好奇心，学生情绪亢奋，求知欲强烈，精力专注，思维活跃。学生具有轻松愉快、积极向上的良好心态，自然进入学习状态。课的导入手段和方法比较多，如实物、图片、卡片、录音、录像、音乐、游戏、直观形象的语言均可作为导入手段，要根据学生的身心特征、生活经验、感知思维方式和已达到的体育知识、技能水平，采用开门见山、承前启后、生活化情境、热点问题、精彩比赛欣赏等方法把学生引进预设的学习情境之中，从而唤起学生的审美情感，激发学生的兴趣。

引导学生进入预设审美情境之中，超越了传统经验描述的层次，它并非纯自然情境的利用，而是从学生的审美需要出发，由教师自觉设计的，因而对学生来说并不是强行给予的。它所具有的各种审美因素，可以通过多种渠道，对学生施以综合的、整体的审美影响，使学生情怀激荡，心驰神往，借助情绪体验的移情作用，在本来不感兴趣的活动中体验到盎然的趣味。

3. 体验——呈现生命课堂，焕发生命的活力

体验是生命存在的一种方式，体验不是一种外在的、形式性的东西，它是指一种内在的、独有的、发自内心的和生命、生存相联系着的行为，是对生命、对人生、对生活的感悟。美的教学使人能够获得美的享受过程，是审美化的教学。师生之所以能够对教学产生美感，必然是他们在教学活动过程中进入了审美状态。这种审美状态是审美体验的状态，也就是说，教师和学生在教学活动中体验到知识的学习带给他们美感，体验到教学活动给他们美的享受，他们全身心投入活动之中，感受着教学活动的勃勃生机和生命韵律，体验着知识所蕴含的生命情感，他们在审美的体验中，不仅能学到知识，还能陶冶性情，培育精神，提升生命品质。

只有体验才能把师生带入审美王国，才能使教学进入美的境界，但认识不能够完成这一任务。因为审美体验不仅是一种与其他体验相并列的体验，而且代表了一般体验的本质类型。审美体验与其他类型的体验有所不同，它除了具备一般体验所具有的直接性、整体性等特征外，还具有与审美特征相连的无功利性、超知识、超道德而又自然合知识、合道德性以及意境等特征。由此可见，体验与认识是完全不同的两种把握世界的方式，在这两种活动中，人与世界的关系完全不同。由于美是主客合一的，是人的生命以主客交融的方式而存在，因此，美感的产生只能通过体验而不能运用认识的方式。也就是说，师生不是通过认识，而是通过体验才能在知识的学习中、在整个教学活动中感受到教学的生命活力，领悟到生命所蕴含的意义并赋予人精神力量，从而产生美感，获得精神享受。因而，欣赏型体育教学应以审美体验为基本方法，并在审美体验过程中进行。只有当师生在教学活动中进入了审美体验的状态时，他们才能全身心地融入教学情境当中，他们不把知识当成一个对象来看待，而是与知识融为一体，在知识中畅游，与其中的人物、事件、情景"同声""共振"，用自己的生命去碰撞知识的"生命"，以自己的生命去"经历"对象的"生命历程"，将自己投入对象之中，也将对象融入自己的生命之中，即庄子所说的"物化""忘我"的境界。此时的教学活动已经变成

了人的自身需要,成为人的生命自由创造的需要,师生就是在这种教学活动中体验着自由创造的精神愉悦,获得生命的享受。师生间的一切对立关系也全都不复存在,甚至他们忘却了自己的主体地位,而与知识、整个教学活动完美融合在一起,师生角色会瞬间消失,他们沉迷于生命创造的幸福与快乐之中,这是师生关系的升华,是教学境界的整体提升。

4. 感悟——获得审美享受,领悟到生命的真谛

知识不能是由自认为有知识的人"普及到"或"灌输到"自认为没有知识的人,而是通过充满变化的关系建立起来的,在这种关系中批判地解决问题,又继续促使知识发展。这里的"关系"就是"体验"。体验的过程不是以思维为主要特征的认识过程,也不是物质性的实践过程,而是表现和升华情感、激发个体的生命活力、发展创造性、开启心智、陶冶审美情趣的过程,是人本质力量的表现、是审美的最高境界、是生命的感悟。感悟不是对认知的全部否定和排斥,而只是对认知的升华。当主体的单一认知功能转换为全部身心特性参与的审美状态时,认知就达到了极致。认知的极致就是对象和自我合一的审美,它既不是主体性湮灭的困顿,亦非主体性张扬的突兀,而是一种超主体性的境界。

感悟是知、情、意融于一体的人的生命活动,作为一个完整生命体的直观与感悟,是审美主体对审美对象形式所包含的深层意味的心领意会,是审美主体对审美意象和意境的一种较细致的体验活动。但是,在欣赏型体育教学过程中又不能没有认知,认知是让审美主体知道客体"是什么"。所以,审美活动只有从认知上升到感悟,通过审美主体的审美体验,"是什么"才能真正对审美主体产生生命论意义上的价值。如果过分强调学习中的认知方面,那么将会带来教与学中机械式的训练。因为认知强调的是知道"是什么",而"是什么"可以重复和持续再现。虽然说运动技术的学习需要反复训练,但真正的体育学习的核心不是训练,而是通过训练掌握体育知识、健身的方法、享受运动的乐趣、感悟体育的生命意义。这实际上就是一种创造过程,即融入了审美主体自身情感的创造过程,从而使创新潜能得到释放,精神生命得到升华。

第六章　高校体育教学的影响因素

第一节　高校体育教学环境概述

高校体育教学的环境因素不仅对高校体育教学课的组织与开发有重要影响，还对学生参与体育教学课的积极性以及学习效率有重要影响。

一、高校体育教学环境概述

(一)高校体育教学环境的概念

在教学活动中，与教师教学与学生学习相关的一切内在条件与外在条件都是教学环境。教学环境是指在推动人类身体发展和心理发展的需求下组织的育人环境，是学校组织和开展不同类型的教学活动要具备的各类条件的总和。

教学环境的概念包括广义概念与狭义概念。从广义的层面来分析，教学环境就是作用于体育教学的所有社会环境，如社会制度、科学技术等；从狭义的层面来分析，教学环境就是组织和开展教学活动不可或缺的物质环境与心理环境，如教学设施、规章制度、师生关系等。对于组织和开展学校体育教学课来说，侧重于分析和探讨狭义层面的体育教学环境。因此，我们把体育教学环境的概念定义为：是对体育"教"与"学"两方面的效果造成影响的显性教学条件和隐性教学条件以及这些条件共同构成的教学氛围。

体育教学环境的概念具有以下几个层面的含义：其一，体育教学环境是作用于体育教学的一项条件；其二，体育教学环境是形成体育教学氛围的一项条件；其三，虽然体育教学环境的因素属于客观因素的范畴，但能够将其划分成显性因素和隐性因素。深入分析体育教学环境的词义能够得出，其属于中性词义。

必须说明的是，体育教学环境包括好的和坏的。与大自然的原始环境相比，体育教学环境的形成和发展需要人工塑造与优化，只有体育教师精心创造、维护、优化，才能由此产生良好的体育教学环境。因此不难发现，深层次探究体育教学环境的概念与内涵能够更加高效地塑造与优化体育教学环境。

(二)高校体育教学环境的特点

对于高校体育教学活动而言，体育教学环境是至关重要的因素之一，能够为组织和开展高校体育教学活动提供物质条件，对体育教学活动的开展具有巨大作用。体育教学环境的特点包括以下几点。

1. 复合性

就教学目标而言，体育教学活动存在多元化特点；就教学内容而言，体育教学活动存丰富化特点。在多元化特点和丰富化特点的双重影响下,体育教学活动的复杂性特点应运而生,这或多或少会推动体育教学环境表现出复合性特点。高校体育教学环境的复合性特点着重反映在以下两个层面:

①复合性特点在体育教学物理环境方面的表现为:体育教学不仅要求学校配备包括教室和桌椅等在内的一般教学设施,还要求学校配备体育场馆、各类运动设施、各类运动器材。

②复合性特点在体育教学心理环境方面的表现为:体育场馆与体育场均为组织和开展体育教学活动的关键性场所,学习场地反映出了由小到大的特征,同时使得师生之间、学生之间的人际关系朝着更复杂的方向发展。

2. 目的性和计划性

目的性与计划性是教师塑造和设计高校体育教学环境必须达到的要求,严禁教师以随意的态度设计体育教学环境。在组织和开展高校体育教学活动的过程中,教师往往会参照教学目标、学生身体发展状况、学生心理发展状况的特点以及体育教学的规律来塑造和设计体育教学环境。由此可见,目的性和计划性是高校体育教学环境的显著特征之一。

3. 科学性和可调控性

科学性特点的表现为:塑造体育教学环境不是随意而为的,要求教师参照具体的目标和需求,科学地论证、选择、加工、提炼体育教学环境的各项组成要素,由此塑造出良好的体育教学环境。

可调控性特点的表现为:在高校体育教学的实践活动中,教师要想使学生的身体素质和心理素质得到大幅度提升,就必须全面分析并联系体育教学活动的实际需求以及体育教学环境出现的各项变化,在最佳时间段内完成对体育教学环境的调节工作与控制工作。

4. 规范性和教育性

体育教学环境是教育学生的专门性场所,需要肩负起教书育人的责任,因此体育教学环境的各个方面都需要达到规范性要求。另外,体育教学环境为教师组织和开展体育教学活动提供了物质条件以及舞台,与体育教学环境的其他功能相比,学校、教师以及学生更侧重于体育教学环境的教育功能。

5. 自发性和潜在性

综合分析能够发现,学生体育学习与体育教学环境存在着不可分割的联系,学校是体育教师开展各类体育教学活动不可或缺的场所。因为体育教学环境有主体知觉背景,所以其刺激程度往往会有所减小,这就使得体育教学环境具备了潜在性特点。一般来说,高校体育教学环境都是在潜移默化中影响学生的。

6. 对学生影响的双重性和双向性

体育教学环境中的信息具备矢量性特征,这项特征详细表现为:或者体育教学环境能够对体育教学目标产生指向性影响,对学生完成各项学习活动有推动作用;或者当体育教学环境和体育教学目标是相互背离的关系时,往往不利于学生参与并完成各项学习活动。除此之外,学生并不是被动地接受体育教学环境对自身产生的作用,学生同样能够对体育教学环境产生反作用,具体就是能够对体育教学环境产生正面作用或者负面作用。

（三）高校体育教学环境的功能

1. 健康功能

健康功能着重反映在身体方面和心理方面。因为体育教学环境是师生长期工作和学习的专门性场所，所以体育教学环境一定会或多或少地作用于师生的身心健康，体育教学环境的实际状况对师生的身心健康都有直接影响。由此可见，学校有必要全面发挥体育教学环境的积极作用，确保师生能够在最有利的体育教学环境中完成相应的教学任务与学习目标。

2. 指导功能

高校体育教学环境的指导功能是指充分发挥各类环境因素的综合性影响，带动学生主动接受一些具体的价值观以及行为准则，为学生向社会要求的方向发展注入动力。体育教学环境不仅能把社会主流文化的精神取向以及价值取向反映得淋漓尽致，还能把全社会在广大学生身上寄托的希望和目标反映出来。良好的高校体育教学环境，不仅能够指引学生的思想与行为健康发展，还能使学生产生不良行为习惯的可能性降到最低。

3. 激励功能

高校体育教学环境的激励功能主要体现在以下几个方面：

①充分调动体育教师的工作积极性。

②充分调动学生完成各项教学目标的积极性。

③促使教师的教学效率和学生的学习效率都有所提高。

④促使高校体育教学工作的总体质量都获得大幅度提升。

⑤体育场馆、体育器材设备、学习氛围等均可激励体育教学活动。

4. 陶冶功能

良好的体育教学环境对学生产生陶冶情操、净化心灵，促使其形成优良品质和良好行为习惯的作用，就是所谓的陶冶功能。学生的思想观念、道德品质以及行为习惯都是在某种环境下逐步形成的，所以不难发现环境对学生全面发展产生的实际作用。

（四）高校体育教学环境的构成要素

1. 物理环境

（1）体育教学场所和设备

和其他学科相比，组织和开展体育教学活动的场所具备独特性特征，该场所不只教室，还有篮球场、网球场、场地周边的花草树木等。

一般来说，常规性设备与体育器材设备是体育教学设备的常见类型，前者包括图书和多媒体设备等，后者包括球类和各类健身器材等。对于体育教学活动来说，体育教学的场所和设备不但是有序开展体育教学活动的必备条件之一，而且是体育教师在最短时间内高质量完成教学目标的影响要素。

（2）体育教学的自然环境

学校附近的地形、草地、阳光、声音等均为体育教学的自然环境，这些自然环境能够对体育教学的教学效果产生很大的作用，因为体育教学往往会把室外场地当成开展场所。因为体育教学的自然环境瞬息万变，同时人类改变自然环境的力量相当有限，所以学校和教师应当在体育教学过程中严格遵循因地制宜的原则,采取科学的方式开发和利用现阶段体育教学的自然环境。

(3)体育教学信息

体育教学过程的实质就是不同类型的信息互相传递和接受的过程。作为参与体育教学活动的教师和学生,均有责任扮演好信息的输出源角色和接受源角色。一般来说,体育教师输出信息均为详细的体育教学知识和运动技能,这不但能加快学生学习理论知识和运动技能的实际效率,还能使学生逐步产生健康情感。

除此之外,具体到学习过程中各种形式的信息,一般学生能够利用部分手段向教师以及其他学生提供反馈信息,由此确保体育教师在最佳时间段内得到学生的反馈信息,在此基础上尽早把既定的教学安排调整至最优。

一般来说,体育教学的各环节都会涉及很多方面的信息。深入分析体育教学信息的内容可知,发挥主导性作用的内容是体育学科知识的相关信息,维持和管理体育教学秩序的相关信息。全方位探究体育教学信息传递过程可知,本体信息与反馈信息均属于比较常见的内容,本体信息就是体育教师在教学实践中传递给学生的涉及教学内容的信息;反馈信息就是能够对本体信息传递过程产生调节作用和控制作用的控制性信息。立足于体育教学信息本质的视角来分析,能够得出有效信息与干扰信息是体育教学内容的两个组成部分,有效信息对达到教学目标的信息有积极影响,干扰信息对达到教学目标的信息有消极影响或者对达到教学目标会产生干扰信息。

(4)班级规模

一个班级的学生人数就是所谓的班级规模。班级规模不但能对体育教学活动产生深远影响,还能对学生的综合成绩、学习主动性、具体情感产生深远影响。通常情况下,建议学校和教师合理调控班级规模,班级规模过大和过小都会降低教学质量和教学成效。倘若体育教学过程中的学生人数超过正常范围,不但会增加体育教师的教学难度,而且会增加体育教师在教学过程中遵循和落实因材施教原则的难度,由此必然无法满足不同的需要。

在体育教学过程中,建议学校和教师把一个班级的学生人数控制在20~40人,但绝大多数学校的班级人数都多达60~80人,仅有部分经济发达地区达到这项标准。学校班级规模往往和许多项因素存在联系,所以要想尽快解决这项问题就必须在体育教学过程中开展分组教学。

(5)队列与队形

队列与队形不仅能充分体现师生之间的空间位置关系,还能直接作用于教师和学生的沟通、学生的学习积极性、学生课堂学习行为,某些情况下也会影响学生的体育课成绩。在体育教学活动的各个环节,体育教师往往能够自由选择队列与队形。体育教师对队列队形进行选择和编排时,一定要参照详细的教学任务以及教学内容,一定要保证队列队形对师生的沟通和互动有积极作用。

2. 心理环境

在体育教学过程中,集无形特征和动态特征于一体的软环境部分就是所谓的体育教学心理环境,主要由以下几个方面组成。

(1)校风与班风

学校内部产生并形成的社会氛围,即所谓的校风。校风、教风、学风、班风之间存在十分紧密的关系,是学校集体行为风尚的类型之一。班风是指班级全体成员在交往过程中逐步产生的具有共同性的心理倾向。班级一旦形成班风,就会在潜移默化中约束全体班级成员,使全体班级成员受到直接影响。

从本质上来说,校风和班风都是具有无形性特征的环境因素,两者都能够通过包括舆论和内聚力在内的多项无形因素来作用于学生的学习态度、价值观以及具体的学习行为。由此不难得出,学校和体育教师应当高度重视校风和班风对学生产生的教育作用,全面发挥校风和班级在体育教学活动方面的积极影响。

(2)学校体育传统与风气

学校体育传统与风气具体是指学校在体育层面形成并盛行的集普遍性特征、反复性特征、稳定性特征于一体的集体行为风尚。

良好的学校体育传统和风气会在潜移默化中影响学生,常见影响是推动学生逐步产生积极向上的体育态度、学习兴趣以及良好的体育锻炼习惯,由此使学生的体育文化素质得到大幅度提升。建设学校体育传统和风气的心理过程往往会涉及很多方面的因素且有很大难度,不但要求教师选用的方式方法达到多元化要求,而且要求教育者分配很多时间和精力完成设计工作与管理工作。

高校体育教学的众多实践活动都表明,学校体育传统和风气的形成过程由孕育阶段、整合阶段、内化阶段、成熟阶段组成。一般来说,整个形成过程也是多数成员被动接受或者半被动接受体育行为规范逐步过渡到所有成员积极接受体育意识和行为的变化过程。学校体育传统和风气一旦形成,就会对学生的体育行为产生无形约束,对学生群体产生正面的心理控制作用。

(3)体育课堂心理气氛

班集体形成的发挥主导性作用的态度和情感的综合状态,即体育课堂心理气氛。教师和学生的心境、态度、情绪波动等均为体育课堂心理气氛,积极的、消极的、对抗的心理气氛是体育课堂心理气氛的主要类型。在时间持续向前的状况下,体育课堂心理气氛也会随着时间的推移逐步发展和形成,并逐步过渡到稳定状态。

多数学生对教学目标与教学任务的认同,对体育教师提出的详细要求,对工作作风和工作状态的满意状态、师生之间以及学生之间的实际关系,都会对体育课堂心理气氛产生很大作用。积极向上的体育课堂心理气氛能够大大增加教师和学生之间的信息交流以及情感交流,能够在很大程度上刺激并调动学生的学习动力,并对学生逐步具备挑战自我的勇气和智慧产生积极影响。

(4)体育教学中的人际关系

人际关系就是人们在社会交往中产生的心理关系。具体到体育教学实践中比较常见的人际关系是师生关系、生生关系,这两类关系共同构建出了体育教学过程中人际互动的整个过程,不但会直接作用于教学氛围、体育教学反馈以及学生参与体育教学的积极性和热情,而且会作用于体育教学的实际成效。

与一般教学中的人际关系相比,体育教学实践中的人际关系表现得更复杂和直接,具有显著的实践性特征。产生这些差异的原因是教师环节的限制已经被体育教学突破,这极大地拉近了师生之间的距离以及学生之间的距离,使得这两种关系朝着更加紧密、更加自由的方向发展。除此之外,体育活动中的团队协作发挥着至关重要的作用,将教师和学生之间以及学生和学生之间的相互协作摆在了尤为重要的位置上,不仅能促使体育教学人际关系更加和谐,还能使学生的社会交往能力大大增强。

(5)体育课堂常规

体育课堂常规是指体育教学实践中为完成课堂任务向教师和学生提出需要达到的要求。如体育课对教师服装与学生服装提出的要求,体育课开始时师生相互问好等。虽然从表面上看体育课堂常规的作用很小,但其却能够产生深远的教育意义,能够对教师和学生的课堂行为产生很大的约束力。

二、高校体育教学环境的塑造

体育教学环境的好坏对体育教学活动是否能有序开展有很大的影响。体育教学产生的深远影响之一就是加快体育教学目标的达成速度。要想把体育教学环境的价值全部挖掘出来,就需要将体育教学的实际状况当成重要依据,采取科学手段塑造高校体育教学环境。换句话说,学校和教师有必要对体育教学环境中的相关因素进行选择、组合、控制以及改善,设法将体育教学环境中各项积极因素的作用充分发挥出来,对体育教学环境中的各项消极因素实施调整、抑制以及消除,由此逐步使体育教学环境达到预期的要求。

(一)高校体育教学环境的塑造原则

立足于全局来分析,塑造高校体育教学环境一定要把学生身心发育情况、学校体育教学的实际条件、体育教学情境提出的详细要求都考虑在内,具体的塑造原则如下。

1.教育性原则

学校是一个比较特殊的环境,这是因为学校这个环境存在简化、净化、平衡化、精神化以及以人为中心的特征。由此可见,学校和教师应当分配充足的时间和精力设计与优化大型体育场馆以及体育宣传橱窗等,由此把体育教学环境的教育意义全部挖掘出来,尽力对学生的思维产生启发作用,增加学生的学习动力,陶冶学生的情操,进而为教师和学生塑造最理想的体育教学环境,从而确保学生在潜移默化中受到体育教学环境的熏陶。

2.人文性原则

在塑造体育教学环境的所有环节都一定要坚持以人为本,换句话说就是所谓的人文性原则,这项原则的含义突出反映在以下两个方面:

第一,在塑造体育教学的物理环境时,应当着重体现出对学生的人文关怀,如定期全面检查体育教学周围活动环境是否存在卫生问题以及安全隐患,分析并判定体育活动需要的服装与体育器材是否符合学生生理方面的特征。

第二，在塑造高校体育教学环境的各个方面时，都应当竭尽全力为学生营造以学生为主体的良好氛围。教师要同时扮演好学生的师长以及朋友角色，通过多种手段向全体学生投入关爱。

3.科学性原则

科学性原则的含义是：第一，塑造体育教学环境时，应当把出发点设定为体育教学目标以及体育教学内容的具体状况和特点，尽量满足体育教学活动的各项要求；第二，在对体育教学环境的各个阶段进行选择、调控、建设以及美化的过程中，应当兼顾并符合运动学、心理学、生理学、学校社会学、学校德育等层面的基本原理；第三，塑造高校体育教学环境时要考虑到学生性别差异以及所处的年龄阶段，从而想方设法地满足学生在体育学科上的实际需求，同时可以联系实际状况来分析和探究学生个性发展需求。如体育教师在完成学生体育器材设备的设计工作与优化工作时，一定要把学生身心发展特征有机地结合在一起。

4.实用性原则

塑造高校体育教学环境一定要以学校的经济条件以及多个层面的状况为依据，以经济、实用、有效为主导思想，使所有环节都贴合体育教学的目标。我国幅员辽阔，各地区在经济、文化、教育等方面的发展状况都有或多或少的不同，各学校针对体育教学环境的设计、建设、优化都有独特之处，其中物理环境建设方面体现得尤为显著，因为体育教学的物理环境一定要达到因地制宜的要求，不然就会使关注形式和外表、忽视本质和特色的问题发生。以建设高校体育场地为例，就需要和学校的地形、地貌等特点充分结合起来，挖掘并发挥学校现有条件的作用，由此塑造出别具一格的高校体育教学环境。

(二)高校体育教学环境的塑造策略

1.高校体育教学物理环境的塑造策略

在现阶段，体育教学的物理环境对体育教学活动发挥着多元化作用，对体育教学场所和体育教学设备产生的影响最为显著，原因在于体育教学的物理环境不但要使得体育教学的需求得以满足，而且要使开展不同类型的课余体育活动的需求得以满足。因此，塑造高校体育教学环境时一定要立足于整体考虑学校教育以及学校体育的需求，由此将体育教学物理环境的教学功能、休闲功能、娱乐功能、审美功能等的作用发挥得淋漓尽致。高校体育教学物理环境的塑造策略包括以下几个方面。

(1)和谐美观策略

学校和教师对体育教学的场所和设施进行创设时，应当着眼于全局来规划，由此使各个方面都达到合理、协调、美观三个方面的要求。和谐美观策略的具体含义如下：

①针对体育教学的场所和设施，要保证和学校其他建筑和设施处于协调、映衬的关系。以高校体育馆为例，其应当和学校其他建筑的功能、布局以及色彩搭配相互映衬，并由此组成和谐一致的有机体。

②体育场馆和体育设施作为体育教师开展各类教学活动必备的条件，应当达到协调一致、简洁美观的双重要求。以篮球场和足球场为例，两者应当在布局与间隔距离上达到科学、便捷的要求。学校和教师在布置场地器材时，应当事先预防干扰现象产生，实际布置不

但要为开展管理工作提供便利,还要层次清晰、有条不紊。在颜色搭配方面,体育场所与体育设施要科学、美观的,应当符合学生的心理特点。

③体育教学场所与设施要充分符合学校以及学校附近的自然环境。对体育教学场所和设施进行设计和优化时,就应当兼顾并发挥学生现有的自然环境,如高校可以在学校的小山坡设计攀爬项目或者越野跑项目。与此同时,绿化工作是高校塑造体育教学物理环境过程中的一项重要工作,科学绿化有助于学校打造生机蓬勃的体育教学物理环境。

(2)安全卫生策略

详细来说,安全卫生策略就是学校和体育教师在设计与优化不同形式、不同种类的体育教学物理环境时,一定要通过多种手段达到安全、卫生的要求,由此从根本上减少体育教学物理环境对学生健康水平的影响。高校要想保证体育教学环境安全,则需要达到以下要求:

①要从各个方面杜绝体育教学场所和体育教学设施存在的隐患,使用各类体育教学设施之前要保证安全检查工作与清理工作均已完成。如师生应当仔细清理体育教学场地的石块,采用多方面措施避免危及学生人身安全的情况出现。

②当体育教师对队列队形进行设计、编排、变换、调动时,一定要认真、全面地完成安全方面的工作。如体育教师向学生讲授投掷运动的相关知识时,应当要求全体学生的站立方向相同,尽可能避免学生面对面站立。

关注和研究体育教学环境卫生问题的人很少,很多学校的操场都有噪声和污染。要想确保高校体育教学物理环境对学生健康成长产生积极影响,教师设计和优化体育教学场所以及体育教学设施时应当充分考虑卫生方面的问题,从各个方面检查并排除其潜在的卫生隐患。如学校以及体育教师应当保证体育教学的场所和设施达到干净、无灰尘的要求,定期对游泳池进行换水和消毒。还需要补充的是教师选择体育教学自然环境时,应当设法避开恶劣的天气以及存在空气污染、水污染、噪声污染等。

(3)突出特色策略

对高校体育教学的物理环境进行塑造时,一定要挖掘与利用高校现有的环境条件,尽最大可能创设出别具特色的体育教学物理环境。

在绝大多数情况下,当学校所在地域和现有条件有所不同时,环境条件不可避免地会有或多或少的不同,最终对高校体育教学物理环境的数量、质量、类型带来一定影响。以体育教学物理环境为分析对象,每一所学校都是优劣并存。如尽管经济发展速度较慢的农村学校没有完善的体育设施,但具备自然资源丰富、场地空间大的优势,所以通过科学的塑造手段往往可以满足师生的要求。

由此可见,如果高校能够充分结合本校的体育教学环境、现有经济水平以及具体需求,则可以大大加快塑造和完善高校体育教学物理环境的速度。

(4)筛选提炼策略

筛选提炼策略是指调节与控制体育教学环境时,有必要对各个方面的信息进行选择、加工、提炼,由此对各个方面的信息实施最大化控制,推动体育教学信息产生的正面作用达到最大化,更加高效地服务于广大学生的身体和心理发展。

各类大众媒体和计算机网络都是体育教学的信息源,这些信息源都对体育教学活动产生了不可忽视的影响。大学生在大众传播媒体和计算机网络中得到的信息并非都是正面信息,其中不乏一些负面信息,这些负面信息往往不利于组织和开展体育教学活动。一般情况下,因为一些学生辨识正面信息和负面信息的能力比较弱,所以教师有责任筛选和舍弃各类负面信息,由此从根本上改善高校体育教学课的教学成效。当体育教师为学生筛选与提供正面信息后,还应当运用最切实可行的教学方法指导学生明辨并处理各类信息,从根本上增强学生辨识并抵制负面信息的能力。

(5)变通调适策略

针对体育教学实践中较难改变的体育教学环境,体育教师应当利用变通策略或者调适策略来提高体育教学效率,并由此推动学生均衡发展,这种较难改变教学环境主要为自然环境。

一般来说,改变体育教学活动的自然环境的确有很大难度,如未建设室内体育场所的学校往往不能在雨雪天组织学生参与体育教学活动,但并不意味着教师要终止体育教学活动或者组织学生在室内学习文化课,反之体育教师可以组织学生在合适的场地参与不同形式的体育教学活动。

除此之外,班级规模也是改变难度大或者无法迅速改变的一项要素,体育教师要想从根本上改善体育教学成效,建议其采取变通的手段,如体育教师进行分组教学、全年级统一编班上课等。换句话说,体育教师应当积极选用多元化手段来变通与调适体育教学实践中的具体因素,由此更加有效地优化体育教学环境,满足体育教学需求。

2. 高校体育教学心理环境的塑造策略

以体育教学物理环境为比较对象,塑造体育教学心理环境的内容更加多样、难度更大,耗时更长,短时间内获得理想成效的可能性较小。高校体育教学心理环境的塑造策略如下。

(1)建立正确的舆论与规范

舆论和规范可以产生群体性压力,可以对高校学生的心理和行为产生显著作用。当出现群体压力时,部分人有可能会否定自己的观点,在此基础上采取和绝大多数人一致的行为,即从众。舆论和规范是一把"双刃剑",正确的舆论和规范往往可以对个体产生正面作用并使其做出正面行为,反之会对个体形成负面作用并使其做出负面行为。由此可见,体育教师应当想方设法为广大学生塑造良好的体育教学心理环境,而达到这项目标的首要任务是促使班级形成正确的舆论与规范。具体来说,建立正确舆论与规范的要求主要包括以下两个方面:

第一,体育教师应当考虑舆论与规范能否充分适应群体成员,尽最大努力争取到绝大部分成员的意见,由此使得群体舆论和规范与成员的个人价值趋于一致。

第二,作为一名体育教师,应当把群体舆论和规范与社会规范的一致性兼顾在内,确保全体学生均有能力妥善处理自己和群体之间的关系。在体育教学的实践活动中,体育教师要有意识地结合体育教学内容的特征,正面引导与培养班级舆论和规范。

(2)形成和谐的人际关系

在体育教学的实践活动中,师生之间以及学生之间平等、和谐的关系能够对优良体育教学心理环境的产生发挥很大的正面作用。良好人际关系得以建立的一个重要基础是平等互爱。在体育教学活动中,体育教师和学生的人格平等能够使学生在掌握各项知识和技术的过程中从行为上与教师产生共鸣,由此将学生在身体方面和心理方面的潜力以及创造力调动出来。体育教师的行为对构建良好的人际关系有决定性作用。参与体育教学的教师应当达到以下几个方面的要求:

①真诚。要想感染并激励学生,必须确保体育教学充满真诚。体育教师的言行举止都应当发自内心,避免行为不当。

②挚爱。挚爱是师生关系融洽的基础。教师应当热爱、尊重、关心学生,用爱心包容学生,同时扮演好良师与朋友这两种角色。

③尊重。作为一名体育教师,应当把尊重学生的人格与权益、坚信所有学生都可以成才当成教育的基本信条。设法对学生的自尊心予以保护,对学生保持足够的耐心,掌握好言语方面的分寸,将对学生的伤害控制到最小化。

④平等。教师对全体学生都应该一视同仁,坚决不可出现厚此薄彼的态度或行为。在体育教学中,体育教师应当以鼓励和表扬为主,由此将学生的学习积极性全面激发出来。

需要补充的是,体育教师也有必要引导与鼓励学生积极沟通、相互协作,同时选用最有效的教学组织形式为学生营造良好的沟通氛围。

(3)加强体育课堂教学管理

各类实践活动均表明,课堂管理严格能够在无形中影响学生,同时对体育教学心理环境产生影响。如果教师可以坚持贯彻各项课堂常规且率先达到各项规定提出的要求,则会对学生健康成长产生不可估量的影响,甚至会影响学生的一生。对于设法改善课堂教学管理的体育教师来说,务必把发挥基础性作用的行为规范定位成开端,立足于这个视角展开剖析和探究,贯彻体育课堂常规也是切实可行的策略之一。

因此,每一位体育教师都应从小事做起,运用多种方式使体育骨干产生的积极作用达到最大化,从而推动学生充分达到自我管理的各项要求,促使学生的自我约束水平得到大幅度提升。

(4)营造宽松、和谐、民主的体育课堂氛围

体育课堂氛围是体育教学心理环境的重要组成部分,通常学生的体育兴趣、体育喜好、体育动机等均产生于特定的体育课堂情景和气氛中,好的体育课堂氛围一旦形成便会产生很大的感染力,推动学生不断前进。由此可见,营造良好的体育课堂氛围能够加快体育教学目标的实现速度,详细的营造策略如下:

第一,通过多种途径使学生逐步形成主动参与体育学习的态度与习惯,学生积极参与课堂学习能够大大增加营造出良好课堂氛围的可能性。

第二,在体育课堂教学的过程中,体育教师应做到"眼观六路,耳听八方",要及时抓住来之不易的、积极的即时情境,同时利用这些即时情境塑造良好的体育课堂氛围,促使课堂教学的环境质量得到大幅度提升,对教学过程中产生的消极偶发事件进行妥善处理,使得消极因素对正常教学气氛产生的干扰达到最小化。

第三,体育教师要把体育教学活动中的人际情感交流置于重要位置,由此使师生之间、

学生之间形成情感共鸣。在体育教学活动中,教师应当及时向学生提供关爱和帮助,从而使学生的学习积极性充分调动起来,由此塑造师生彼此激励、彼此鼓舞的良好情感氛围。

第四,体育教师要积极变换角色,从根本上调整和完善过去的角色,有效激励学生大胆质疑、大胆创新,时刻提醒自己营造出民主的课堂学习氛围。

(5)善于处理突发事件

体育教学实践中教师意料之外、突然发生的事件,就是所谓的突发事件。当体育教学过程中出现突发事件后,教师应当及时、妥善地处理,否则将不利于维持正常课堂秩序,干扰已经营造出的课堂氛围。但是,如果教师能够及时、有效地处理这些突发事件,将会更加高效地优化体育教学心理环境。

当体育教学过程中出现突发事件时,体育教师应当保持头脑冷静,选择并运用最恰当的方式,尽可能将突发事件的负面影响控制到最小。与此同时,教师处理突发事件时难免需要对学生实施适度责罚,但教师运用批评的手段时必须摆事实、讲道理、以理服人,态度切莫粗暴,尽最大可能防止因责罚某位学生而出现"涟漪效应"。

(6)充分发挥榜样和典型的作用

在塑造高校体育教学心理环境的过程中,教师应当充分发挥榜样的作用。对于体育教学过程而言,榜样主要是指体育教师的个人魅力以及学生之间真实存在的人和事。

体育教师人格魅力往往能对学生产生不可估量的影响,为此体育教师应积极利用自身个性、意志品质、教学风格等为学生塑造良好的学习氛围。因为教师往往能对教学心理气氛产生很大的渲染力,同时良好的体育课堂氛围主要源自体育教师以身作则,所以教师应当率先达到自己对学生提出的各项要求,身教在多数情况下比言教产生的作用要明显很多。

还需要补充的是,体育教师应当把学生富有主动性特征的个性行为置于关键层面,如刻苦学习、遵守纪律等良好个性行为常常会在教师认可的基础上转化成全体学生争相学习的行为,如此会对班级形成良好的集体氛围产生积极作用。

第二节　高校体育教学的教师因素

在高校体育教学中,体育教师是教学活动的主体之一,他们的自身素质和教学能力如何直接关系到教学质量的高低。现代高校体育教学由于涉及的教学内容、教学方法以及教学模式较多,因此这就对体育教师的水平提出了较高要求。

一、高校体育教师技能与胜任力

(一)体育教师的知识结构

1.体育教师的理论知识

(1)体育教师的政治理论知识

政治思想素质对其他所具备的素质起着指导作用,它制约着教师的道德准则,决定着教师的政治信仰。具体到体育教师的政治思想素质的好坏方面,更多的是体现在其政治理论修养的程度。加强政治理论学习,是提高政治理论修养的重要途径。

(2)体育教师的专业知识

①丰富的教育科学知识。教学是一项精湛的技术,一门科学,更是一种艺术。为了将普通的教学工作升华到教学艺术的境界,首先就需要教师具备精深扎实的教育科学知识,这是他们作为有益信息传递者所要必备的知识。为此,就要对他们的教学对象的身心发展规律和学习能力有较多的了解,然后才能选择适当的教学方法与手段开展教学。只有这样,才会唤起学生学习的主观能动性,真正让学习变得不是一种灌输和形式。

这里所说的教育科学知识包含的内容主要是与教学相关的诸多学科,如教育学、心理学、学科教学论和现代教育技术知识等。其中教育学和心理学两个学科的知识是任何教师从事教学活动的理论基础,这在一个人立志成为一名教师时所参加的资格考试的科目上就能看出。对于教育学、心理学两方面知识的掌握主要目的在于实际应用,对教学中出现的问题有着一定的认识,并且这两门学科的知识也是教师传递自己已知知识到学生思维中的中间介质,只有这样才能更容易被学生接受并认真学习,才能达到预期的教学效果。

②扎实的专业基础知识。教师是知识的重要传递者,一个国家的教育水平如何直接反映在教师的综合素质上,其中对于其所教学的课程来说,就体现在他所具备的扎实的专业基础知识方面。教师首先要掌握某一领域的知识或技能,其专业知识水平又将直接影响和决定教育对象的素质。所谓对知识或技能的掌握除了要了解基本结构和各部分知识之间的内在联系外,还需要对这门学科知识的发展动态不断关注和学习,以便能够及时更新已掌握的知识,完成对这些知识的"新陈代谢"过程。就体育教学来说,它已不像过往那样只是追求运动技能的提升,或是增强学生的体质,体育教学在现代的意义更加丰富和全面。如在体育健康卫生保健等教育中,除了其本体知识外,还会更多地涉及自然学科、社会学科各个领域方面的知识。由此可见,知识是能力的基础。只有具备宽厚扎实的专业知识基础,能力才有可能更好地显现出来。

③不断充实学科前沿新知识。知识会随着社会的发展而运动,这种运动更多的是积极的。因此,作为知识传递者的教师,就需要根据知识的发展更新自己过去掌握的知识,完成好这个知识的"新陈代谢"过程。而如果一味守旧,不愿探索新知识,做出新尝试,那么必然在新时代的教学中跟不上,不能满足学生的学习兴趣和需求。而且在体育教学越发多元化的今天,许多其他学科的相关知识与体育教学也有了越来越多的关联,如心理学、行为学、运动医学和营养学等,它们渗透在体育教学和健康课程之中,使原本显得较为单一的体育学科更加丰富,更具多元化。由此可见,体育教学的改革需要新知识、多元文化的补充和完善,为此也自然就需要体育教师潜心钻研、勤于思考。

④体育教师的体育专业知识。现代科技的发展使得越来越多的技术手段在体育教学中得以应用。而这些新方法、新手段的使用就需要体育教师付出一定的时间学习,而不是固守己见,对新生事物不予关注。

现如今,学校体育教学中除了包含对某些运动项目的技能培养外,还包含着许多卫生和保健等知识,而且这些内容的教学所占比例逐渐增加,这就要求体育教师具有基础性较强的专业知识结构。所谓的专业知识,是指体育教师承担高校体育课程必备的有关专门知识。这其中最为基础的就是体育专业知识,如体育教学的培养规律,某项运动的专项技能等,除此之外,还应包括与体育紧密相关的学科,如人体类学科理论、体育学科发展史、体育专业教育技术与理论。由此可见,专业知识就是体育教师指导学生进行体育学习的素材,而体育教师的工作恰恰就是将这些素材变为学生所拥有的精神财富和间接的物质财富。

(3)体育教师的应用类知识

现代社会使快速传播的信息连接得更加紧密。特别是互联网技术的出现,让世界变得更小,人们能够接触的消息来源更广,这无疑也拓宽了体育信息的传播速度。体育教师应充分利用互联网带来的信息获取方面的便利,从中获取国内外各种文献、信息,并能及时了解体育学科领域发展的最新动向,完善自身的体育知识。实现这种在接纳外部世界信息的同时还能敞开自己的状态,形成信息的双向交流。只有如此,现代体育教师才能在符合网络发展大潮的环境下接受现代新理论、新思想,吸收人类文明的一切优秀成果,才能立足于未来社会。除了互联网技术以外,多媒体技术的出现与广泛运用到教学当中也对体育教师的教学带来了很多积极的因素,以至于它改变了长期以来的体育教学方式。

目前,体育教学的内容不仅限于对知识、技术、技能的传授,而且包含了更多元素。这使得体育教师摆脱了传统课堂的传授者角色,真正成为学生接触体育、了解体育、热爱体育的传道者。为了做好这个传道者的角色,就需要教师多利用现代化的技术手段为体育教学而服务,提升教学效果与效率,而这确实也是一大研究课题。为此,体育教师就需要秉承与时俱进的信念,将可能对教学有帮助的计算机能力、软件运用能力等进行提升,最终成为能够将现代技术与体育教学融合的教育者。

2. 体育教师的语言与文字

(1)体育教师职业语言的基本要求

体育教师可能面对不同属性(年龄、性别、体质、运动悟性)的学生,这些学生对于教师的语言也会产生不同的反应。鉴于学生思维的具体性和情感性成分较强,因此,只能要求体育教师来完善自我的语言风格与职业语言规范。体育教师相比其他学科的教师来说,会更有一些严肃感,但同时由于体育活动的欢快成分,体育教师有时也要充当学生们喜欢的"孩子王"的角色,这主要体现为要具有风趣幽默的言语风格和肢体语言。如果所教班级的学生年龄较大一些,则这种幽默感要适当减少,以使他们感到一些体育运动的严肃性、紧张性,当然不能是完全紧张的,只要是体育运动,就需要带有一定的活泼与阳光。

适当的教学语言除需要符合上述要求外,还应具备以下特点:

①体育教学语言要确保规范化与科学化。

②对概念的解读要精准。

③语言要带有启发性。

(2)术语和俗语

体育教学中教师运用的语言法是最常见的教学方法。语言在体育教学中起到的是组织教育和讲解的作用,具有十足的教学性,甚至高水平的语言教学还带有丰富的艺术性。体育教学为了保证其科学性,要较多地使用术语。而艺术性更多地体现在语言的生动性、趣味性和通俗易懂上。在体育教学中使用语言教学法,体育教师需要结合实际的教学情况,将术语与俗语结合使用,使教学语言变得元素多样,易于被学生所接受。

对于专业术语和俗语的使用要讲究恰当的阶段和时间点。如在刚刚开始教授一项新运动技术时,教师应该更多地使用俗语,以便使学生更容易建立直观的印象。但如果当学生对相关内容掌握了之后,还使用俗语就会使教师的教学失去严谨性和严肃性。当然这里有一点也是需要特别注意的,即不能为了显示教师自己的知识渊博程度而故意卖弄式地使用太多专业术语,特别是在学习某个新概念的阶段,如此则不利于学生的理解和深入学习。同样,使用俗语的时机,对学生也有很大影响。教育学的研究表明,学生在一堂课中注意力最为集中的时间为15~25分钟,超过这个注意力的黄金时间后,注意力就会出现分散的情况。而有经验的教师能够敏锐地捕捉到这个阶段,为了能够将学生已经分散的注意力带回到课堂中来,就应适当使用通俗趣味的语言,这也体现了俗语教学的最大优势在于充分发挥语言的直观功能。不过,这类俗语如果在课堂中使用过多,反而会干扰学生的注意力。

总之,教师在体育教学当中,在学习的不同阶段,对合理搭配术语和俗语的比例,对术语和俗语的运用时机,要心中有数。

(3)文字和写作

文字和写作是教学的基本功,同样也是教师的重要基本功。体育教学涉及的内容较多,为了做好相关教学工作,教师需要制定一系列体育教学文件。具体到实践教学中的文件包括体育教学计划和教案,这两份基本的教学文件要求教师会撰写,因此,教师拥有良好的文字和写作功底就显得非常重要。

(二)体育教师的专业技能

1.学校高校体育课程策略的指导能力

体育学习是学生在教师指导下进行的有目的、有计划、有组织地学习体育知识或运动技能的行为过程。体育学习策略是指学生为了达到某种体育学习的目的而主动采取的对学习活动有诸多帮助的方法,包括自我调节和控制等。对于学习策略的制定来说,这必定是体育教师需要具备的专业技能之一,同时这也是体育教师完成教学计划所必需的重要保障。具体来看,教师高校体育课程策略的指导能力主要体现在以下几个方面。

(1)激发学生对体育学习的兴趣

体育教师向学生传授有关体育学习策略方面的知识,使学生能够了解体育学习策略对他们学习体育的重要意义,唤起学生对体育学习的策略学习和运用的愿望。

(2)指导学生掌握基本的体育学习方法

体育学科的学习与其他学科的学习有着许多不同之处。所以这就决定了体育学习的方法有所不同。鉴于此,对学生体育学习策略实施指导,应结合体育学习内容的性质和学生身心发展的特征,传授给学生一些适合体育学习的方法,如常见的有动作分解法、游戏法、重复练习法等,使学生在掌握体育学习方法的基础上形成和发展体育学习策略。

(3)为学生提供运用体育学习方法的条件

体育学习方法并非纯理论性的内容,体育运动的实践性决定了对体育学习方法的掌握必须通过身体力行来获得。为此,就需要体育教师在教学过程中有意识地为学生灵活运用体育学习方法提供各种机会和条件,善于根据教学内容的性质和学生的特点,创设和营造有利于促使学生灵活运用体育学习方法的活动情境和氛围,使学生在具体的体育学习过程中不断提高其体育学习策略水平。

(4)尊重学生的个别差异

在教学中遇到的每一名学生都会由于自身成长在不同环境中而获得只属于本体所拥有的个体差异,因此同一个体育学习策略在实际应用中,对不同的学生会产生不同的效果。在这种情况下,体育教师为了保证所教班级的学生能够完成学习任务,就需要尽量发现不同学生的个体差异,或找到某个群体类型学生的普遍规律,然后有针对性地进行学习策略的指导,充分发挥他们各自的优势,扬长避短,帮助学生形成有各自特点的体育学习策略。

(5)重视对学生开展元认知训练

元认知能力对于体育学习来说非常重要,体育教师在教学时要注重加强对学生这方面认知能力的培养。这种培养并非通过对教材的讲授实现的,而是要在日常的教学过程中潜移默化地完成,教会学生如何根据自己的身体特点灵活地制订学习计划,及时调整和修正学习方法,达到学习目标。对这种能力的培养以求使学生获取丰富的元认知知识和体验,提高对体育学习策略的学习和运用水平。

2. 学校课余体育竞赛活动的组织能力

除了体育课堂教学外,课余体育竞赛活动也是学校体育的重要组成部分,甚至这个部分是学生最为青睐的体育参与形式。竞赛体育活动的组织工作就需要体育教师亲力亲为,组织行为甚至贯穿始终,由此可知,这也是学校体育教师必须具备的专业技能。

常见的学校课余体育竞赛活动主要有如下类别。

(1)课堂体育竞赛的常见形式

①运动会。学校运动会是最为常见的课余体育运动形式。运动会中最常见的项目为田径赛事,包括各种径赛与田赛。有条件的学校举办的运动会还可以包括众多运动项目的综合性运动会,其特点是项目多、规模大、参赛人数多,组织工作较为复杂。举办运动会的目的在于丰富校园体育文化,为有体育特长的学生提供一个展示自我的平台以及弘扬体育精神等。

②单项运动竞赛。单项运动竞赛顾名思义是指该项竞赛中只有一个比赛项目,如乒乓球、足球、篮球、羽毛球等比赛。单项运动竞赛的组织工作相对简单,器材准备也较为集中,易于开展。

③邀请赛和友谊赛。邀请赛通常是校际进行的。邀请赛或友谊赛的举办目的是增进校际友谊,相互交流学习,共同提高运动技术水平,丰富大学生业余文化生活。当然,在一所学校中也可以开展友谊赛,如班级友谊赛、综合性大学中的院系友谊赛等。

④季节性单项竞赛和体育节。季节性单项竞赛主要是根据季节变化而组织的适宜季节而开展的体育比赛活动,如夏季游泳或冬季长跑等。

体育节是指将体育竞赛、体育表演、体育文化知识讲座、体育知识竞赛等有机融合的活动。这种活动由于其丰富性、专业性和娱乐性，对丰富学生课余文化生活、提高学生对体育知识的了解和参加体育活动的兴趣等都具有十分重要的意义，使其成为那些热爱体育运动的学生的节日。

(2)年度课余体育竞赛日程安排

年度课余体育竞赛日程计划是对全校这一学年的体育竞赛活动所做的全面规划和安排。它的安排依据为学校体育教育工作计划的安排和实际情况，此外还要兼顾考虑上级有关部门的竞赛安排和要求，以及与学校相关体育资源管理部门协商后制订，然后呈报校长审批后执行的。

制订年度体育竞赛日程计划时，应遵循以下几个原则：

①常规性。学校课余体育运动竞赛从总体来讲应该是一项传统体育活动，它的项目乃至时间要相对固定，如此才会有利于校园体育文化的传承与传播。

②可行性。运动竞赛的安排要遵循可行性原则，这是最为根本的一项原则。任何不具有可行性的比赛都难以顺利组织开展。为了这种可行性，在组织安排之初就要以学校的体育教学计划、季节特点等多方面因素作为考量标准，另外竞赛的项目要适合学生身心发展，还要考虑到学校是否具有相应的体育资源。

③群众性。体育竞赛活动的开展对象是学生，而且应该是面向全体学生。这就使得学校课余体育竞赛具有了群众性特征。为了照顾到不同运动能力的学生，在竞赛项目的安排上还应考虑以不同层次学生的需求，以小型多样、学生喜爱、组织简便为原则，以使这种竞赛具有对学生的普遍适应性。

④简便性。竞赛日程计划表的排列应便于实际操作。这点对于制订年度竞赛日程计划表格外重要。在制订计划时要着眼全年，将计划中举办的各项赛事的时间平均分配。另外，对于每项竞赛的具体规定，应另定竞赛规程，并提前发给各参赛团体。

(3)课余体育竞赛的比赛方法

学校课余体育竞赛的比赛方法通常较为简单和直接。这些方法在大型比赛中也较为常见，如淘汰法、循环法和混合法等。

①淘汰法。淘汰法是指所有参赛者按照排定的顺序进行比赛，胜者进入下一轮，负者退出比赛，直至产生冠军的竞赛办法。淘汰赛包括单淘汰、双淘汰和交叉淘汰。淘汰法在竞赛方法中最为常用，它的特点为在有限的资源和竞赛周期内可以安排大量参赛者比赛；比赛具有刺激性和精彩性。但同时它也有不足，主要为参赛者参加的比赛场次不多，比赛偶然性较强，排定的名次有限等。

②循环法。循环赛制(简称循环赛)是指所有参赛者(队或人)相互之间都轮流进行比赛，最后按照在循环比赛中得分的多少排定名次的竞赛方法。循环赛包括单循环赛、双循环赛、分组循环赛和积分循环赛等。循环赛的优点是：第一，比赛场次多，接触对手多，有更多的互相学习、实战锻炼的机会。第二，最后排定的名次基本符合各队的实际运动水平，偶然

性小。循环赛的缺点是：比赛的时间长、占用场地多，参赛者数量多时不宜采用；最后几轮的比赛可能会由于一些因素(为保存实力、人际关系等)，出现消极比赛现象。

③混合法。竞赛规则中将循环法(通常为单循环)和淘汰法结合使用的竞赛方法，叫作混合竞赛法。混合竞赛法取两种竞赛法的优点，规避各自的不足，因此在具有一定规模的体育竞赛组织方法中经常会被使用。

(三)体育教师的教学能力

1. 体育教师的组织管理能力

(1)教学内容的组织加工能力

教学内容是相对固定的，但对其运用则是可以根据体育教师的经验来灵活进行的，这也是取得预期教学效果的有效方式。那么，这就要求体育教师必须具备一定的对教学内容的进一步组织加工的能力。这种加工并非随意进行的，而是需要以体育学科的逻辑结构和学生的认知结构特点作为根本依据，做到教学内容主次分明、繁简得当。

(2)体育课的组织管理能力

体育教学课程是体育教师开展教学活动的"主战场"，是实现学校体育任务的基本组织形式。既然是课堂，就有与其他学科教学相似的课堂组织环节，而鉴于体育教学课堂往往在室外进行，因此，相对于教室中的教学来说，体育教师所要参与的组织管理环节就更多、更复杂。体育课的组织管理能力具体通过这几种情况表现出来：教学场地与器材的合理布置及运用、运动负荷的控制与调节、培养教学骨干共同参与管理等方面。

(3)课外体育活动的组织管理能力

除课堂教学以外，课外体育活动也是学校体育的重要组成部分。在课外体育活动中，体育教师往往是主体之一，承担许多组织、指导，甚至是直接参与到活动中去的任务。课外体育活动形式较多，常见的如早操、课间操、高水平运动队训练、课余体育竞赛等。体育教师课外体育活动的组织能力主要通过以下几个方面体现，包括要具备领操能力、运动训练能力、比赛临场指挥能力和裁判能力等。

2. 体育教师的课堂教学能力

(1)教学能力

教学能力可以说是体育教师最为基础的专业能力。教学能力主要囊括了从教学前、中、后三个阶段的教学技能，具体包括教学前进行的教学计划编制能力、教学中的教学能力和课堂管理能力、教学后的评估和反馈能力等。

(2)语言表达能力

体育教学尽管更多的是身体力行的学习方式，但这并不代表语言表达在教学中就变得可有可无。反观体育教学由于涉及诸多动作技术和战术内容的学习，因此更需要体育教师将一些相对复杂的技术和有些抽象的战术用语言表达清楚。要想达到这种水平，就需要体育教师首先了解透彻教学内容以及学生的实际能力与学习习惯，做到语言生动、简练、有趣，并恰当地利用好语气、语调、语速等副语言方式。另外，教学中的口令也是体育教师的一项基本功，必须要做到口齿清晰、声音洪亮有力。

(3)现代教育技术运用能力

科技的发展与信息化社会的到来将包括体育教学在内的现代教学行为提升到了一个新的高度上。众多现代化的教学手段已经在体育教学中广泛使用。而在这种背景下，自然就要求体育教师首先要掌握这些新技术在体育教学中的使用方法，将这些技术了解透彻、娴熟掌握，然后在体育教学中灵活运用，从而使这种对现代教育技术的运动能力获得实践中的效果。

(4)科学研究能力

终身学习是现代从事教育领域工作者所必须秉承的理念。这主要是因为现代教育发展较快，各种有关教育的新理念、新思维、新方法、新模式等层出不穷。如果不能及时跟上发展的步伐，一段时间后必然会感觉教学效果下降，学生不易接受教学方法等情况。所以，教师不单单是要实现终身学习，还要具备一定的体育科学研究能力。作为一名教师，如果能怀着科学研究的态度主动钻研教学摸透体育教学的规律，并将之与研究工作有机地结合起来，也必将会在教学成果方面有所显现。

3.体育教师的创新意识与创新能力

(1)发扬实事求是的科学精神

想对一种事物的发展方向和实质进行改变，一定要建立在实事求是的基础上。对于体育教师的创新意识与能力的提高方面也是如此，它需要教师首先了解学生的体育学习能力和身心发展规律，这就是所谓的"是"，在此基础上，为他们专门制定出的方案才是切实可行的，富有效果的。

(2)树立标新立异的思想

体育教师要想具备创新意识与能力还要秉承标新立异的思想。但凡是创新，都代表其中多数内容与过去有本质的不同。因此，为了获得更多的创新的事物，就必须打破过往的"规则"。以传统的体育教学课堂整齐站队听令的方式为例，为了打破这种传统的方法，使体育课更加轻松和活泼，便可以使用一种自然的、不站队的方式，只是围拢在教师身边的听令形式，来听取教师布置课的任务与要求，如此就是一种标新立异。

为了获得这种标新立异的思想，就需要体育教师及时对自身的一贯理念进行更新，打破原有思维，实际上这并不容易，并且这种打破思维也是要在符合科学理论的范畴内进行的，不是一种空想或乱想。21世纪的体育教学面临教学改革的不断深化，标新立异的意识作为创造能力的一个重要表现，必然成为教师思想意识的优良品质之一，它能不断创造新的知识与文化。

二、高校体育教师队伍的建设

(一)高校体育教师的工作及其特点

高校体育教师不同于其他级别学校体育教师。在高校中就读的大学生其身体发展更倾向于成年人,而心理发展也日趋成熟,形成了较为稳定的人格和性情。这种身心特点,就使得高校开展的体育教学活动在负荷方面应该与成年人体育活动平均标准无异,在一些特殊项目的训练时(主要是体能训练)还可适当地超负荷。与此同时,高校体育教师的工作除了具有一般体育教师工作的特点外,还表现出以下一些特殊性。

1. 教学任务的多样性

大学阶段可以开展的体育教学活动很多,由此也带来了更多的教学任务。这些教学任务主要为体育理论知识与运动技能,此外高校体育教师还要关注培养学生的体育健身意识、保健意识、体育欣赏能力和体育组织能力等。

2. 教学的专业性

在高校中任教的体育教师自然要具有超强的教学能力和组织课堂与活动的能力。现代高校体育的组成相对过去有了更多的丰富性,除了常规的体育教学课堂外,课余体育活动、体育比赛、体育俱乐部、高水平运动队等活动都成为高校体育的组成部分。为了更好地完成这些工作,需要体育教师不断完善自我、坚持学习、提升能力,这使得大学体育教师的专业性更强。

3. 教学关系的互动性

体育教学的主体是体育教师与学生。由于学生在大学阶段的身心发展趋于成年人,所以他们拥有较强的主体意识,对体育运动的学习也更加主动,个体思考的独立性更强,对教师的依赖更少,他们喜欢通过自己的能力去独立完成或进行体育活动。因此,大学阶段的体育教学与过往的知识与技能灌输不同,而是更偏向于对学生体育意识的启发,学生与体育教师的互动性也更强。

4. 教学研究的重视性

高校体育教师的工作任务除了完成体育教学和组织活动等外,还有一点比较重要,就是他们要承担一定的体育科研工作。为了能够具有体育学科的科研能力,就需要高校体育教师打好文化学习的基础,除了学习扎实的本学科知识外,还要掌握一定的外语、计算机等。

(二)体育教师队伍建设管理的构成

1. 体育教师规划管理

体育教师在现代教育中是一个的重要组成部分。但教师并非带领学生活动身体那么简单,这种活动都是建立在一定理论基础上进行的,而不是随意性活动。因此,为了保证这种科学性与严谨性,就需要在最初的教学准备阶段做好规划管理。这些规划管理工作的内容具体如下。

(1)制订体育教师编制计划

可以作为体育教学内容的项目非常丰富,但编制者要了解哪些内容最有利于学生的体育发展,将这些内容遴选出来,进行加工和编制就显得非常重要。为了确保编制的科学性,并且使内容可以有一个普遍的统一标准,就需要在编制时考虑到内容要与国家教委颁布的体育教学相关条例相符,此外还要考虑到本校的实际情况(校本体育资源与学生实际能力),

尽量避免出现编排的教学内容可操作性较差的情况。

(2)制订体育课时工作计划

课时工作计划是具体实施体育教学过程的教学文件。因此,课时工作计划的制订原则就应该是直观、易懂、可操作性和适应性等。鉴于现代高校有关体育的活动形式众多,因此在制订体育课时工作计划时,除了要关注正式的体育课堂教学外,还应将其他体育活动的因素也一并纳入体育课时工作计划中来,从而让学校的所有体育活动都纳入课时计划制订的范围。

(3)制订体育教师培训计划

高校的体育教师培训计划通常有两个内容:一个是短期培训计划;另一个是攻读学位的计划。其中攻读学位的培养计划主要在体育专科院校中较为常见,培训的对象通常是体育教师,也可以是在体育领域颇有造诣的学生。这是一种切实提升我国体育教师水平和推动其不断向前快速发展的重要途径。

(4)制订体育教师引进计划

一所高校的体育教学发展必定离不开教学人才。新的高校体育发展方向和理念在构建阶段必须引进相应的人才,对于这方面人才的引进就需要做好规划。这其中有很多方面需要注意,但最重要的就是要注意人才引进需要具有层次性,以保证学校中的体育教师人才不断档,可延续。

(5)制订体育学术交流计划

现如今各学术领域中的交流活动众多,这些交流活动有助于推动该领域向前发展,各方也能够通过交流共享信息、互通有无、促进研究。体育学术领域也是如此,如今在高校进行的体育学术交流数量很多,为此高校应该对这些交流活动的开展有一个明确的计划,这是保证交流活动正常开展和有序进行的基本保障。

2.体育教师考核管理

体育教师考核是评价体育教学效果的最佳方式,通过考核才能了解体育教学的过程是否顺畅、结果是否符合目标。在对学校体育教师进行考核时,应该遵循如下原则:

①发展性原则。事物是永远处于发展运动过程中的,任何事物的发展都会带来原先形态的改变,对于体育教师考核管理来说,要想实现管理目标,就需要秉承发展性原则。现今体育教师的发展速度很快,其思想品德、意志品质、业务水平是不断变化发展的。因此,对其进行考核的方法与管理行为也要与时俱进,不断探索用新方法和新思维对体育教师进行考核。

②实事求是原则。客观公正的考核结果才能真正体现体育教学中的问题,同时也能发现其中的优点。为此,体育教师考核管理就要本着实事求是的原则进行,考评中要做到从实际出发,尽量排除主观因素对考评结果的影响,由此进行实事求是、公平公正地考核。

③全面性与侧重性相结合的原则。全面性原则是指考核体育教师的指标要全面,即对其中的软硬指标都要有所顾忌,甚至在有需要的情况下还要对其中的指标有所侧重,以具体的考核目标为依据,有针对性地选择具体的指标进行重点考核。

3.体育教师评价管理

对体育教师的评价进行管理的核心要素在于对体育教学过程与结果产生的各种信息的收集,然后根据这些信息采用定性或定量的方式对体育教学效果进行判定。常见的体育教师评价方式主要有以下三种:

①教师的自我评价。体育教师对自己在体育教学前、中、后三个阶段的表现进行评定。自我评价要求教师要客观和实事求是,不过从心理学的角度来看,往往这种评价的结果会高于自己的实际表现,这也是非常正常的情况。

②领导与同事评价。领导与同事的评价相对自我评价来说更加严苛,特别是来自领导的评价,不过这种评价的优势在于它比自我评价的准确性高,水分更少。而来自同事的评价也比较类似,不过鉴于同事对体育教师的了解度更高,因此来自同事的评价准确度会更高一些。

③学生的评价。作为体育教育的主体,学生对体育教师的评价是最为直观的。但是,由于学生受到其自身知识水平、理解能力、喜好等因素的影响,往往其评价的主观性相对较强。如一些学生对于体育教师在课堂安全方面的批评表现出不理解和不满,在评价教师时就可能出现带有情绪化的评价。

第三节 高校体育教学的学生因素

从高校体育教学的发展历程来看,自始至终都不能忽视学生的作用与价值。随着时代的发展、社会的进步、教育观念的日趋革新,学生在高校体育教学中越发体现出其主体地位。

一、高校学生在体育教学中的作用体现

(一)学生主体性的内容与形式

学生在体育教学中具有主体性,因为在体育教学活动中,学生作为学习的主体,在教师的指导和引导下体现出主动的态度和独立的、创造的学习行为。

学生在教学活动中的主体性是依托于人的主观能动性而存在的,人的主体性是发展出个性的核心。人越有主体性,就越能理解自己是为何而学习的,进而也就更容易知道该如何去做,如何做得更好。

1.体育学习内容的选择性

要想让学生更积极地发挥出主体性作用,就要在体育教学过程中,让学生有选择教学内容的权利。学生主动参与教学内容选择是体育教学改革所提倡的,而且在一些地区的高校中尝试并实施多年。学生选择教学内容是学生自主性中最活跃的因素。

当然,学生的选择并不是随意的和没有限度的。学生能选择的内容必须在体育教育专家根据社会和教育目标所进行的初步筛选后确定的。尽管看似有一定的限制,但这种尝试依然能在某种程度上帮助学生明确教学目标,也是调动学生主动学习,使他们想要学、愿意

学的有效措施。因此,让学生在教学目标的框架内参与到教学内容的选择上,这是体现其主体性的必然。

2.体育学习过程中的自主性

学生在体育教学活动中的自主性还体现在以下几个方面:

①对学习目的具有主动和独立的意识。

②对体育教学活动具有一定的支配、调节和控制性。

③充分挖掘自身潜力,具体包括想象力、变化能力和创新能力等各种潜力。

3.体育学习过程中的能动性

大学生在踏入高校的校门之前,就已经对某些体育运动具有深刻的了解。因此,学生在学习中的能动性体现在他们主动参加体育活动,并能以自己的知识经验、认知结构和情意结构来对体育教学进行交融,对教学活动进行吸收、改造、加工,使得自己的知识得到完善和重组。

(二)学生发挥主体性的条件

1.教学目标与学习目标相协调

教师要明确体育教学在学校教育中的重大意义和体育在素质教育中所占的分量。体育教学的最终目标是让学生通过学习体育项目强身健体,树立"健康第一"的教育理念,养成"终身体育"的习惯。通过上述理念与思想,体育教师根据教学内容与目标向学生灌输与引导。教师在准备教学的相关工作中要站在学生的立场上思考,制定教学目标,使学习目标与教学目标协调一致。

2.教师和学生共同拥有体育教材

这主要是指体育教师要让学生了解教师以什么为工具进行体育教学,要使学生在学习过程中始终对所学内容有较为清晰的了解,要让学生了解教材目标与总目标的关系以及所学内容的重点、难点和与自己身心发展之间的契合点。

3.教学过程应该按照学生的学习过程设计

在高校体育教学过程中,其实就是教师"教"和学生"学"二者的统一。"教"不过是古人所说的"传道授业解惑也",而"学"主要以"探究"和"挑战"为直观特征。

从上述切入点来看,体育教师只有将"解决问题""探究""传承事业"和"挑战极限"结合起来,才能做好教学工作,将学生导向既定的教学目标。

4.教学情境应该和谐民主

事实证明,良好的教学情境能全面激发学生的学习动机与探索精神,有助于让学生在学习的过程中不断思考,并提出经过思考后产生的各种各样的问题。和谐的教学氛围和民主的师生关系是开展教学活动的保障。民主的教学环境是和谐教学氛围的先决条件,而民主性又显示在充分尊重学生人格的前提下。这样,学生才会学到具有真情实感的、有活力的体育知识与技能,才能真正陶冶学生情操,实现育人目的。

二、高校体育教学学生的管理与发展

(一)高校体育教学学生的管理

1.学生管理的原则

在高校体育教学过程中,学生管理是个复杂的活动,它涉及多方面的内容。体育教学的学生管理首先要符合以下几项原则。

(1)增强体质原则

学生管理的最终目的是通过掌握一定的运动技能,增强体质,发展身心健康。在对学生进行体育教学管理的过程中,应该重点关注学生的体质发展情况。对学生的体质健康状况进行评价,通常有以下参考标准:

①依照《学生体质健康标准》进行体质测试的情况。

②学生体检后反馈出的健康状况。

③学校领导对学生体质的重视程度。

④学校体育科研部门在学生体质提高中发挥的作用。

⑤体育教学质量。

⑥校外或课外体育活动的举办与开展情况。

(2)增进健康原则

学生健康水平的促进与提高需要开展以下工作:

①定期举办体育运动,使学生养成良好的锻炼习惯,控制好运动强度,既不要太大也不要太小。

②进行体育运动时,男、女生尽量分开。

③保证每个学生每天至少有1小时的时间参加体育锻炼。

④保证学生有充足的睡眠,不熬夜。

(3)群体活动原则

面向全体学生开展丰富多彩的体育活动,促进全校学生的身体素质和体质水平的提高。在认真上好每一次体育课的基础上充分利用早操、课间操、课外活动、单项竞赛、校运会等体育活动,积极发展本校的传统体育项目,同时采取多项措施提高校运动队的竞技水平。在此基础上,还可充分发展在某些项目上有特长的学生,进行重点培养。

(4)普及为主原则

普及为主原则在学校体育教学中主要体现在运动队的训练、竞赛与群体产生矛盾时。体育教育者应充分认识到学生在体育上的根本目标不是提高运动成绩,而在于增强体质水平。

(5)全面发展原则

在体育教学中,学生管理要落实在体育教学、训练活动、竞赛任务等方面上。宗旨是提高身素质与体质健康,促进学生所有系统、器官的协同发展。

此外，还要对学生进行美育教育，包括运动美、体态美以及审美等，从而提高学生的审美、爱美能力。

2. 学生管理的内容

(1) 体质健康管理

增强学生体质、促进学生身体健康是体育教学的任务与目的。学生的体质健康和高校培养人才的质量有直接关联。当前，我国大学生的体质状况持续滑坡，多项指标逐年下降，这种情况必须重视起来。在高校体育教学中，应该制定相关措施，采取必要手段来促进学生的体质与健康管理，具体有以下几个方面：

①健全组织机构。在高校体育教学中，相关组织机构与部门要联合起来，对全体学生进行体质测试和身体检查，体检的内容包括身体形态发育水平、生理机能水平、身体素质与运动能力水平等。此外，还要将组织机构建设工作纳入体育教学工作计划之中。

②建立管理制度。学校管理部门应建立并完善学生健康管理制度，组织学生体检后将检查结果记录在学生档案内。此外，要重视残疾群体和体弱群体的管理，对他们进行专项管理。

③加强健康教育。学校有关管理部门与工作者做好健康教育的宣传工作，对学生进行健康教育理论培训，包括个人卫生、生活习惯、疾病预防、营养保健、心理卫生等方面，进一步提高学生的个人健康意识。

④建立健康档案。等级从高到低，范围从大到小，按照学院、年级、专业、班级、个人的顺序整理全校学生的体质与健康档案，编写登记后收入总数据库中。按照这样顺序整理的目的是帮助相关工作者和体育教师随时进行检查、阅览。

⑤开展检查评估。学校的学生健康管理部门要定期开展体质检查监督工作，对测试结果进行科学的分析，以全面了解学生的体质情况，同时制定相关措施与政策，进一步加强学生的体质健康管理，使学生养成良好的卫生习惯，享受美好大学生活。

(2) 课堂纪律管理

课堂纪律在教学过程中是一个老生常谈的话题，它对教学质量与效果具有重要影响，同时也是体育教学中一项不可或缺的内容。做好学生的纪律工作是提高教学水平的关键，在大部分学科中都存在这个规律。

①严格要求学生。在体育教学中，学生要做到以下几个基本要求：

第一，参与体育活动要穿着运动服与运动鞋。

第二，在体育课及其他体育活动中，不穿着或携带各种坚硬物品，如项链、剪刀等。

第三，不迟到、不早退，上课认真听讲。

第四，在教学过程中，认真练习各种运动项目的各项基本动作。

第五，师生之间相互团结，互敬互爱。

②强调课堂纪律。为了确保教学活动平稳有序地开展，应具体做好以下几项工作：

第一，在教学过程中，教师应注意培养学生的自觉性。

第二,学校制定相关规定,保证体育教师与学生在体育教学上的需求得到满足。

第三,体育教师在每节课的最后进行小结,对本班上课情况及课堂表现进行点评。

③培养体育骨干。在体育教学中,要大力培养骨干分子,发挥他们的带头作用。作为体育骨干分子,要大力协助体育教师的班级管理工作,从而提高教师体育教学的质量与效果。

④注意教学层次。体育教师要结合学生不同的身体条件来制定切实可行的教学目标,并采取有针对性的教学方法和手段,保证良好的课堂纪律,促进教学质量的提高。

(3)课外体育活动管理

高校生活是多姿多彩的,应根据学生的需要开展各项体育工作,从而激发其体育动机。在课外体育活动中,必然会牵扯到课外体育活动管理的相关工作,应整合全校的人、财、物、时间、信息的功能,创造对学生有益的环境与条件,并对学生的体育运动方式、练习内容进行指导,使学生增强体质健康,提高体育文化素养,促进身心和谐发展。在管理学生的体育课外活动时,应该重点把握好以下几个方面的原则:

①需要性原则。需要在某种意义上属于个人愿望,能通过某种力量引起人们进行各种活动。对于大学生来讲,其参与体育的需求和动机是不同的,包括提高运动技术、锻炼身体、获得满足感、锻炼社交能力、放松休闲等,而学校开展的丰富的课外体育活动基本能满足这些需求。

②多样性原则。学生参加课外体育活动通常是自主行为,他们会参加自己喜欢的运动项目。因此,课外体育活动的内容安排要依据学生的不同爱好和需求,选择那些既有健身功能又是学生喜欢的项目。

③指导性原则。虽然学生会主动参加体育课外活动,但是体育教师也有相应的义务来帮助学生选择适合的项目内容,指导学生科学地参加体育课外活动锻炼,从而达到增强体质、发展身心、终身体育等目标。

④可行性原则。体育教师在安排课外体育活动项目时,不仅要考虑到学生的需求,同时还要按照本校实际情况来确定。从当前我国各所高校的发展情况来看,体育运动设施焕然一新,基本能满足学生的体育需求。

⑤激励性原则。采取正确的激励方式能全面激发学生参与体育运动的热情与积极性,养成积极参与体育锻炼的良好习惯。因此,高校通过积极的激励方式,正确引导学生参与体育活动。

(4)学习评价管理

①教师对学生学习的评价。教师对学生学习的评价包括以下几种方法:

第一,标准测验与非标准测验法。

标准测验,简单来说是专家对测验的各项条件进行研究而制定的相关标准,属于客观性测验。它根据考试理论,运用数理统计,按照科学程序设计与实施来进行测评,将测验后的结果对比分析,便可判断出被试者的水平与程度。

标准测验评价有着明确的目标,相应评分标准具有一定的代表性。标准测验能帮助了解学生和学校成绩的水平与段位。标准测验的内容选择、实施、评分、记分、分数合成及解释等都有明确的标准要求,所以这种测验具有一定的说服力和代表性。

非标准测验是教师自行掌握标准的测验,这一方法只适用于对学生知识和能力的检验。因此,非标准测验的评价是相对的,评价的内容包括难以量化的、适用于定性评价的指标,包括运动技能、心理健康、社会适应、学生进步程度的评定等。

第二,成绩定级法。

定级评价法是根据学生完成教学任务的程度制定相关级别评价的方法。一般情况下,定级是将学习成绩以分数范围或 A、B、C、D 等级确定下来。定级与评价之间有一定的差异,定级的主要用途是用某种等级级别来评价学生的成绩状况,并向学生、教师和相关领导进行报告。需要注意的是,评价的意义要大于定级,而且有时往往与定级没有直接联系。除此之外,定级还可用于检查教学效果、诊断教学存在的问题等。

第三,体育态度的测量与评价法。

态度是指人们凭借自身经验、观念、习惯与想象,对某种事物在情感上的直观体现,受到各种因素影响后出现改变。在体育教学中,测量与评价学生对体育的学习态度有着重要意义,通过对体育态度的测评能有效检验出教学内容与方法对学生情感的具体影响,这样能够为教学内容与方法的改进提供事实依据。

②学生对自我学习评价的方法。学生的自我评价能使学生对学习态度和表现进行自省,这样能帮助学生正视自我,从而以更好的态度参与到今后的学习中。学生的自我评价以体育教学设计中制定的评价目标为标准,通过自我评价来对自己的实际程度进行判断。学生根据自我评价标准来判断个人在体育学习中的不足之处,在日常的自我评价中,这种方式对动作技能的学习很有帮助。

一般情况下,学生的自我评价往往高估,不够客观。出现这种情况往往是因为评价牵扯成绩、评优、奖学金等,造成学生的自评过于主观,那么评价就有失客观。因此,学生在进行自我评价时要注意以下几点要求:

第一,将自我评价作为一种学习性的、形成性评价,不作为正式评价,不与其他利益挂钩。

第二,针对某些涉及学生自尊的自我评价时,主要以师生间交流为主,不要伤害学生的自尊心。

第三,将自我评价与功利性分开。

③学生间对学习相互评价的方法。学生之间对学习的相互评价能提高学生的观察能力与评价他人的能力,学生之间通过不断交流来提高团队意识,形成激励效果。

一般来讲,相互评价的方法有互评、互议、点出他人长处、指出同伴不足等,手段包括观察、记录卡片、课堂讨论等。

学生相互评价时,由于种种原因会导致评价得不够准确,言语表达没有表达出真实含义,这就会对评价的意义与效果产生不良影响。因此,学生间的相互评价要注意以下几个方面：

第一，将学生互评作为教育性的、集体养成性的评价，不作为正式评价。

第二，教育学生端正态度，以公正态度评价他人。

第三，将相互评价中的功利性内容剥离出去。

第四，相互评价要紧紧围绕技能学习与问题探讨进行，做到"对事不对人"不要伤害他人的自尊与人格。

3.学生管理的方法

(1)奖惩法

奖惩法是指用表扬、奖励优秀学生，批评、惩罚暂时后进学生的方式来管理学生。奖惩法的合理使用对于教学质量与水平的提升具有很大的帮助。奖惩法的运用要注意以下两个方面的内容：

①对于优秀学生进行鼓励与奖赏。第一，要对在课堂上表现突出或在各种竞赛上取得好成绩的学生进行奖励，对取得进步的学生也要予以关注；第二，对积极参加体育运动锻炼的学生予以奖励。

②奖励与惩罚相结合。做到赏罚分明，学生取得成绩时要进行表扬与鼓励，学生犯错时予以批评指正，如果严重违纪要进行警告与惩罚。

(2)隐性管理法

隐性管理法是指除了教师安排的教学目标控制、教学过程控制和教学的效果控制之外，能够对学生心理状态和行为产生的间接影响的控制方法。

在体育教学中进行隐性管理，能对学生产生潜移默化的作用，有效提高体育教学的质量与水平。

隐性管理法包括以下几种类型：

①动作启发法。体育教学中，体育教师的动作、移动乃至各种表情动作都会传递出相关信息，因此学生要对这些信号及时做出反应。体育教师的手势具有引导性，手势动作可作为教学管理的辅助手段，是一种夸大的外部表现形式。在技术教学中，可将技术表现意图和学生的接受意向相联系，让学生按照教学思路去领悟，做到融会贯通。教师的面部表情能够控制学生的行为，如理解的微笑和思考式的点头，表明对学生的认可。总之，师生间的默契配合是提高教学质量的保障。

②情感交流法。在体育教学过程中，很多学生往往由于各种原因会有很多消极的举动，如厌学、走神等，这些负面情绪会对教学造成不良影响。产生负面情绪的原因是多种的，其中最主要的原因是教师的讲解没有意思，学生提不起兴趣，师生之间缺乏互动，学生不会主动参与到教学中。因此，优秀的体育教师在课堂上必须擅长通过情感交流与学生多沟通，从而唤醒学生对教学的热情，提高教学质量。

③视觉暗示法。体育教学中，视觉信号输入是重要的辅助教学方法之一。在课前，学生三三两两地来到上课地点，这时他们内心还没有平静下来，有的还沉浸在玩闹和喜悦之中，

大部分人的思想还没有重视起来。到了上课后,教师必须用坚定的目光环视一周,形成一种引力,使学生"回神",把心思放到体育课上来。讲解时,目光要满怀期待,尽可能地环顾所有学生,不要总盯着眼前的几个人;练习时,将学生分散开立,避免距离过近而顾此失彼。

在示范、提问、解答问题上,教师要环顾四周,倾注自己的情感。教师的视野所及,以目传神,确保学生在关注自己,若有学生"开小差",教师可直视这名学生,将自己所要表达的愿望、态度、思想感情和言语传达给学生。严厉、责备的目光促使学生提高注意力;热情、慈祥、赞许的目光给学生带来温暖,使其精神振奋。教师通过眼神的变化使学生把心思放在体育课中。

④语气引导法。语气引导法也是常用的管理学生的方法。在教学过程中,教师将讲话的音质、音量、声调、语速和节奏等进行组合,融声、色、情为一体,把握讲话语气,对学生产生正面的引导作用,帮助学生将注意力集中在动作学习上。教师所传达的"弦外之音",学生要能理解、明白,做出积极的响应,从而形成师生间的良好互动。同时,教师也要把握好讲解的语调,尽可能做到详略得当。在特殊情况下,还可通过反复加重语气,对于重点、关键技术的讲解,从而有效引导学生。

(3)柔性管理法

柔性管理是现代管理方法,与传统的刚性管理有着本质的区别。在传统的管理方法中,主要职能为计划、组织、协调、控制,管理者作为主体,其权威性和强制性得到充分体现。而柔性管理是在对人们心理和行为规律进行研究的基础上,通过非强制性手段,从潜层中影响学生的内心,将教师的意志转变为学生的自觉行动,真正以被管理者——学生为主体,管理活动的职能也转变为教育、协调、激励、互补。相比之下,柔性管理体现人文关怀,更容易让学生接受,也更容易组织和管理。

从整体来看,柔性管理在教学中的应用具有以下要求:

①个体重于群体。由于学生的兴趣、爱好、性格、身体素质、运动能力等方面都有很大差别,因此,传统的"一刀切"式的教学方法并不科学,因材施教才能促进学生的发展,而柔性管理则是很好的管理方式。

在现代教育理念下,要理解学生的差别,注重学生的个性发展。近年来,很多学校按照学生特点采取分级教学、专项教学等个性化教学组织形式。为了使教学更有针对性,还可采取"运动处方"式教学。下课后,学生记录下本节课教学内容的完成情况、身体的反应、个人体会及建议,教师收齐后进一步研究,开具新的运动处方,在下次课发给学生。通过运动处方,学生能更好地了解自己的真实能力与水平。

②内在重于外在。体育教学的学生管理包括外在管理和内在管理两种方式。

外在管理包括课堂常规、课堂纪律、教学要求等,属于物化的管理形式,具有强制性。

内在管理通过语言教育,形象感染、激励等手段,通过潜在的角度对学生产生影响,将教师的教学目标转化为学生的自觉行动。内在管理的核心是强化学生的学习动机,体育教学就是将学生的各种心理因素转化为学习体育知识和动作技能的内因性动机。这种动机能够提高学生的积极性、自主性和能动性。因此,体育教学的观念要从"强制"转变为"引导",确立学生的主体地位。

③肯定重于否定。在对学生的管理中,肯定与否定是常见方式。柔性管理中,肯定要重于否定。人们都渴望得到尊重,其中包括别人对自己的关注、接受、支持、赞许等,同时也包括自尊自爱,如果满足不了这些需求,人就会有自卑、无助和软弱的感受。因此,教师在评价学生时,要充分肯定其长处,不仅能满足他们的内心,而且能使他们更加自信。

(二)学生在高校体育教学中的优化发展

从体育教师和学校的角度来看,促进学生在高校体育教学中的优化发展,要从以下几个方面入手。

1.贯彻落实体育素质教育

当代教育倡导素质教育,素质教育也是高校体育教学的根本落脚点。所以,要充分贯彻落实素质教育,这是新时期的学校教育事业培养全面发展的高等教育一流人才的基本要求。

2.更新体育教育思想观念

教育的根本在于促进学生发展。对此,高校体育教师应树立新理念和新观念,并用这些新理念和新观念指导高校体育教学实践。

3.重视学生体育素养的培养

体育教学要符合素质教育的目标,紧紧围绕学生来开展。在传统体育教学中,竞技体育项目是主要教学内容,它以专项运动项目为主,在新的教学改革的背景下,相关人士提出的"健康第一""以人为本""终身体育"等体育教学理念,逐渐成为学校体育教学的主要内容。

重视学生体育素养培养,是我国体育教学的重要任务和目标。因此,在新的教学指导思想和理念指导下,高校体育教学要从根本上培养学生的体育素养,不仅要重视学生体育知识和体育技能的提高,还要重视如柔韧性、协调性等身体素质的发展。此外,通过体育教学,促进学生的智能、社交、情商、社会适应力等方面的均衡发展。

4.优化和谐体育教学环境

良好的体育教学环境是开展一切教学活动的保障,是实现教学创新的重要方面。

一方面,各高校要持续提高在体育教学上的投入力度,改善学校的体育教学环境,增加体育教学场地、设施、器材等,这对学生的学习效果和体育教学质量有着重要的作用。

另一方面,学校还要不断丰富优化体育教学的人文环境。具体来说就是营造良好的校园体育文化氛围,使得学生在不知不觉中被感染和熏陶,能够自然而然地参与学校组织的各项体育活动,并促进学生养成长期坚持参加体育活动、自觉锻炼的习惯。

第七章 高校体育教学过程与评价的创新

第一节 高校体育教学过程的优化发展

一、体育教学过程的概念

体育教学过程是为实现体育教学目标而计划、实施的,使学生掌握体育知识和运动技能并接受各种体育道德和行为教育的教学程序。这个程序具有学段、学年、学期、单元和课时等不同时间概念。

二、体育教学过程的性质

(一)高校体育教学过程是学生对运动技能进行掌握的过程

从本质上来讲,高校体育课程的教学就是在身体练习不断反复开展的过程中,使学生能够对运动技能进行掌握,同时,在对运动技能掌握的前提下接受其他方面的养成教育,同高校体育课程不同,其他学科的教学过程实际上是使学生对概念进行识记,并对推理、判断等思维方式进行应用,去对科学知识进行掌握,同时使学生的智力得到发展。因此,可以将高校体育教学过程理解为学生对运动技能进行掌握的过程。

(二)高校体育教学过程是使学生运动素养提高的过程

对运动技能进行掌握的前提是使运动素质得到提高,同时,还要使大肌肉群的运动素质得到有效提高,运动技能与运动素质提升之间存在的关系是互相促进的。所以,高校体育教学过程可以理解为是使学生运动素质得到不断提高,且以此能够使学生体能得到增强的一个过程。在高校体育教学活动开展的过程中,在重视学生掌握运动技能程度的同时,还应该对学生运动素质的提升给予一定关注,并且,在对高校体育教学进行设计、对高校体育教学进度进行安排、对高校体育教学内容进行选编的过程中,将运动技能与运动素质的提高紧密地联系在一起,保证二者的协调发展。

(三)高校体育教学过程是知识学习、运动认知的形成过程

体育学科作为一门综合性课程,包含了自然学科与人文学科。在高校体育教学活动开展的过程中,不仅强调学生对运动技能的掌握,还会组织、安排学生对其他知识进行学习,获得一定的运动认知。在某些时候,这也是运动技能掌握与运动素质提高的重要前提条件。所以,高校体育教学过程也是对体育知识与运动认知进行掌握的一个过程。

体育是涉及人文学科和自然学科的一门综合性课程,在以掌握运动技能为主的高校体育教学过程中,学生也会涉及许多知识的学习和运动认知的获得,有时,这也是掌握运动技

能和提高运动素质的基础。因此,高校体育教学过程也必然是一个掌握体育知识和运动认知的过程。

(四)高校体育教学过程是集体学习与集体思考的过程

高校体育的教学形式主要以"集体学习"和"小集体学习"为主,其原因在于绝大部分的体育运动项目的完成都是通过集体形式或者小集体形式,所以,也应该在集体性学习过程中完成体育技能的学习。此外,现阶段的高校体育教学目标也是更加倾向于学生的集体学习,旨在使集体教育的潜在作用能够得到充分的发挥。同时,在高校体育教学中,集体性学习与集体性思考能够使教师与学生之间、学生与学生之间的沟通和互动得到加强,同时,还能够促进学生社会适应能力与社会交往能力的提升,所以,对于高校体育教学过程,也可以认定为是开展学生集体性学习与集体思考的一个过程。

(五)高校体育教学过程是对运动乐趣进行体验的过程

从生理学的角度上来讲,学生体育学习的过程是一个充满汗、累和苦的一个过程,是对学生身体实施生物学改造的一个过程,同时,对运动固有乐趣从身体方面与心理方面进行体验的一个过程。这种乐趣体现了体育运动的生命力,同时是高校体育教学的重要内容与目标,还是对学生体育参与意识进行培养的重要手段与途径,是终身体育运动开展的前提条件,所以,对于高校体育教学过程,我们可以理解为学生对运动乐趣进行体验的一个过程。

三、体育教学过程存在的主要矛盾

在体育教学过程中,主要矛盾如下三个方面:第一,体育教师的教同学生的学之间存在的矛盾;第二,体育教师同教材之间存在的矛盾;第三,学生同教材之间存在的矛盾。在这三对矛盾中比较显著的就是体育教师的教与学生的学之间存在的矛盾。

在高校体育教学过程中,体育教师与学生是两个重要的主体性因素,因而导致体育教师的教与学生的学之间双边互动的矛盾关系得到构成,并且在高校体育教学过程中,这一矛盾是始终存在的,同时,还能够对其他矛盾的存在与发展起到一定的支配作用,从而作为原动力,促进高校体育教学过程的发展。

四、体育教学过程的功能

高校体育教学过程从本质来讲,就是认识与实践之间统一、协调发展的一种活动过程,这一过程的最终目标在于,使学生的全面发展得到促进,换句话来讲,高校体育教学过程的主要功能在于使学生身心诸方面的和谐发展得到促进。对于高校体育教学过程的功能进行全面的认识与开发,能够使高校体育教学成为有效途径,以促进高校体育教学目标的更好实现。高校体育教学过程的功能主要会在以下几个方面的内容中表现出来。

(一)体育教学过程的教育功能

在体育教学开展的过程中,不仅能够增长学生的知识,使其能力得到全面发展,还能够熏陶、改变学生的思想情感、道德品质与精神面貌。在体育教学中,教师应该将教书与育人自觉地统一起来,充分发挥体育教学过程的教育功能,使学生思想品质与道德素养的发展得到促进。

(二)体育教学过程的知识传递功能

体育教师通过体育教学过程的开展,能够将科学文化知识与基本技能技巧系统地向学生传递。体育教学过程实际上是对学生有目的、有组织、有计划进行培养的一个过程,因此,体育教学过程的知识传递功能能够高质量、高效率的发挥。

(三)体育教学过程的智能培养功能

在知识传授与技能形成的统一发展过程中,智能培养得以实现,是非常紧密的,是互相促进、互相依存的统一体。首先,智力活动的主要内容就是知识;其次,对知识进行学习与应用的活动,本身就能够实现智力的锻炼与能力的培养;最后,形成技能可以使智力活动过程得到很大的简化,使智力活动水平的提高更加迅速、经济、有效。

(四)体育教学过程的审美功能

作为教学艺术与教学手段,"美"的因素始终存在体育教学过程中,并且在体育教学活动的各个方面都有存在,在"美"的多样形式下,使学生对"教"所要传递的各种各样教育信息顺利吸收,同时,获得教学美的体验与享受,使紧张学习导致的疲劳得到消除,促进一定审美趣味、审美观念与审美能力的形成。

(五)体育教学过程的发展个性功能

发展个性的主要内容是对知识进行传授,对智能进行培养,促进技能的形成。在原有生理条件与经验背景的基础上,每一个学生都有可能会形成独有的知识、智能结构与技能,同时能够对自己新的知识体系进行构建,从而为个性发展创造良好的条件。然而,需要注意的是其还受到其他几个方面内容的影响,即身体素质的健全、态度、情感、动机、意志、品德、思想、价值体系等方面的培养。

对于上述能够对学生个性发展起到决定性作用的这几个方面内容,体育教学过程能够发挥积极的影响作用。

五、与体育教学过程有关的概念

(一)体育教学过程与体育教学原则

教学原则实际上就是教学过程的原则,由此可以看出,体育教学过程和体育教学原则之间存在的关系是非常密切的,但体育教学过程与体育教学原则又是不同的概念范畴。它们之间的联系主要体现在:第一,体育教学原则是体育教学过程实施的基本要求。第二,体育教学原则是体育教学过程优化的基本内容。第三,体育教学原则在体育教学过程的各个层次中始终存在。

(二)体育教学过程与体育教学模式

体育教学模式实际上就是单元和课时体育教学过程结构,是本着某种体育教学指导思想设计的教学过程类型,体育教学过程与体育教学模式是"抽象"和"具体"的关系。因此可以说,那些具体的、有特色的、长短不一的体育教学过程设计以及其中的方法体系就是体育教学模式。

(三)体育教学过程与体育教学设计

从本质上来讲,体育教学设计就是体育教师构想与安排体育教学过程,对于体育教学的任何一个过程而言,都有某一种体育教学设计存在其中,而体育教学设计是包含在体育教学过程中的工作。

(四)体育教学过程与体育教学计划

所谓的体育教学计划,主要是指体育教学过程的设计方案,人们对它的理解,通常是存在于纸上的体育教学过程。对于体育教学过程与体育教学计划而言,二者是一一对应的关系,例如,如果有学期体育教学过程,那么就会存在学期体育教学计划;如果有单元体育教学过程,那么就会存在单元体育教学计划;如果存在学时体育教学过程,那么就会存在学时体育教学计划;等等。

(五)体育教学过程与体育课堂教学

体育课堂教学是教学的场景,通常指一个课时的体育教学,也是作为时间基本单位的体育教学过程。而体育课堂教学的各项因素同体育教学过程之间都存在十分紧密的联系,都是体育教学过程的主要构成因素,同时,也是对体育教学过程进行观察的最佳视角。

六、体育教学过程的动态与静态分析

(一)体育教学过程的动态分析

在对具体的过程与阶段进行安排与应用的时候,应该从不同的教材内容、教学目标、环境条件与学生特点等因素变化进行考虑,保证体育教学过程与体育教学阶段安排与应用的灵活性。

(二)体育教学过程的静态分析

1.体育教学系统的构成要素

在对体育教学过程进行分析的过程中,可以应用整体性观点,首先,将体育教学作为一个完整的系统进行考虑,而整个体育教学系统的构成主要是很多互相练习的部分或要素。

2.现代体育教学过程的本质

(1)体育教学是交往的一种特殊形式

在对人的本质进行分析的过程中,通过社会这个媒介,人的本质才能够得到展现,而只有交往的存在,才能够在一定程度上促进社会的运行与发展。

从本质上来讲,体育教学过程就是一个教师和学生之间互相作用的过程,一旦这种互相作用的关系不存在,那么也就不存在体育教学活动,换句话说,体育教师与学生之间有一种特殊的社会关系存在,因此,他们间的互相交往也是一种特殊的形式。

(2)师生间的主客体关系由对话构成

体育教学属于一种特殊的师生交往过程,主要表现形式是对话,而双方之间的对话使教师与学生之间的特殊关系得以构成。在存在的特殊关系中,教师与学生都将对方看作是教学目的达成、教学目标实现的合作者,而不是一个对象。通过对话的形式,人与人之间的互相交往、沟通更加和谐,如此一来,教师与学生之间的关系也会发生改变。在基础教育课程改革与体育新课程改革中,对于教师与学生间关系的变化趋势已经进行了明确。

3.体育教学过程的规律

所谓的体育教学过程的规律,主要是指在体育教学的过程中或者是现象之间会有本质的、必然的联系存在,而这种练习能够将体育教学发展的特点体现出来。由于体育教学过程中存在许多的构成要素,并且这些要素之间还存在特别复杂、广泛的联系,所以,体育教学规律就不是单一的,这一点也是同其他现象所具规律相比的不同之处;体育教学规律也不会像其他规律一样,直接地展现出重复有效性;生物学刺激具有十分明显的反应规律,而体育教学是同人的身心发展相适应并促进的。

(1)动作技能形成的规律

体育教学的最终目的是使学生对一定的运动技能进行学习并掌握。而事实上,掌握运动技能的过程并不是单纯地从不会到会,从不熟练到熟练的发展过程。动作技能的形成会经过三个阶段,对动作粗略掌握阶段、对动作改进与提高阶段、巩固与熟练运用动作阶段。

(2)动作技能迁移规律

从学习理论的角度上来讲,迁移是指一种学习情境对另外一种学习情境产生的影响。而这里所说的动作技能的迁移,是指已经形成的动作技能对于所学习的新动作技能存在的影响。如果存在的影响是积极的,那么会把这种具有促进作用的迁移称为正迁移;如果存在的影响是消极的,那么就会把这种带有负能量的迁移称为负迁移。

在体育教学开展的过程中,迁移的现象是普遍存在的,同时,迁移规律对于体育教学过程还存在一定的影响,尤其是对于动作技能形成的影响更加明显。如果没有通过迁移,就不能够使已经形成的动作得到进一步的熟练、检验与充实。迁移的重要基础是已经拥有的知识技能,作为重要的环节,从掌握知识与技能向形成技能过渡,因此,为了迁移而开展教学的思想被人提出。

(3)人体机能适应性规律

在体育教学开展的过程中,对于身体活动与反复练习,学生积极地参与,长此以往,由于体能的消耗导致身体疲劳与身体技能水平下降的情况出现,事实上,疲劳的过程也会是使恢复得到刺激的过程,能够促进能量储备的加强,使机体的适应能力得到提高。

因此,在体育教学开展的过程中,学生对于负荷的刺激要进行一定的承担,使新陈代谢与机体能力提高的过程得到促进。在开展体育教学的时候,为了能够使学生的机体能力得到提高,使健康得到增进,最应该要做的就是对负荷和休息合理地进行安排。由于运动负荷的大小与人体新陈代谢能力的不同,超量恢复也会出现一定的改变,在一定的范围中,如果肌肉存在较大的肌肉活动量,那么也就会存在约为激烈的消耗过程,进而就会出现更加明显的超量恢复,而一旦产生了机体适应性的变化,那么学生的体质也会有所改善。

①工作阶段

在这一阶段,学生对一定的运动负荷进行承担,即身体练习的强度与量,对机体的潜在能力进行动员,加强身体内部的异化作用,将会消耗掉能量储备。

②相对恢复阶段

在这一阶段,经过了休息与调整以后,身体的各项机能指标向工作之前的水平恢复。

③超量恢复阶段

在这一阶段,通过能量的补偿与合理的休息,物质储备与能量储备远远多余原本拥有的水平,进而使机体的工作能力得到了提高。

④复原阶段

如果经历的间歇时间较长的话,那么超量恢复阶段的效果就会失去,导致机体的工作能力慢慢降低到原本水平。

(三)高校体育教学过程优化分析

体育教学过程中会同许多的要素相联系,对体育教学过程包含三个要素的观念表示赞同,因而,在对体育教学过程的优化问题进行分析的过程中,主要通过对教师、学生、教材等几个方面的分析来进行探讨。

1. 优化体育教师

使体育教师的主体能动性能够得到充分发挥,也就是在整个体育教学活动开展的过程中,使体育教师的主导作用得到有效发挥。在体育教学中,体育教师是教学的主体,发挥着主导的作用。通过对体育教学过程展开动态分析可以得知,教师的主导作用主要会在三个阶段体现出来,即体育教学的准备阶段、体育教学的实施阶段与体育教学的反思阶段。

(1)体育教学的准备阶段

在体育教学的准备阶段,体育教学方案得以形成,是指按照体育教学的理论与实际条件安排、规划、确定体育教学过程、体育教学目标与体育教学评价等。对体育教学方案进行优化设计,能够保证体育教学整个过程的优化。

(2)体育教学的实施阶段

体育教学的实施阶段,事实上就是对体育教学进行管理、组织、实施的阶段,同时也是体育教学目标与体育教学方案具体执行与实现的过程。体育教学的实施阶段是体育教学过程的重要组成部分之一,在这一阶段中,体育教师承担着很多方面的任务,如使学生的学习动机得到调动,学生的学习过程得到指导与组织,等等。这一阶段也是对体育教学过程进行优化的重点内容。

(3)体育教学的反思阶段

体育教学的反思阶段,主要是指评价与反馈体育教学效果的过程,在这一过程中,需要对体育教学效果进行检查与评估,同时,这一阶段也是体育教学过程的最后一个步骤。体育教学评价的开展,能够使体育教学活动是否达到体育教学预期目标的问题从实际效果上得到解答,同时,还能够将基本的反馈信息提供给下一个体育教学过程。对体育教学效果进行科学的、合理地评价,不仅仅是体育教师的重要责任,同时还是优化体育教学活动的客观要求。

2. 优化学生

在我国的基础教育改革中,以学生为主体的全新教育理念被提出。在体育教学活动开展的过程中,学生是主体,具体来讲,学生自身的主体性能够得到发挥,同时,其主体性就是整个主体结构的表现功能。所以,在体育教学开展的过程中,学生的主观能动性应该得到发挥,对体育教学内容的选择进行参与,使体育锻炼与学习的动机、兴趣与愿望得到体现,通过体育练习活动的开展,使学生的运动能力、运动经验与运动技能储备等得到发展。在体育教学实践活动开展的过程中,只要学生的主动性、创造性与独立性得到全面的发展,才能够保证学生对体育知识、技能有所掌握,使其自身的能力得到发展,促进合理主体结构的形成。

3. 优化体育教学内容

(1) 保证全面性的体育教学内容

体育教学主要目标是使学生的全面发展得到培养,为其将来接受更高层次的教育建立良好基础。所以,应该将体育锻炼方法、体育科学知识与体育价值观念等多个方面的内容紧密地联系在一起,只有保证体育教学内容的全面性,才能够为日后学生的全面发展创造有利条件。

(2) 保证基础性的体育教学内容

体育教学的内容,主要会在以下几个方面表现出基础性:使学生的正常生长发育得到促进;保证学生身体素质与运动能力的全面发展;保证获得扎实的体育知识与体育技能;促进良好体育锻炼习惯的养成,创造终身体育运动的重要条件。

(3) 保证活动性的体育教学内容

体育教学内容是学生开展学习活动的主要材料,通过主体活动的完成,使学生掌握了体育教学内容。体育教学内容的设计应该保证能够促进学生主体活动的开展,使学生的体育学习兴趣得到培养,也就是说体育教学内容应该是整体性的规划,主要从学生的思维、观察、体验、练习、互动与探索等方面出发。

4. 体育教学过程的控制、管理与评价

体育教学过程的控制、管理与评价,应该从体育教学目标与体育教学效率等指标出发,并且保证控制、管理的过程中做到有组织、有目的、有计划地开展,同时还要对体育教学速度、体育教学时间等因素进行综合考虑,争取在体育教学开展的过程中,做到在较低消耗的情况下,取得理想的体育教学效果。

总而言之,在进行体育教学过程优化的过程中,应该同教师教学活动的科学组织与学生学习活动的有效开展紧密联系在一起,对于体育教师教与学生学的双边活动科学地进行组织,同时,对于体育教学的规律、体育教学方法、体育教学模式、体育教学的内部条件与外部实际条件要全面地进行考虑,从既定目标出发,使体育教学过程的有效作用得到发挥,促进最佳体育教学效果的实现。

第二节 高校体育教学评价的改革创新

一、高校体育教学评价的发展对策与规范

(一)高校体育教学评价的发展对策

1.不断发展和完善体育教学评价的体系

(1)保持评价主体的多维性

随着高校体育教学制度的改革,体育教学评价的主体也发生较大改变,从之前的教师与学生,逐渐发展为目前的多元化结构,即教师、学生、家长、校方和社会团体等。这也改变了传统体育教学评价主体的单一化现象,避免了体育教学评价的局限性和不全面性。如对于学生的体育学习评价,教师对学生在校内的体育活动有着较为权威的认识,但是家长却能够清楚地认识到学生在校外的体育表现,而家长的评价在传统体育教学评价中很难得到重视,这就造成了学生体育学习评价的局限性。因此,我们在进行体育教学评价时必须保持评价主体的多维性,这是保证评价结果全面性和准确性的必要条件。

(2)注重评价客体的多维性

在高校进行体育教学评价时,由于个体的差异性,使得被评价的对象之间存在着一定的差异,这就很难通过统一的评价标准来进行衡量。过去,并没有对此情况给予足够重视,而长期发展下去,必然会对学生的体育学习兴趣造成不良后果。因此,高校在进行体育教学评价时,一定要注意评价客体的多维性。这就要求在进行体育教学评价前,应对评价对象的具体情况进行分析,并以此为依据进行分组评定,从而实现体育教学评价的公平性,也使每一个参加体育教学评价的个体获得成就感,提高其参加体育学习的积极性。

2.建立多元化的体育教学评价模式

在以往的体育教学评价过程中,其模式过于单一,即往往是以上级对下级的主观评价为主。其主要的评价方式是结果式和量化式的评价,从而很难对评价对象做出真实、科学的评价。因此,为了实现现代体育教学评价的全面性、科学性和真实性,关键是要建立起人性化、多元化的评价模式。如采用"教师评价+学生自身评价+家长评价"的模式,并将肯定性的语言描述与过去的打分制相结合,对形成性评价方式给予更多的关注,实现与被评价者的交流和人性化、多元化的发展。

3.建立健全体育教学评价的反馈机制和保障机制

获得评价信息的关键方法和唯一途径便是反馈,健全的体育教学评价反馈机制是评价活动有效开展的关键性条件。信息论的观点认为,信息是一个系统实现有效控制的基础,而反馈则是评价主体获取信息的途径,所以体育教学评价反馈机制是否健全,直接影响着体育教学评价系统是否能够得到有效控制。为此,建立多条反馈渠道是保证体育教学评价主体能够及时收集到有效评价信息的关键。如学生评价反馈渠道、家长评价反馈渠道;丰富评价

反馈的内容,如在反馈的同时附上评价对象在整个学习过程中的表现以及需要改进的地方,同时提出希望等;改变以往在学期结束之后的反馈和在学习中的反馈。此外,为了保证评价反馈机制的有效运行,还应建立体育教学评价反馈机制的监督机构,以便对高校体育教学评价反馈情况进行监督。通常来说,规章、条例、制度可对评价主客体在评价活动中的行为起到约束和控制作用,为高校体育教学评价活动起到保驾护航的作用。高校体育教学评价中之所以出现了一些问题,其缺少规章制度或者对规章制度的漠视是重要的原因之一,如在进行体育教师自评和互评时受利益、人情等因素的困扰易导致评价的形式主义和评价结果的失真等。评价的规章制度起着约束全校师生及相关工作人员在评价中的行为的作用,所以高校相关部门应总结评价经验,深入调查听取广大师生的建议,建立切实可行的评价条例规章制度。另外,在健全规章制度的同时还要加大对规章制度的执行力度。

(二)高校体育教学评价的规范

体育教学评价是依据体育教学目标与标准,对体育教学的质量进行定量与定性的价值判定。在当前体育教学改革中,体育教学评价的问题越来越受人们的重视。新课程改革以来,也出现了各种体育教学评价的指标、方法与体系,甚至是用计算机操作的各种评价软件,这说明体育教学评价在走向科学化、准确化、全面化的道路上迈出了一大步。但是我们制定的体育教学评价标准与方案不能仅仅停留在理论层面上,需要有更强的操作性与更大的实用价值,否则理论研究成果只能是纸上谈兵,没有真正的实践意义。

1.更好地发挥体育教学评价的反馈功能和指导功能

反馈功能和指导功能是体育教学评价的两个有机联系的基本功能,在实施体育教学评价的过程中,应注意把教学评价与体育教学的其他组成要素有机地结合起来,不能为了评价而评价。首先,教学评价与预设的目标要紧密联系起来,评价的结果将为目标达成程度作一个判断与反馈。如果评价情况良好,那么预设的目标就是合理的;如果评价结果不理想,那么教学预设与教学准备就存在较大的问题。如果存在问题,就需要进一步调整思路,检查每一个教学环节与教学策略,找出问题,指导教学实践工作,这样的评价才具有真正的意义与价值。

2.分别制定体育教师教的评价体系与学生学的评价体系

教学包含教师的教与学生的学两个方面,因此教学评价也应该从这两个方面分别进行。目前有关学生学习评价的研究较多,但有关教师教的评价主要集中于课堂教学评价。这样,有关教师教的评价与学生学的评价内容就难以实现全面、公开、科学的目标。因此,还有待深入研究教师与学生有关教学方面的评价,建立一套较为客观的、全面的评价体系。

3.建立符合中国国情的相对科学的体育教学评价指标

从系统论的角度分析,体育教学目标应该简单、科学、具有可操作性,而体育教学评价是一个检验教学目标达成情况的重要参考坐标,因此也应该与体育教学目标相对应,具有简洁、实用、客观、科学、可操作等特性。虽然近年来研究体育教学评价指标是一个热点,但大多的评价指标还是存在复杂化、基层一线教师难以操作、工作量大等缺点。因此,建立符合中国国情的相对科学的体育教学评价指标,是今后体育教学评价的一项重要工作与任务。一方面,应加强体育教学评价体系的理论研究;另一方面,应开展体育教学评价改革的实验研究。在借鉴国外教学评价的有益经验的同时,结合我国自己的实验研究,消化、吸收、创造出具有中国特色的体育教学评价指标体系。

评价的指标还涉及了一个科学性的问题,如何制定科学的指标是一个关键性的因素,较为科学的方法应具备以下几个主要的环节。

(1)初拟指标

初拟指标是根据体育教学评价的目的或主题,由研究人员对评价内容的理解和实践经验初步确定指标。初拟指标常用的方法主要有以下两种:①因素分析法。将评估指标按评估内容本身的逻辑结构逐级进行分解,把分解出来的主要因素作为初拟评估指标的方法。从分解评估目标开始,由高层到低层进行。越是下一级的因素越是具体、明确,直至分解到因素可以观察和测量形成末级指标为止,从而形成一个从一级到二级再到三级……直至末级的指标体系。②头脑风暴法和反头脑风暴法。组织专家(一般至少 10 名)以座谈会或会议的形式,请专家凭借实践经验和学科专业理论针对督导主题发言,相互启发,不对他人的意见做批评或阻碍他人发言,最后把专家的意见进行整理,初步提出评估指标。

(2)筛选指标

初拟出的评价指标一般数量较多,不能反映指标的简约性原则,甚至有些指标可能重复、交叉,所以,对初拟指标要进行归类、合并及筛选,从而保证评价指标的科学性、有效性。筛选评价指标一般采用经验法和数理统计法。经验法是根据个人或集体的经验对初拟指标进行归类合并、决定取舍的方法,其又分为个人经验法和集体经验法。

个人经验法是评估指标的设计者根据自己的经验,对提出的初拟指标进行比较、排列、组合,通过思维加工,决定指标的取舍。这种方法的优点是以个人的经验为基础,比较简便易行,但人的经验毕竟有一定的局限性,用个人经验法筛选评估指标难免具有片面性。集体经验法是一种问卷调查统计的方法,以个人经验为基础,集中若干有经验的专家分别征求意见,并运用问卷统计方法进行指标取舍的方法。其优点是广泛收集高校体育督导评估主题有关方面的专家意见,克服了个人经验法的局限性,又运用了统计方法,筛选出的指标相对具有科学性。

(3)确定权重

评价指标确定后,要根据其在体育教学评价内容中的重要程度给以权重。权重就是权衡指标的分量,确定指标的重要性和地位。权重数的表示有小数、百分数、整数。确定指标的权重数一般有以下几种方法:①集体经验判断。依靠专家和有经验的教育部门领导、高校体育专家、体育教师等集体的智慧、经验,揭示指标对于评估内容的价值的大小,从而确定权重数。这种方法信息量大、全面具体,但其缺点是易受权威人士或多数人意见的影响。②特尔斐法。用匿名的方式就预先设定的指标权重数向不少于 10 名专家发放问卷,通过至少三轮的征求、汇集并统一专家的意见和判断,使大多数专家在相互不受干扰的情况下对指标的权重数达成一致意见。③层次分析法。这是一种多目标多准则的决策方法,由美国数学家斯塔首先引入到教育评价领域以解决权重数的确定问题。主要采用两两比较步骤,即将所要比较的各条指标配成对,让有关专家对指标的某一特征进行比较和判断。将比较的结果写成矩阵形式,找出它们的优先顺序,反映出各个指标相对重要的程度,以评价指标相对优化程度。

(4)确定标准

在确定好体育教学评价指标、指标权重后,还要确定评价标准。设计评价标准的步骤与方法是:①设计标度。标度可用定性或定量两种形式表示。定性标度一般用描述性语言表示,如"精通""熟练""掌握""不掌握"等。②设计标号。标号是区分标度的符号。在标度确定之后,只需要用不同的符号,如优、良、中、可、差或优、良、及格、不及格等。

二、高校体育教学评价的改革

近年来,随着高校体育教育改革的不断深入,体育教学评价的改革也越来越受到人们的重视。体育教学评价是教育评价的重要组成部分,是依据既定的体育教育目标,通过对评价手段和技术的有效运用,测量、分析并比较体育教学活动的过程及结果,进而给出价值判断的过程。体育教学评价的目的是更好地对体育教学工作进行宏观调控,更加科学地对体育教学工作进行管理,进而促进体育教育的发展。

(一)高校体育教学评价的原则

高校在进行体育教学评价时,只有在坚持一定原则的基础上进行科学的评价,才有利于体育教学目标的实现。

1. 全面性原则

在高校体育教学中,教学系统是十分复杂的,教学任务是极其多样化的,因而体育教学的质量能够从不同的侧面得到反映。因此,在进行高校体育教学评价时,应坚持全面性原则,对教学活动进行多角度、全方位的评价,以切实促进体育教学质量的提高。

2. 实践性原则

高校体育教学是一门有着很强实践性的学科,而且体育的能力、水平和素质最终要体现在实践活动中。一般来说,这种实践活动包含体育身体素质、体育技术水平、体育兴趣和爱好四个层面。因此,在进行体育教学评价时,应该在实践活动中进行,并对实践活动的四个层面都给予重要的关注。

3. 科学性原则

高校体育教学评价的结果要想拥有实际的意义,就必须在进行体育教学评价时坚持科学性原则,以客观规律为依据,科学化的选择评价方法、标准以及程序,同时要力避经验式和直觉式的教学评价,一切结果都要有科学化的依据。

(二)高校体育教学评价的特征

高校体育教学评价有着自身独有的特征,正是这些特征使得高校体育教学评价能够促进体育教育的发展。

1. 评价内容的全面性

高校体育活动的效果是对各种体育活动进行综合后的效应,因此在进行体育教学评价时,要对教学的内容进行全面性的评价。

2. 评价目标的发展性

高校体育教学目标是一切体育教学活动的出发点和落脚点,集中体现了体育教学主体的价值观念,也是进行体育教学活动成效评价的重要依据。而伴随着社会经济的发展以及思想观念的变化,体育教学目标也会有所发展。因此,在对体育教学进行评价时,要针对发展了的体育教学目标进行评价。

3. 评价主体的多元性

在高校体育教学评价中,教师和学生作为评价主体已摆脱了以前那种消极的被评价的状态,开始主动参与到体育教学评价中来。而且,体育教学评价不再只是教师和学生间的互动,高校、家长以及社会也应该参与到这个评价过程中来,使评价成为多主体共同参与的活动。

4. 评价方法的过程性

在高校体育教学评价中,评价方法不再将体育教学结果作为唯一的依据,而是将重心放在了对学生体育学习过程的全程跟踪与考查上。教师开始注重学生学习的全过程,对其学习过程中的进步与发展给予更多关注并及时予以评价。

(三)高校体育教学评价的内容

高校体育教学评价的内容,主要有以下几个方面。

1. 高校体育教师对体育教学过程的评价

在高校体育教学评价中,教师对体育教学过程的评价是通过一定的理论与实际方法的运用来实现对体育教学过程与教学结果的评价,包括"教师对自己教学情况的自我评价"和"教师之间的相互评教活动"两种形式。

2. 高校体育教师对体育学习过程的评价

在高校体育教学评价中,教师对体育学习过程的评价在体育教学评价体系中处于主体地位,主要的评价对象是参与其中的学生,包括"教师在学习过程中对学生的激励评价"和"教师对学生体育学习结果的成绩评定"两种形式。

3. 学生对体育教学过程的评价

在高校体育教学评价中,学生对体育教学过程的评价越来越受到人们的重视,包括"学生在学习过程中对教师教授内容的随时反馈"和"有学生参与的评教活动"两种形式。

4. 学生对体育学习过程的评价

在高校体育教学评价中,学生对体育学习过程的评价在新的《体育与健康课程标准》中得到了高度重视和提倡,包括"学生的自我评价"和"学生之间的相互评价"两种形式。

5.其他评价

在高校体育教学评价中,其他评价主要指的是除教师和学生以外的其他人员对体育教学做出的评价。

(四)高校体育教学评价改革的趋势

1.高校体育教学评价由单一向多元化方向发展

高校体育教学与其他科学教学相比,在课程体系结构、授课方式以及实践等方面都存在着很大的不同。而且学生个体在体育素质方面也有着非常明显的差异,这就使得单一的体育教学评价无法保证评价结果的真实性以及准确性。因此,只有将多种体育教学评价的方法综合起来进行运用,才能使教学评价的效度和信度得到很大提高。

2.高校体育教学评价由重视评价结果转向重视评价过程

从当前高校教学改革的趋势来看,对教学和学习过程以及学生实践能力和创新精神的重视成为人们的共识。而且,随着体育教育观念发生的深刻变化,不但重视传授体育知识和技能,更加关注学生的个性发展、创造精神和能力,更加注重对体育理论和技能的贯通以及对体育学科知识和其他学科知识的融汇,更加注重体育知识的运用。因此,体育教学的评价需要与这种转变相结合,从重视评价结果向重视评价过程转变。

三、构建高校新的体育教学评价体系的必要性及可行性分析

(一)构建我国高校新的体育教学评价的必要性分析

1.传统的体育教学评价理念已经陈旧

体育教学评价作为教学评价的一个分支,它受传统体育教学理念的影响很深。传统的体育教学是"重视科学性与客观性的传统评价,为了能有效地预测和控制教育现象,往往把被评价对象置于一个共同的标准和常模之下,用评价者要求的某一种价值要求被评对象"。显然在这种评价理念的导向下,必然会出现用统一的标准要求所有学生的现象。教育部印发的《全国普通高等学校高校体育课程教学指导纲要》中明确指出:高校体育课程是促进身心和谐发展、文化科学教育、生活与体育技能教育于身体活动并有机结合的教育过程;是实施素质教育和培养全面发展的人才的重要途径。同时还强调:把高校体育工作的重心切实放到面向全体学生,面向提高学生的身心健康水平上来。很显然,传统的教育理念和新的教育理念存在着很大差别,而传统的体育教学评价是在传统的教育理念的影响下形成的,随着新的教育理念不断深入,势必会促进体育教学评价体系的不断改进和完善,以适应新的教育理念的发展。

2.传统的体育教学评价体系已不适应新的高校体育教学目标的发展

在传统的体育教学体制下,我国的高校体育教学目标为:增强学生体质,促进学生身心健康发展,培养学生的体育运动能力和良好的思想品质,使其成为德、智、体全面发展的社会主义事业建设者和接班人。而颁布的《全国普通高等学校高校体育课程教学指导纲要》里,明确了新的大学体育教学目标主要包括五个领域:运动参与目标、身体健康目标、运动技能

目标、心理健康目标、社会适应目标。而且这五个目标在基本目标和发展目标里的要求还各不相同。传统的体育教学评价主要是以运动技能和运动技术为主，已经不能适应新的大学体育教学目标的实施。此外，众多研究者提到的传统体育教学评价，在应用中并没有形成一个固定的模式或体系。通过查阅大量的资料归纳得出，传统的体育教学评价主要是通过标准化的运动技术和技能、体能测试、书面测试、教师观察等手段，综合这些测验结果决定学生课程的等级。传统体育教学评价模式的评价标准是以统一的《国家体育锻炼标准》来衡量所有的学生，是以学生身体素质和运动能力为主，重视终结性评价，轻过程性评价，压抑学生个性和兴趣爱好的发展，严重阻碍了素质教育的实施。传统体育教学评价为了适应新的大学体育教学目标要求的发展有必要进行改革和创新。

(二)构建体育教学评价体系的可行性分析

1. 促使新的教学评价体系在传统体育教学评价体系的基础上继承地发展

教育目标的分析、教育的评价和教育的计划，是不断循环的，当你在评估教育评价的效果时，便会屡次对那些建立在教育前提的"目标"发生改良修正的联想，同时也会提出教授法或指导计划的修正方向。目标和指导计划修正以后，又要求指导法的修正，也要求评价计划的修正，它们是互为循环的，因此教育评价也可促进教育的正常化。可见，科学的教育评价体系在教育决策、教育管理和教育改革等方面都具有强大的推动力，它的改进也是在前一轮的基础上，经过实施——改进——再实施的循环往复地进行的。体育教学评价体系的改革也是这样，它不会无继承地发展，也不会全盘否定地改革。我国的体育教学评价虽然起步很晚，但是它也是众多前辈在借鉴国外经验和教学的不断摸索、探究中慢慢形成的。因此，我们在构建新的体育教学评价体系的同时，不能否定传统的体育教学评价在高校体育教学中的促进作用，应该用辩证唯物主义的观点构建新的体育教学评价体系，取传统体育教学评价的精华，弃其糟粕，为高校体育教学评价提供依据，并通过体育教学评价来促进高校体育课程的改革和发展。

2. 使新的体育教学评价体系更好地服务于高校体育教学改革

进入21世纪以来，在我国高校体育教学改革中，教学评价越来越受到人们的重视，这也是近年来有关体育教学评价的文献增多的重要原因之一。作为体育教学过程的一个基本环节，体育教学评价是高校体育中的一项日常工作，它具有对体育教学活动及其效果进行判断，通过信息反馈调控教学过程，保证体育教学活动朝向和达到体育教学目标的功能。建立适合当前体育教学的体育教学评价体系，力求突破传统的注重终结性评价而忽视过程性评价的状况，强化评价的激励性和发展功能，把学生的学习态度、体能知识与技能、情意表现与合作精神，通过学习过程的评价(包括教师评价和学生评价)表现出来，充分体现以学生为主体，以健康为中心的教育思想，为学生的终身体育服务，以此推进我国的高校教育改革。

(三)构建符合现代教育理念的高校体育教学评价体系

1. 体育教学评价主体的多元化

评价主体的确定是否合理以及能否通过特效发挥其功能，是教学评价取得成功的根本保证。构建多元化的高校体育教学评价体系,应该让需要使用评价信息的各方面人员都参与到体育教学评价中来,以使评价结果能够很好地满足使用者的需求,使被评和自评相结合,从评价中找出问题,确定改进目标。

2. 评价内容全面化

体育教学评价的内容应该反映时代的精神与要求。在建构教学评价内容时,应从当代素质教育对教学的需要出发。教学评价的内容主要包括教师评价、学生评价、教学过程评价、教学管理评价以及课程评价五个维度,并且每个维度又根据要求划分出不同的层面,在不同的体育教育阶段,内容与要求应各有不同。同时,体育教学评价内容还应具有延续性,以实现评价的整体性与系统性。

3. 评价方法多样化

体育教学评价的方法主要是指在具体的体育教学评价中可以进行操作的手段和程序。应采用灵活多样的评价方式对学生的体育学习行为、学习过程和学习结果进行评价,利用观察、访谈、评价表、档案袋、读书笔记、表演展示等多种评价方式的功能,给予学生选择的机会,让他们在不同背景下充分展示自己已经拥有的知识和技能。通过采用多种评价方法和工具,经常对学生和教师进行评价,并将结果及时反馈给学生和教师,从而实现对教学的有效控制。

4. 定量定性结合化

对学生的知识、技能等可以测量的因素采用定量的方法分析,而对情感、态度、合作精神、自学能力等内在性质的分析则采用描述加等级的方式。

总而言之,教育评价是一件极其复杂的事情,在理想的追求与现实的可能之间往往存在着相当大的差异。高校体育教育改革应是全方位的大变革,作为体育教育重要的一个部分,教学评价改革也势在必行,体育教学评价改革的严重滞后必将会成为制约高校体育教学改革的主要"瓶颈"之一。因此,明确方向,制定措施,建立符合现代教育理念的体育教学评价体系,让其更好地为大学体育教学服务,具有重要的现实意义。

四、高校体育教学评价体系改革的策略

(一)体育教学评价的本质特征

作为人类特有的一种认识活动,评价是一种以把握世界的价值为目的的认识活动,其主要是表达世界对人的价值与意义所在。而价值本身是存在主客观之分的,评价是为了解释这种主客观的价值关系设计的,而不是去创造关系,因此评价仅仅是一种促进事物发展方向的措施。作为教育评价体系的组成部分,体育教学评价是一种一般评价在教育领域中的体现,是按照一定的评价标准,结合适当的方式与手段,对体育教学的构成要素、过程和效果进行的综合评价活动。体育教学评价的主体是各级教育行政管理部门、社会组织以及高校、教师甚至学生等,客体是教育教学的对象,一般是指教学的质量、教学的整体过程、教学的结果,学生能力的提高程度,以及其他诸多方面。这些都体现出了教育评价中的主体和客体的

价值关系。我们在进行体育教学评价时,需要先了解评价主体的需要,其次要搞清楚体育教育的本质,最后要树立正确的体育教学的价值观。只有将三者统一协调起来,才能充分发挥体育教学评价的功能。

(二)高校体育教学评价体系改革的策略

1.更新体育教学评价理念

一个科学评价机制的建立,必须以素质教育为根本,要抓住素质教育基础性、全面性、主体性、个体性等特点,正确认识高校体育在素质教育中所起的作用,明确高校体育的教育目标。评价机制要确保评价目标和教育目标的一致,并以此为依据设计体育教育评价的指标体系。科学化的评价指标与可操作性强的评价办法才能使评价体系发挥正确的导向作用。因此,体育教育评价的指导思想应全面更新,建立多角度多方法的综合质量评价,既要注重体育知识、技术、技能等学习成果的考评,又要加强对学生体育能力、情感、意志、思想、品质等方面的关注。特别要注重教学效果的评价,加强对教学过程的评价,重视学生在学习过程中的努力程度与进步幅度。

2.体育教学评价内容多元化

《全国普通高等学校高校体育课程教学指导纲要》已经把教学目标划分为运动技能、运动参与、身体健康、心理健康与社会适应五大领域,说明高校体育的教学目标是多种多样的,这在教育界和学术界已经达成了共识。因此,体育教育教学评价的内容应该向多元化发展,不能只保持单一的技能或健康测评,同时应该重视对认知、情感等的评价。

3.注重评价方法多样化

(1)自评与他评相结合

评价方法应该多样化,开展自评与他评、学生评价与教师评价相结合。在以往多年的体育教学评价中,教师评价是评价主体。但是,真正能了解学生主体的是学生本人,而不是教师。心理学认为,外因是变化的条件,内因是变化的基础,要使被评价者自主地去改正自己,就先认识到自己的不足和缺点。自评的方式,会让教师与学生增强参与的积极性,大大提高主动性,这样就能更好地投入教学和学习中去。因此,要加强学生自评与师生互相评价,将这两种评价方式与体育教师评价有机结合起来,充分发挥评价方式的功能。

(2)终结性评价与过程性评价相结合

过程性评价侧重于学习过程的纵向评价,相对于终结性评价而言,具有一定的弥补功能。过程性评价的方式比较灵活,可以给教师与学生提供及时的反馈,从而不断改进教学。同时,过程性评价更容易让教师注重学生非智力因素的发展,对体育教学终极目标的实现非常有利。因此,在评价方式中,应将终结性评价与过程性评价相结合,逐渐淡化终结性评价,加强过程性评价的运用,如此可以有效调节教学的各个阶段,让教学过程更趋向于科学与合理,提高体育教学的质量。

(3)定量评价与定性评价相结合

定量评价是一个评价体系最基本的评价标准,在体育教学评价中也占据着主导地位。

但体育教学是一项复杂的教育工作,很多东西是不能用量进行衡量的,如学生的思想、情感、习惯、学习态度等根本无法量化,所以科学的评价体系应该引入定性评价标准,否则这个评价体系就是不完整的。因此,要想全面地把握被评价者的学习情况,应该将定量与定性评价相结合。

(4)绝对性评价与个体差异性评价相结合

个体差异性评价有利于学生增强学习的自信心,看到自己的进步。体育过程重视的是学生的进步与发展,体育学习评价既要采用绝对性评价,又要强调个体差异性评价。具体可以采用"相对评分法":在学期开学时,通过诊断性评价建立一套学生个人的学习档案,包括对学生的知识、技能、体能等方面的摸底,作为学生的开学起点成绩;通过将每学期结束时的终结性评价结果与学生学期开学时的起点成绩进行对照,就可以发现每个学生一学期学习进步的幅度,从而让每个学生都能看到自己的进步。

科学评价应重视对学生心理健康发展及体育学习态度与情感的评价,培养学生的终身体育习惯。体育教学的目标是为了使学生的身心都得到健康发展,在评价学生的体育学习时,不仅要考虑身体素质的提高和运动技能的获得,还要把学生的心理和谐发展作为考查的指标。体育学习的态度体现在参与者参与体育的积极性上,即学生是否积极地学习体育锻炼的知识,是否主动投入体育锻炼,是否主动与他人进行体育交往等。可以从平时提问时学生回答问题的程度、学生自行解决问题的能力、学生在运动中的积极性等方面,通过当场打分或口头表扬的方式,及时对学生的学习态度给予评价,以此提高学生的参与意识。只有这样,才能提高学生对体育的兴趣,才能使其养成终身体育的意识和习惯。

我国高校体育的教育目标是为学生的终身体育服务的,而这一目标的实现离不开健全的高校体育教育评价体系,其地位举足轻重。因此,我们应该重新审视传统的评价机制,以改革的视角出发,建立健全符合高校体育教育发展目标的综合性评价机制,以此更好地服务于大学生终身体育的需求,这对促进我国终身体育事业的建设具有重大的现实及战略意义。

五、高校体育教学评价体系的构建

在我国各级教育模式中,体育一直是其中的重要组成部分,在人才培养的指标体系中,体育素质的高低是衡量学生综合素质的关键要素之一。而为了适应时代发展的需求,高校教育教学(包括体育教学)中正在不间断地进行着各种各样的改革甚至变革,目的是使学生的专业知识、身心水平、创新程度能够达到社会的预期,实现人才培养的目的。高校体育教学位于高校体育教学的最后阶段,它不仅关系到学生身心素质的整体提升和素质教育的全面推进,还关系到全民健身活动的实施和高等教育人才培养的质量。但是长期以来,由于历史和社会诸多因素的影响,高校体育教学工作远未得到社会的普遍认可。为此,除了需要在体育教学的资金投入、人才队伍建设等方面加大支持的力度外,还应对教学工作的过程和结果进行必要的评价,发现其中存在的问题,寻找改进的方向。

（一）构建高校体育教学评价体系的理论基础

1. 行为目标评价理论

行为目标评价理论采用"结果参与"的模式，将教育方案、计划和目标直接传递到学生层面，通过学生的成绩表示出来，并进一步地将这种"行为目标"作为教育评价的主要依据。其具体实施过程是，首先由教师制定出具体的教学目标，将其与教学结果进行比对，并在这一过程中对教师的教学行为进行调整，使两者最大限度地保持一致。从这个角度讲，行为目标评价理论的评价目的是十分明显的，即通过对确定实际教育活动结果的确定，达到预定教育的目标。

2. 人本管理理论

人本管理理论从心理学的视角出发，将得到尊重和获得自我实现看作是人类行为中最基本和最持久的动力。只有当个体的心理趋向得到了尊重和重视，才能激发其主体性，促使其积极主动地参与社会活动，并在这一过程中逐渐实现自身价值或者行为价值。无论是作为高校体育专业的教师还是学生，都希望通过对体育教学过程和效果的评价，发现自身行为是否符合组织的要求，由此来开发潜能，明确自身的需要与组织目标之间的关联，继而完成自我价值的实现。

3. 加德纳多元智力理论

体育教学评价体系需要根据时代的要求进行动态的调整，"多元智力理论"便是重构该体系的重要基础。加德纳多元智力理论认为，任何个体能够同时拥有多个（多种）相对独立的智力，且其组合和表现形式因个体差异而不同，不同个体的智力也就具有了不同的特点。为此，体育教师应从多个不同的视角出发，通过对学生多个方面的观察和分析，来对学生的优缺点进行综合评价，并以此为依据，促进教学水平的提高。因此，在体育教育过程中，除了要促使学生对体育活动进行主动参与和探究外，还应通过彼此之间的交流与合作，强化师生之间的角色互演，达到"教学相长"的目的。

（二）高校体育教学评价体系的关键组成要素

1. 学生

学生是高校体育教学评价体系的关键群体之一，对其进行的评价往往要从学习能力的强弱、运动兴趣和运动水平的高低三个方面进行。学习能力主要表现在对高校体育课程的理解能力、对教师示范动作的模仿能力、对体育技能的应用能力等；运动兴趣主要表现在对运动的整体态度（喜欢、一般还是排斥）、对特定运动项目的接受程度、习惯于单独进行的体育运动还是习惯于集体行为等；运动水平主要包括学生参加"体育达标"测试的成绩、对特殊运动项目运用的熟练程度、身体素质水平等。与此同时，在对学生的运动水平进行评价时，应将其看作是身体基本活动能力和运动参与成绩的综合，并采用开放式的评价形式。

2. 教师

在高校体育教学评价体系中，教师的作用与学生同等重要，但是教师群体的评价内容却更加多元，除了需要对自身进行评价外，还应考虑到教学行为的对象——学生的感受。因此，评价内容包括教学技能水平、教学组织水平和学生满意水平三个方面,前两个方面指向教师,第三个方面指向学生。其中,教学技能水平是教师进行教学活动的"基本功",只有教师具备了一定水平的语言表达能力、语言感染能力和知识储备,才能从事教学活动。可见,这一指标是根本、最关键的一环。除此之外,教师的教学组织水平将直接影响到教学效果的好坏,组织能力包括教学计划的设计水平、教学进度的合理安排、教学情境的创设、教学节奏的把握以及教学过程中突发情况的处置等。学生对教学活动的满意程度直接关系到教学效果的优劣,涉及的评价指标包括学生"评教"的成绩、出勤情况、作业完成情况等,因为这些指标都在某种程度上反映了学生对教师(体育教学)的满意程度。

3.教学管理

只有学生和教师的体育教学活动是难以长久地规范开展的,因此,在高校的体育教学评价体系中,体育教学的管理工作是十分重要的,它直接关系到教学工作的整个过程。在这一方面,可供采取的评价指标主要有教学管理单位"对体育教学的重视程度"和"对体育教学的投入水平"。从管理学的角度讲,任何组织计划的有效实施都与高层或主管部门的重视程度直接相关,有时,为了将某计划保证实施下去,需要主管领导的带头促进。体育教学工作也是如此,如果缺少了对体育教学的重视,教学活动就极难有效地进行,从这个角度讲,重视的主体除了主管部门之外,还应包括学生和教师群体。除此之外,对体育教学的投入水平也在很大程度上影响着体育教学的质量,对这一指标而言,包含的内容有资金投入规模、每个学生的平均资金补助、体育器材和场地的数量及使用效率等。

4.教学环境

创建良好的体育教学环境,将其与体育教学目标相匹配,最大限度地为体育教学服务,已经成为高校体育教学工作中的一个重要问题。对高校体育教学评价体系来说,教学环境处于体系的最"外围",也是最为宏观的部分。按照现有的研究成果,体育教学环境分为物质环境和社会心理环境两个主要部分,前者指的是自然环境、时空环境和设施环境,即教学活动的位置、场地器材的质量和数量等,后者包括的内容更加广泛,不但涉及教学氛围的优劣,还涉及教师和学生情感的抒发和交流。一般而言,社会心理环境可以细分为人际环境、信息环境、组织环境和情感环境等。

(三)高校体育教学评价体系的构建路径

1.更新和创新评价工作的观念和方法

对高校体育教学进行评价的主要目的之一就是要实现学生健康水平和体质的提高,使其能够更好地适应社会发展的需求。为此,要更新和创新评价工作的观念和方法,将体育教学评价看成一个复杂、全面的价值判断过程。因此,需要广泛地借助各类指标,从学生、教师、教学管理者的行为表现中作出必要、准确的观测和判断,将量性评价和质性评价进行有机结合,突出体育教学评价的重难点,有针对性地发掘和解决体育教学工作中出现的各种问题。

2.发挥评价对象在评价工作中的作用

在高校体育教学评价的工作中,由于评价对象中学生和教师群体是极其关键的,因此,应在评价体系中重视"人"的作用,做到"以人为本",以促进人的个性发展为目标。除了要关注教师的职业处境和职业需要外,还应最大限度地激发其主体意识,使其成为评价工作的直接参与者。对学生群体而言,应注重对评价结果的进一步应用,按照学生个人运动水平等指标的高低进行激励,使其从被动接受评价,到主动接受评价结果,调动其积极性和主观能动性。只有这样,才能使评价对象得到应有的尊重,激发其进行积极工作的潜力。

体育教学评价工作是高校体育课程实施体系中的重要组成部分,客观、公正、科学的评价工作能够理顺现有的教学模式,理清教学中存在的问题及问题之间的关系,还能够调动教师和学生的积极性,改善教学效果,促进教学改革的深入。

六、高校体育教学评价多元化模式的建设

教学评价就是以教学目标为衡量标准,对教学过程与教学结果进行价值判断,这一过程不仅是教育的重要环节,同时也是推动教育发展的关键因素。随着我国高等教育改革的不断深入,高校体育教学改革也逐渐走入科学化、规范化的轨道。在这一背景下,不断推进高校体育教学评价体系改革,建立多元化的体育教学评价模式,能够有效推动高校体育教学改革工作的开展,在当前已经显现出势在必行的重要性。

长期以来,高校体育教学评价存在着评价内容单一、评价手段僵化、评价结果无法真正体现学生的学习情况等问题。这一问题不仅在很大程度上影响了体育教学评价的公正性,更严重的是可能会扼杀学生学习的积极性。传统的体育教学评价模式不关注学生是否已经"会学",而只关注学生是否已经"学会",重视"授人以鱼"而轻视"授人以渔"。从这个角度来看,改革高校体育教学必须重视改革体育教学评价模式,而改革高校体育教学模式又必须着眼于调动学生的自主性与积极性,从而实现既让学生"学会",又让学生"会学"的目的。

(一)高校体育教学多元化评价特点与作用

在新时期的高校体育教学改革过程中推进多元化的体育教学评价模式改革,如箭在弦不得不发。而多元化的体育教学评价模式相较于传统的体育教学评价模式来说,有着十分鲜明的特点和十分明显的优势。

1.高校体育教学多元化评价特点

(1)评价主体多元化

传统的体育教学评价主体集于教师一人身上,很容易产生弊端。而在新时期的高校体育教学改革过程中推进主体多元化的评价模式的建立,能够有效避免这些弊端。一般来说,传统的教师"一言堂"的评价主体逐渐向学生自评、学生互评、教师评价等多元评价体系靠拢,一方面解决了教师是唯一评价主体的弊端;另一方面也能够充分体现师生间的双向选择、沟通与交流。

(2)评价过程动态化

相对于传统体育教学评价的以期中考试和期末考试为单一考核时间与考核内容,改革

后的高校体育教学评价过程则更加具备动态化。教师对学生的评价不仅集中在期中、期末的两次考试成绩,而且学生的全部学习过程都应该被纳入评价过程中,从而促进学生评价结果的准确化和公平性。

与评价过程动态化同时表现出来的特点还有评价内容的多元化。在新时期的高校体育教学评价过程中,不仅对学生的运动成绩和身体素质进行评价,还对学生参与体育运动的兴趣、积极性以及学生的体育学习进步情况等进行评价。除此之外,多元化的体育教学评价还对学生的体育运动精神、体育创新精神、体育情感体验等多方面进行评价,从而体现体育教学评价的全面性和人本性。

(3)评价体现修正性与激励性

教学评价能够通过自评、互评、师评等多种形式充分考虑学生的学习态度、学习进度、学习成绩与学习能力等,根据评价结果对学生的不同情况分析原因,开展有针对性的后续教学,能够充分体现教学评价的修正性特点。多元化的体育教学评价模式还具有显著的激励性,学生在多元化的教学评价模式的作用下,充分体会自身的优点与不足,从而在学习过程中更好地与同学开展互帮互助、互相协作等,有助于学生的全面发展。

2.高校体育教学多元化评价的作用

(1)有利于促进学生的全面发展

高校体育教学评价体系的改革归根结底是为了促进学生的全面发展,而多元化的评价体系能够有效促进学生在体育评价中获得体育知识、运动技能、体育锻炼意识、健康心理素质、合作配合精神等,从而促进自身的身心全面发展。与此同时,多元化的教学评价模式还能够推动学生创新意识与创新能力的提高,通过积极引导学生参与不同类型的体育运动,激发学生对于体育运动的兴趣,从而调动学生参与体育运动的积极性。

(2)有利于推动学生的个性发展

与传统体育教学评价的单一标准不同的是,多元化的体育教学评价模式充分尊重学生的个性,注重学生的个体差异性,从而有利于推动学生的个性发展。学生的个性有着相对较强的差异性,而促进学生从"学会"到"会学"的转变,正是体现学生个性发展的重要环节。在高校体育课程的期中或期末考试中,通过多元化的评价内容充分展现学生的不同个性,能够有效促进学生的身心健康成长。

(二)构建多元化体育教学评价的途径

构建多元化的高校体育教学评价模式需要充分贯彻落实以人为本的教学理念,在教学改革过程中充分重视教学评价的作用,同时根据不同的评价主体开展多元化的评价方法。

1.构建多元一体的评价模式

一方面,从体育教学评价的主体来看,高校体育教师、大学生都可以而且应该成为评价的主体,教师承担评价的主要功能,学生根据自身表现进行自我评价,同学间根据相互了解进行互相评价;另一方面,从评价的项目来看,多元化的体育教学评价必须要兼顾学生的全面发展,因此学生的学习态度、体能测试档案与学生的合作精神、心理素质等都应该纳入多元化的评价体系内。教师评价、学生自评、学生互评可以分别按比例进行分配,而学生的学习态度、体测档案、心理素质等则可以分别占到10%的比重。

教师对学生运动技能的评价要充分考虑学生的个体差异性,根据学生入学时的体检结果,结合学生在课堂教学与课后运动的情况进行多元化评价,并将学生的进步幅度、课堂表现等通过评价结果充分展现出来,从而对那些上课认真、进步迅速的学生给予一定程度的肯定与鼓励。

学生自评主要是以学生自身为主体,对个人的意志品质、运动观念、学习成绩等进行自我评价,从而使学生更深刻地认识到自身的问题。学生互评则要充分体现学生之间的取长补短,在互评的过程中培养学生互相帮助、合作共赢的理念。

2. 制定符合学生现状的评价标准

教学评价必须本着"标准统一"的原则进行,在建设高校体育教学的多元化评价模式之前,必须制定明确的评价标准,且评价标准必须能体现学生的现实情况。教师根据学生的个人情况,本着"因材施教"的理念帮助每一名学生制定符合其自身特点的进步目标,让学生在体育运动和体育学习的过程中能够充分感受到进步。在此基础上,教师要积极引导学生进行自我评价与自我目标的设定,从而推动学生在"学会"的基础上实现"会学"的目的。制定的评价标准在充分体现并尊重学生个体差异性的同时,还要充分体现客观性、公正性、合理性与可操作性。

3. 充分利用现代科学技术

针对当前学生人数众多、情况复杂、信息量大的情况,高校在构建多元化的体育教学评价体系的过程中,必须充分结合利用现代科学技术成果,特别是计算机技术,力求评价体系工作的准确、便捷。众多的评价项目与繁杂的评价种类,长时间的评价过程与多等级的换算工作量要求教师必须借助计算机技术,其中主要是 Excel 工作平台,对各种表格数据进行分类、整理、计算,从而为建立多元化高效率的教学评价模式打下坚实的基础。

4. 保证学生自评、互评的公正客观

推动学生的自评、互评能够丰富体育教学评价的内涵,体现教学评价的多元化,但是必须保证学生自评、互评的公正性与客观性。由于学生的身心发展尚未完全成熟,在开展涉及自身乃至他人利益的评价时可能会产生从众心理、自我中心、附和权威、以偏概全等问题,从而影响评价结果的客观性与公正性。因此,教师必须充分扮演好自身的引导角色,合理运用自身的权威,准确控制评价顺序并重点关注弱势群体,从而避免学生自评、互评流于形式。

综上所述,推动高校体育教学评价模式改革在当前高等教育改革背景下刻不容缓,改革体育教学评价模式必须遵循多元化的原则,从评价主体、评价标准、评价内容、评价手段等多个领域综合着手,共同发力。

第八章 高校体育竞赛活动

第一节 高校体育竞赛活动内涵

一、高校体育竞赛活动

体育竞赛是一项关于人的体育活动,因此要理解体育竞赛活动的实质,必须首先从认识人的活动出发。

按照一般理解,任何一项人的活动都可以从活动、行动和动作三个层面进行考察。动作(操作、技能)是行动的基础,行动则是活动的手段,直接取决于目的,而活动则取决于动机和需要。缺乏现实的动机和需要,这样的活动就有可能由于无人参与而取消,而缺乏明确的目的,就难以构成行动或使得这样的行动失去应有的成效。

(一)体育竞赛活动要素

与人的其他活动一样,体育竞赛活动同样由若干基本要素所组成。从一般方法学角度,对于任何一项人的活动,首先应当区分活动主体和活动客体,从而区分出主体要素和客体要素。

1.体育竞赛活动主体及其要素

体育竞赛活动的主体是指构成体育竞赛活动不可缺少的群体。从传统的观点看,体育竞赛活动的主体主要包括两大部分:参赛方和办赛方。按照现代观点来看,除参赛方和办赛方以外,体育竞赛活动的主体还包括观赛方,即观众。不同的主体在体育竞赛活动中,扮演不同的角色,承担不同的职责。

参赛方主要承担的是参加比赛,力争取得优异成绩和战胜对手的任务。在参赛方中运动员承担的是直接参赛,表现自身竞技能力,力争尽可能取得好的成绩,实现为观众服务的职责。毫无疑问,参赛运动员是首要主体,没有运动员就不能称为体育竞赛活动。参赛方中的教练员承担的是指导运动员,而医生和科研人员等其他人员承担的是保障运动员出色完成比赛任务的职责。

办赛方是指为竞赛活动顺利举行提供组织、管理、服务、监督和保障的人员,即"中立方",包括竞赛技术官员、裁判员、辅助裁判员和仲裁员以及负责接待、市场推广、新闻宣传、安全保卫等方面的人员。

在体育竞赛活动中裁判员是不可或缺的特殊主体成员,因为裁判员承担的职责是直接保证竞赛活动"公平、规范"地进行。裁判员依据竞赛规则和《裁判法》的规定,在比赛过程中对某一(或某些)竞赛事实即刻确定,并据此做出不予或给予处理的相应决定。竞赛技术官员依据竞赛规则和竞赛规程的规定，负责完成与组织竞赛有关的技术性工作，包括确定比赛时间和地点；确认竞赛场地、器材；接受报名和进行运动员资格审查；编排和安排比赛；记录、计算并公布比赛成绩以及处理与此有关的其他事宜。

应当看到，在现代竞技体育中体育竞赛被扩展为内涵更丰富、形式更多样、规模更庞大的体育赛事活动。同样，活动主体也得到了扩展。原来未受到足够重视的观赛方——观众（现场、电视、网络）、协同办赛方——赞助商和媒体成为体育竞赛不可缺少的重要主体。同时近年来又出现了"志愿者"和"啦啦队"等群体分别加入体育竞赛的协同办赛方行列中，形成参赛、观赛、办赛和协同办赛的多元主体格局。

体育竞赛活动主体的要素是指影响不同主体对待体育竞赛活动观念、态度和行为的因素。这样的要素很多，如年龄、性别、职业、居住地区、收入水平、空闲时间、业余爱好等，但更重要的是他们各自参与到体育竞赛活动中的动机和需要。

作为竞赛活动不可或缺的主体成员——观众，从总体上观赏精彩激烈的比赛是他们共同的主要动机和需要，但是由于各自期望胜负的立场不同，因此他们外在表现的态度也会有所不同。

对于竞赛活动的重要主体成员——赛事赞助商，他们把体育竞赛活动看作是展示企业品牌和形象的场所；也许某些赞助商并不真正关心比赛胜负，但他们仍然被看作是体育赛事不可缺少的合作伙伴；他们为赛事提供经费资助，但其主要动机总是与扩大自身品牌效应和提高经济效益联系在一起，他们需要得到更高规格的尊重、更多推广自己产品的机会。

竞赛活动重要主体成员之一的赛事媒体把体育竞赛活动看作是为广大群众提供第一手优质信息服务的场所。虽然由于媒体的隶属关系，他们也很关心比赛胜负，但是借助于甚至依托体育竞赛活动这一重要"由头"，获得第一手资料，在行业竞争中扩展生存发展空间，并借此获得或扩大自身效应同样是他们的动机和需要。

竞赛活动另一个重要主体成员——志愿者队伍往往由大学生们组成，他们把体育竞赛活动看作是服务社会，或者今后更好地为服务社会而进行预习和锻炼的场所。恰恰正是活动主体们的这些动机和需要使他们自愿地参与到体育赛事活动中。体育赛事活动的举办方有责任把体育竞赛活动的不同主体汇聚到提高赛事举办质量和效益，扩大赛事知名度和影响力的总目标下，同时应尽可能满足各主体的不同需要。由于体育竞赛胜负难料，因此在这一方面不可能使上述各活动主体的需要都得到满足。而这恰恰是体育竞赛活动的魅力所在，它也成为体育竞赛活动与其他活动之间的重要区别之一。

与此同时，各活动主体的不同动机和需要组合在一起也提升了体育赛事活动的运作难度。因此，在体育赛事活动中需要有制约各活动主体的规则和规范。

2. 体育竞赛活动客体及其要素

体育竞赛活动的客体是指体育竞赛活动主体所完成的活动本身。体育竞赛活动的客体要素则是指该活动的内在结构成分，主要包括体育竞赛活动的内容、形式、条件、终止方式和结果五个方面，分别回答的是"比什么""怎么比""在怎样的条件下比""怎样结束比赛"和"怎样产生结果"的问题。

从方法学视角,在一般活动中,活动客体要素主要指活动内容、形式和条件。但体育竞赛活动则有所不同,它的客体要素中还需包含"终止方式"和"结果",因为只有规定了统一的"终止方式",才能得到可比较的活动结果,产生比赛成绩。

(二)体育竞赛活动的性质

从狭义上看,与其他具有竞赛特征的活动一样,体育竞赛是一项以"通过比较确定胜负"作为主要特征的活动。在体育竞赛活动中,参赛运动员在"竞赛规则"制约下进行竞争和对抗,按照规定的标准和程序对于在这种情况下产生的结果进行规范比较和生成比赛成绩,从而产生胜者。所以,体育竞赛活动的实质是"竞争中比强",比较的是参赛各方实力的强弱。

与其他具有竞赛特征的活动的不同点在于,在体育竞赛活动中,参赛运动员采取比赛行动的内容基础是运动动作,他们通过完成"竞赛规则"允许的运动动作和比赛行动来进行相互竞争或对抗。所以,竞赛实力首先取决于参赛运动员的运动技术和身体素质水平,同时也取决于在心理素质和合理运用战术的保障下,使已有技能和体能在比赛临场达到最高水平并充分地发挥出来。

如上所述,由于现代体育赛事已经成为一个有更广泛人群参与的大活动。所以从广义上看,体育竞赛又是一项以"竞赛"作为主要内容服务于社会大众,并包含了广泛人际关系的活动。体育竞赛指的不仅是一个竞技项目,还是规模庞大的项目群的竞赛活动总称。所有这些项目竞赛活动内容的共同特点都是有助于提高人的尊严和生活价值,具有普遍的社会意义。这样的活动内容不仅适合于在其基础上不断追求达到更高水平的不同民族、地区和国家的运动员之间的交流,还适合于向广大民众推广普及。

在这一内容基础上产生的体育竞赛活动结果不仅反映了该运动员(运动队)的实力水平,而且在相当程度上反映了人们在这方面所具有的能力标准,而在高水平体育竞赛中所获得的最高成绩也间接反映了在当前经济、文化和科学技术条件下对人的潜力的探索中所取得的成果。所以,对于体育竞赛活动的结果,不能仅从功利性、娱乐性的观点来看待,而首先应当从人类自我探索的视角来评定它的认识价值、文化价值、教育价值和科学价值。

体育竞赛中遵循的是通用的,甚至是国际通用的"竞赛规则",使得不同城市、不同地区、不同国家的同一项目运动员有可能进行竞技实力的较量。在现代社会中"竞赛规则"已扩展到世界范围,如奥林匹克运动会和世界锦标赛等重大体育赛事中。在体育竞赛中创造的各类最高运动成绩和竞技纪录,既能进行横向比较,也能进行纵向比较。在奥林匹克精神——"更快、更高、更强"中使用了"更"这一具有比较意义的字,不仅清晰地表达了体育竞赛的特征,还包含了不断追求、不断探索、不断突破的含义。

因此,为了确保在体育竞赛活动中客观真实地产生最高比赛成绩,使比赛结果成为反映人的尊严和价值、具有普遍社会意义的成果,确保真正的强者成为比赛的胜者,就必须从制度和道德层面对体育竞赛的各个环节的公平和规范提供全面的保障。

(三)体育竞赛活动的基本准则

体育竞赛的基本准则是"公平、规范"。"规范"是从竞赛制度层面来体现,而"公平"则是从竞技道德层面保障体育竞赛活动的纯洁性、客观性和真实性。体育竞赛活动要是缺乏"公平"和"规范",不仅失去了体育竞赛本身的含义,同时也失去了它存在和发展的社会价值。

1."公平"竞赛的要求

"公平"的体育竞赛活动要求体育竞赛各方面有关人员自觉遵循体育伦理道德和职业道德操守,严格遵守"竞赛规则""竞赛规程"和其他有关规定。体育竞赛技术官员和裁判员(包括辅助裁判员和仲裁员等)应当确保每一位参赛运动员拥有同等参赛机会、拥有在相同的比赛条件下创造最好运动成绩和获得比赛胜利的可能性,并且在处理竞赛纠纷事件时,严格保持公平公正的态度,绝不袒护某一方。与此同时,参赛运动员、教练员和参赛方的其他人员应当确保运动员个人参赛资料的真实性和不使用任何违禁药物,始终保持尊重对手、诚实参赛的态度。

在重大国际体育赛事,如奥运会比赛中一些运动员不仅表现出高超的运动技能水平,而且在体育道德方面同样为其他运动员树立了优良的榜样,受到广大观众、运动员和教练员们的一致赞扬。

2."规范"竞赛的要求

"规范"的体育竞赛活动是指整个比赛过程的各个环节,从竞赛场地、设施设备到运动员的个人竞赛器材;从运动员的技术动作到行为举止等都要严格按照标准和制度来执行。总体上可以包括两个层面:建立健全制度和严格执行制度。

建立健全制度层面就是完善"竞赛规则""竞赛规程"、《裁判法》和有关文件中对竞赛内容、形式、条件的设定、对结果的考量方法、对犯规的界定及惩罚规则以及处理竞赛纠纷事件的办法和程序等的规定。严格执行制度层面就是要求临场裁判员和其他技术官员在执裁过程中要不断提高依据上述规定准确有效地处理各种有关竞赛事实的能力。

国际单项运动联合会作为"制度"的制定者,通过不断地修改"竞赛规则",精化和细化概念,以便保障规则条款得到准确贯彻执行。技术官员和裁判员作为"制度"的具体执行者,则通过不断提高职业道德水准和裁判技能,同时在现代体育竞赛中广泛使用电子信息技术的辅助,如裁判器、比赛实况图像监督等协助工具,对体育竞赛过程中发生的事实做出准确的判断,从而提高执行的精度和效度。值得一提的是,在不同竞技项目的竞赛活动中,临场裁判员对竞赛事实的即刻确定并做出相应处理决定的要求和方式是不同的。依据执裁的内容和形式,可以分为测定、评定、判定和确定四种方式。

测定是指利用测量工具,按照度量衡单位对运动员实际完成的比赛结果所做出的测量性决定,主要用于田径、游泳、自行车、赛艇、皮划艇、射击、射箭、赛车等竞技项目的裁判工作中。

评定是指依据"竞赛规则"确定的技术动作规范标准,通过对运动员实际完成的动作质量做出的定量评价性决定,主要用于竞技体操、艺术体操、花样游泳、花样滑冰、武术套路等竞技项目的裁判工作中。

判定是指依据"竞赛规则"的规定,针对运动员在完成比赛行动过程中发生的犯规事实做出的判罚性决定,主要用于球类、个人对抗性以及其他各个竞技项目的裁判工作中。

确定是指依据"竞赛规则"的规定,对运动员在完成比赛行动过程中出现的导致得分或取胜,或者违例的事实做出的确认性决定,主要用于球类、个人对抗性等竞技项目的裁判工作中。

测定、评定、判定和确定是四种不同的执裁方式,分别针对不同的执裁内容,具有不同的职能和权限。规范体育竞赛活动,同样也包括规范上述执裁方式,特别是在球类项目的竞赛活动中。如在篮球比赛中裁判员面对的是针对比赛过程中的某些竞赛事实,包括得分、犯规、违例等,分别做出不同的处理决定。尽管这些都属于必须执裁的内容,但是应当采用的执裁方式却不同。对犯规,包括技术犯规都要进行判罚,这在程序上称为"判定";而对于违例只进行处理,但不判罚;对于球入篮筐,不鸣哨,甚至不停表。裁判员无权把未进入篮筐的球"判"为进球,同样无权把已进入篮筐的球"判"为未进球。所有这些从程序上都只属于"确定"。

由此可见,"判定"和"确定"是两个不同概念的执裁方式。无论在理论上,还是在竞赛实践中,都应当予以明确的区别。对于裁判员的某一"判定"具有争议,从法理上,对这样的"判定"临场不能进行改变,否则就无法维持竞赛秩序。但是对于裁判员的"确定"具有争议,无论是法理上,还是情理上都应当临场予以澄清,如确有失误,应当立即纠正。所以,不能把"确定"程序转变为"判定"程序,因为这样的转变就意味着裁判员权限的扩大。

现代信息技术为进一步规范体育竞赛活动,为提升对重要竞赛事实"确定"的精度提供了广泛的可能性。不仅在网球和斯诺克等竞赛项目中,自从在跆拳道比赛中开始使用电子护具,对是否击中有效部位的事实确定的准确程度也得到明显的提升。

在体育竞赛活动中只有严格遵循"公平、规范"的基本准则,才能为体育竞赛营造一个人人都受到尊重的公正和谐氛围,才能通过诚实竞赛产生真实的竞赛结果,才能确保一个综合性运动会、一项重要体育赛事,甚至一场比赛高质量地进行,使广大观众感到满意。

体育竞赛活动能否成为通过激烈有序竞争、为年轻人树立人生榜样、提升人的价值和促进人类和谐的领域,在决定程度上就取决于能否遵循"公平、规范"的竞赛准则。

保持"公平竞赛、规范比较"是体育竞赛活动对社会和全体观众应有的承诺,也是体育竞赛活动生存和发展的基本前提,更是体育竞赛活动体现自身价值的真谛。缺乏公平和规范的竞赛活动最终必将遭到社会和观众的唾弃,企图在体育竞赛活动中愚弄观众的人最终被愚弄的往往是他自己。

二、"竞赛规则"和"竞赛规程"

"竞赛规则"和"竞赛规程"被视为是体育竞赛活动的"法律"和"法规",也是体育竞赛活动中确定具体做法和处理问题的基本依据。"竞赛规则"针对该竞技项目的所有竞赛活动,而"竞赛规程"则针对该竞技项目的某一项具体赛事。

(一)"竞赛规则"

"竞赛规则"是对该竞技项目整个竞赛活动构成的规定。其内容包括竞赛场地和设施条件、基本概念和相关概念、竞赛活动内容和方式、允许和不允许的技术动作和行为以及客观比较、获得成绩和判定胜负的原则和方法等。

"竞赛规则"按照单个竞技项目制定。国际通用的单项"竞赛规则"由国际单项体育联合会的技术委员会负责制定；各个国家单项体育协会也可根据本国情况，制定适用于本国的单项"竞赛规则"。

一般来说，"竞赛规则"具有三项基本职能。

1. 规定本竞技项目的基本特征

每一个竞技项目都有独特的、区别于其他竞技项目的特征。"竞赛规则"的基本职能之一就是规定本竞技项目的基本特征。"竞赛规则"中对该项目竞赛活动的内容、形式、条件以及参赛者技术动作、行动和行为做出具体规定。国际单项体育组织对"竞赛规则"的每一次修改都可能引起该竞技项目基本特征在一定程度上的改变。

无论是组织体育竞赛，还是指导运动训练，深刻认识竞技项目基本特征是第一位的，因为这是做好本职工作的前提和依据。从组织体育竞赛角度，只有这样才能营造"公平竞赛"，这样才有利于运动员创造优异比赛成绩的环境；而从指导运动训练角度，只有这样才能准确把握"制胜规律"，真正做到"从实战出发"，使运动员掌握并不断提高符合本竞技项目基本特征所要求的高水平竞技能力，力争在比赛中获得优异成绩。

2. 确保本竞技项目的公平竞赛

"竞赛规则"的基本职能之一是坚持"公平、规范"的基本准则，确保在规范的竞赛活动中通过真实表现和客观比较，得出真正的胜者。"竞赛规则"是制定本竞技项目的"裁判法""竞赛规程"和其他相关文件的主要依据。

一百多年来，国际奥林匹克委员会和各国际单项体育组织始终在维护"公平竞赛、规范比较"方面做了不懈努力。他们通过定期对"竞赛规则"的修改，进一步确定基本概念和各条款内容，使其更精确，以便保障本竞技项目活动的公平、规范地进行。

3. 促进本竞技项目的持续发展

"竞赛规则"的另一项基本职能是有利于推动本竞技项目的持续发展。根据传统认识，对"竞赛规则"不断修改和完善的目的主要是确保竞赛活动公平公正地进行，而如何有利于其在更大范围内的推广发展则是近几十年的新认识。

各国际单项体育联合会通过对"竞赛规则"的修改，一方面从增强本竞技项目比赛的可观赏性出发吸引更多的观众观看比赛、参与体验本项目的竞赛活动；另一方面使本项目的比赛过程能为赞助商的商业推广和各类媒体的宣传提供更多更大的时间空间，从而推动本项目与时俱进地持续发展。

虽然"竞赛规则"的首要宗旨是确保体育竞赛活动的"公平竞赛"本质，但是在现代竞技体育中它同样应当承担推动本竞技项目向着有利于持续发展方向前进的职责。这也是当今各大国际单项体育联合会面临的重要课题之一。

(二)"竞赛规程"

"竞赛规程"是依据该竞技项目制定的，对某一项具体竞赛的专门规定。其内容包括竞赛名称和组织事项、参赛办法、竞赛办法、确定成绩和名次办法、奖励和处罚办法以及处理争议的途径和办法等具体举办事宜。

"竞赛规程"是由赛事主办方根据"竞赛规则",针对某一具体的系列比赛或赛事,如联赛、杯赛、锦标赛或大奖赛等,并结合本赛事的宗旨和任务制定的。

"竞赛规程"的规定虽然不是针对竞赛内容和运动员的具体技术动作,但它同样对该运动项目的特征会产生一定的影响,有时候是较大的影响。

1. 确保"竞赛规则"的原则和各项规定的准确实施

"竞赛规程"的基本职能之一是确保"竞赛规则"的原则和相关规定,特别是"公平、规范"的基本准则被严格、准确地执行于竞赛活动组织的全过程中。在必要情况下,采用补充性措施保障其实施。

2. 确保该项赛事的有序举办

"竞赛规程"是具体制约某一项赛事的格式化工作方案。所以,它的基本职能之一是确保该项赛事各个基本环节得到有效保障、运转有章可循,相互间有机衔接。除了以上提到的各项必要内容以外,赛事举办方可依据实际需要,增加若干条款内容。

由于现代体育赛事的活动内容和参与群体的扩展,因此"竞赛规程"不仅要确保参赛各方人员的权利,也要充分使观众、赞助商和媒体的权利得到尊重,尽可能满足他们的需求,以便在既热烈、又和谐有序的氛围下,高质量地办好本项赛事。

3. 有助于该项赛事的有效推广和发展

大型体育赛事的"竞赛规程"既要坚持本项赛事的传统风格和高质量的办赛标准,也要结合赛事举办国和举办城市自身文化传统和自然环境特点办出特色,提供可能性和留有足够的空间,为举办方逐步形成"品牌赛事"提供必要支持。

在制定编排方案和抽签办法,确定比赛成绩、名次和奖励办法时,"竞赛规程"同样应当顾及为该赛事的市场化运作提供积极保障的可能性。

综上所述,"竞赛规则"和"竞赛规程"的首要职能都是确保"公平竞赛、规范比较",但是在这一前提下,"竞赛规则"和"竞赛规程"都应当充分顾及对赛事市场化宣传推广的需要,尽可能从时间和空间角度为其提供最大的可能性,以便使本项赛事受到更大范围的关注,发挥出更大程度的影响力,推动本项目的持续发展。

三、体育竞赛伦理道德

为了确保公平竞赛,尽管在"竞赛规则"中对体育竞赛参加者的行为和行动做了严格规定,但是"竞赛规则"以及依其制定的《裁判法》更多阐述的是"不得为之",而体育竞赛伦理道德启示中还包括"当何为之"。

奥林匹克竞赛的核心是崇尚公正、正义,反对暴力,反对使用违禁药物,主张公平竞赛,以便保证客观和真实的竞争结果;主张通过增强体质和意志品质培养,使人得到全面发展,通过体育与文化教育的结合,使人的身体素质和道德素养获得和谐发展和提高。

体育竞赛绝不能被看作是一项单纯争夺金牌的竞技活动。体育竞赛的参加者们,包括运动员、教练员、裁判员和竞赛技术官员都应当坚持良好的道德品质,共同确保公平竞赛,发挥示范和榜样作用,从而使体育竞赛活动获得应有的道德价值和教育价值。

每一名参赛运动员都应当具有高尚的体育道德,在自觉遵循"公平竞赛、规范比较"准则的前提下,努力争取获得比赛胜利;既要尊重自己,更要尊重对手和观众,不做任何有违体育道德行为的事;不仅自觉服从裁判员的判决,而且当裁判员做出误判时,要主动向裁判员示意纠正。

在重大国际赛事中,如奥运会比赛中一些著名运动员不仅表现出高超的运动技能水平,而且在体育道德方面同样为其他运动员树立了优秀的榜样,受到广大观众、运动员和教练员们的一致赞扬。

第二节 高校体育竞赛活动的目的和组织原则

一、高校体育竞赛的目的和任务

(一)高校体育竞赛的目的

对于体育竞赛的目的可以从两层含义上来理解。

从狭义上,体育竞赛的目的是根据"竞赛规则"的规定,在"公平竞赛""真实比赛"的条件下,保障运动员在比赛中创造或获得优异成绩。如每四年都要举行奥运会和世界杯足球赛,每年都要举行全国锦标赛和全国联赛,在这些竞赛活动中应当力争获得优异运动成绩和争取创造新的纪录。但体育竞赛的目的远不限于此。

从广义上,除上所述,现代体育竞赛活动还包括广泛的人际关系,除了运动员、教练员和技术人员以外,还包括赛事赞助商、新闻媒体和广大观众。特别是依靠现代传媒手段,使得当今一些重大体育竞赛活动,如奥运会和世界杯足球赛达到几十亿观众人次。由此不仅有力地推动了该竞技项目在更大范围内的普及和提高,而且对经济、政治、文化、社会和人的发展产生了很大影响。

现代奥林匹克运动已经不仅仅是一项单纯的体育竞赛活动,而是一项世界性的体育文化和教育活动,弘扬全人类团结、友谊、和平的崇高精神。在奥运会期间,围绕体育竞赛活动,展开一系列经济、政治、文化和社会活动。在奥运会结束时,不仅在体育方面获得了重要成就,在其他一系列领域中同样也取得了许多丰硕的成果。现代体育竞赛活动无论是内容和形式,还是成果,都已大大超越了体育竞赛活动本身,进而扩展到更广阔的领域,具有更深远的意义。

所以,体育竞赛的目的,除了在公平竞赛的条件下保障运动员创造优异运动成绩以外,还包括促进经济、政治、文化和广泛的人际交往等方面的目的。

(二)体育竞赛的任务

①按照"竞赛规则"和"竞赛规程"的规定和要求,以及本项体育竞赛活动的传统,设置统一规范的竞赛条件,营造公平竞赛的环境,保障运动员创造优异运动成绩。

②严格按照"竞赛规则"和"竞赛规程"的规定和要求,通过测量、评定、确认或其综合方法确定比赛成绩、比赛胜负和比赛纪录;在系列性竞赛中,累计计算成绩,排列比赛名次。

③借助于现代传媒手段,扩大对体育竞赛活动的宣传和推广,以便吸引更多观众的参与,促进该竞技项目的普及和提高。

④通过完善"竞赛规则"和"竞赛规程",优化比赛过程,不断提高比赛的可观赏性,也为广泛传播推广提供更大的可能性。

二、高校体育竞赛的组织原则

与其他应用性学科一样,在体育竞赛理论中具有首要意义的是探索反映体育竞赛实践活动领域中的基本规律性,并由此形成具有指导意义的方法原理和原则。

体育竞赛的基本组织原则包括以下几个。

（一）确保最高运动成绩原则

确保最高运动成绩原则是组织体育竞赛活动的基本原则之一。如上所述,竞赛活动的本质就是通过现实比较揭示胜者,促进运动成绩的不断提高。所以,无论是组织普通的体育比赛,还是国际大型体育赛事,体育竞赛组织者面临的重要任务之一,就是全力保障运动员在比赛中充分发挥自己的竞技水平,获得尽可能高的运动成绩,创造新的纪录。

作为体育竞赛组织者,如果只顾比赛的组织,而不关注最高的运动成绩;如果只关注比赛的最终名次,而不关注获得这些名次的运动员所达到的运动成绩水平,那么他就不是一名合格的体育竞赛组织者,充其量只是一名体育表演组织者。

为了更好地贯彻"确保最高运动成绩原则",要求体育竞赛组织者全力保障比赛场地、比赛设备和器材、裁判集体达到和保持最佳状况,为运动员提供一流的训练和比赛条件、适宜的生活设施和环境,确保比赛的安全。在保障运动员达到最高运动成绩与赛事市场化推广之间,原则上后者应当服从前者。

（二）公平竞赛原则

公平竞赛原则是组织体育竞赛活动的基本原则之一。体育竞赛活动的组织者应当确保整项竞赛活动中自始至终体现"公平竞赛"精神、遵循体育伦理道德规范。

为了更好地贯彻"公平竞赛原则",要求体育竞赛组织工作确保不同性别、不同年龄、不同国籍和不同肤色的所有参赛运动员都具有同等参赛并在比赛中创造优异成绩,获得胜利的机会。为此,应当确保他们具有同等的熟悉比赛场地、参加比赛、出场试做、间歇时间和得分机会;确保他们享有同等的食宿、交通和休息的条件。同时使他们具有同等的受奖励或受处罚的待遇,而绝不能有意偏袒某一方,为"大牌"和"明星"运动员提供任何特殊待遇和条件,而置大部分运动员的公平而不顾。为此,体育竞赛组织工作要接受全体参赛人员、新闻媒体和广大观众的监督,加强仲裁和处罚力度。

确保竞赛活动公平竞争原则的实施不仅是体育竞赛管理者、裁判员和仲裁人员的任务,同样也是所有参赛运动员和有关人员的基本责任。

（三）规范比较原则

规范比较原则是组织体育竞赛活动的基本原则之一。贯彻"规范比较原则"要求体育竞赛组织工作确保竞赛场地、设施、设备和器材等竞赛硬件条件;运动员参赛资格、个人装备和器材；竞赛办法、比赛过程各个环节，对比赛成绩的度量工具、方法和程序都要完全符合《竞赛规则》的相应规定。只有严格遵循这一条原则，才能确保最终得出真实可靠的比赛成绩。

国际单项体育联合会通过对《竞赛规则》的定期修改，从概念、办法和程序上不断完善"规范比较"。而现代信息技术则为提高"规范比较"的精确程度提供了必要的技术支撑，并且具有不断优化的广泛可能性。

（四）增强比赛可观赏性原则

现代体育赛事存在和发展的重要条件之一是观众作为体育赛事重要主体的广泛参与，而吸引观众积极参与的重要因素就是不断增强比赛的可观赏性。

决定体育竞赛活动是否具有可观赏性的因素很多，受到地理环境、民族传统、风俗习惯、文化价值等多方面的影响。

贯彻"增强比赛可观赏性原则"要求体育竞赛组织者积极创造条件，使比赛保持激烈的竞争和对抗，促使运动员创造优异运动成绩；鼓励和保护受观众欢迎的高端技术动作表现；充分顾及观众对比赛过程的掌握和参与程度；尽力压缩或排除易使观众"烦躁"和"疲劳"的单调重复环节等。

（五）有利于宣传推广原则

现代体育赛事存在和发展的另一个重要条件是通过宣传推广不断扩大该体育赛事及其举办城市的知名度和影响力，提升体育赛事的经济、社会和文化价值。随着现代科学技术，特别是网络信息技术的持续进步，体育赛事宣传推广的手段不断得到扩展。

贯彻"有利于宣传推广原则"要求体育竞赛活动的组织者：第一，在赛场内外尽可能为体育赛事进行宣传推广，包括为商业推广提供更大的可能性；第二，定期举办明星运动员的媒体见面会或其他活动，为各类媒体提供更多了解和获取有关信息的机会；第三，在赛事举办期间为各类媒体做好信息服务工作。

第三节　高校体育竞赛活动的内容和形式

从历史唯物主义的观点出发，任何现象和事物的形成与发展都离不开当时的经济、政治、社会、文化环境和人的需要。研究体育竞赛活动的客体要素同样也要由此出发，揭示其与各个时期的经济、政治、社会和文化发展之间的紧密联系。虽然每个竞技项目的竞赛活动都有不同于其他、独特的竞赛内容、形式、条件、终止方式和结果，但同样表现出一定的共性。

任何活动项目或其组合，只要能够按照竞赛活动的特征和各要素的特点进行规范的话，原则上它们都可以成为竞赛活动的客体。但是也不是说所有的活动项目都有可能成为竞技项目。这是因为，竞技体育的人道主义基础要求在竞技体育领域中只能包含那些能反映人的崇高价值观、表现人的尊严并且具有广泛社会意义的活动项目。

一、高校体育竞赛内容

体育竞赛内容是指运动员在竞赛活动中完成的本项目特有的比赛行动和由此表现的专

项竞技能力。

按照"活动取决于动机、行动取决于目的"的行为逻辑,"比赛行动"是指运动员在比赛中完成的服从于本项目竞赛活动一般逻辑、有明确目的的完整动作组合。运动员在比赛中根据比赛目的采取的各种完整行动都可以看作是"比赛行动"。各个竞技项目的比赛行动是其竞赛内容的基础。在所有竞技项目的竞赛活动中,无论是局部性的结果(如得分或胜一局),还是最终比赛结果,都直接取决于"比赛行动"完成的质量和效果。因此,比赛行动和完成比赛行动的专项竞技能力是研究体育竞赛内容不可缺少的重要概念。

在不同竞技项目的竞赛活动中,比赛行动具有各不相同的特点。在一些竞技项目的一场比赛中运动员的比赛行动只需要完成一次(如径赛项目——100米、800米、5000米跑等),或者完成规定次数(如跳高、跳远、三级跳远、投掷等);而在另一些竞技项目的一场比赛中运动员的比赛行动则可能需要完成许多次(如球类项目和个人对抗项目)。在一些竞技项目中运动员可以在赛前把完整的比赛行动准备好(如竞技体操、艺术体操、武术套路等);而在另一些竞技项目中,则需要在比赛中根据临场形势的特点合理地组合完整的比赛行动(如足球、篮球、摔跤、拳击等)。在一部分竞技项目中比赛行动由系列相对单一的动作所构成(周期性项目),而在另一部分竞技项目中比赛行动则由一系列复杂的单个动作组合成整套动作(如竞技体操、跳水等)。在绝大多数竞技项目中,比赛行动主要依靠完成运动动作来实现,而在少数竞技项目中的比赛行动则是借助于"象形物"的移动来实现(如中国象棋、围棋、桥牌等)。

综上所述,由于各竞技项目的比赛行动种类繁多,特征各异,因此决定了体育竞赛内容的丰富多彩。在竞赛活动实践中,根据人在完成比赛行动时表现的竞技能力的特征,体育竞赛内容大致可以分为五个大类八个亚类。这五大类分别为比较人的自然运动活动能力、比较人的准确击中目标的能力、比较人的格斗能力、比较人在对抗性游戏中把握胜局的能力、比较人操纵外力实现目标的能力。

(一)高校体育竞赛内容的类型

1. 比较人的自然运动活动能力类

这一大类的特征是比较人的自然运动活动能力,可以分为两个亚类。第一亚类的显著特点是与人类日常生活必需的基本活动形式密切相关。其主要竞赛内容是完成走、跑、跨、跳、投、举、游、潜、划、骑、滑等运动行动,比较表现最大速度、高度、远度、重量、长度(一昼夜跑)等方面的能力,形式是同场同时或同场异时,与对手无身体接触地对抗,如田径、游泳、自行车、赛艇、皮划艇、举重、滑雪、滑冰等项目。其中部分项目在古代奥运会时期就已经是竞赛项目。

2. 比较人的准确击中目标能力类

这一大类的显著特点是其中部分项目与古代人类军事活动中的武器相联系,如射箭既是我国最古老的军事武器,也是武艺比赛项目之一。在现代竞技体育中不仅保留着古代击射的特征,同时随着科学技术的发展有了许多新的发展,出现了许多新的同类竞赛项目。主要竞赛内容是完成击射、弹射、抛射或投射等运动行动,借助于器械击射或直接用手抛射,比较人准确击中目标的能力;形式是同场同时或同场异时、与对手无身体接触地对抗;如射击、射箭、飞镖等,一定程度上也包括保龄球、高尔夫等。

3.比较人的格斗能力类

这一大类的显著特点是部分项目与古罗马的角斗、中国古代的角抵、日本的相扑与摔跤相联系。主要竞赛内容是针对对手身体有效部位完成摔、抱、击、踢、刺等运动行动,比较人的格斗能力,形式是同场同时完成一对一攻防对抗,如摔跤、柔道、拳击、跆拳道、击剑、武术、散打等项目。

4.比较人在对抗性游戏中把握胜局的能力类

这一大类的特征是比较人在对抗性游戏中临场应变性把握胜局的综合能力,可以分为以下三个亚类:

第一亚类主要竞赛内容是在围绕"球"展开运动攻防对抗的游戏中根据比赛形势合理运用技术动作的综合能力,形式是同场同时完成一对一、二对二或集体对抗,如足球、篮球、排球、手球、水球、棒球、垒球、曲棍球、乒乓球、羽毛球、网球等项目。

第二亚类主要竞赛内容是在通过发射"母球"或类似介体撞击目标客体展开攻防对抗的游戏中比较根据比赛形势合理运用技术动作的能力,形式是同场交替完成一对一或集体对抗,如斯诺克、九球、门球、冰壶等项目。

第三亚类主要竞赛内容是在智力性攻防对抗游戏活动中,比较根据比赛形势合理运用技术方法的能力,形式是同场交替完成一对一对抗,如中国象棋、国际象棋、围棋、桥牌等项目。

5.比较人操控外力实现目标能力类

第五大类的特征是比较人借助动物力量、自然力和机械力实现目标的能力。大致包括以下三个亚类:

第一亚类的显著特点是借助于动物力量进行运动。古代奥运会就设有赛马竞赛项目;中国古代"六艺"中包含了"御"。主要竞赛内容是操控动物完成运动行为的能力,如速度赛马、马术等。

第二亚类的显著特点是借助于自然力量完成运动动作。其中部分项目已有悠久历史,随着技术设施的完善,出现了许多新的竞赛项目。主要竞赛内容是比较借助自然力,同时在依靠自身力量的条件下操控自身运动行为的能力,如冲浪滑水、高山滑雪速降、回转、大回转和特大回转以及激流回旋皮划艇等。

第三亚类的显著特点是借助于机械力量完成运动动作。随着现代科技的发展不仅大幅度提高了移动速度,而且也增加了不少新的竞赛项目。主要竞赛内容是比较操控机械装置完成运动行为的能力,如赛车、摩托车、摩托艇、航空和航海模型等。

(二)高校体育竞赛内容的影响因素

从上述分类中可以清晰地看到体育竞赛活动发展的历史步伐与各个时期经济、政治、社会和文化生活之间的紧密联系。

1. 人类的社会生活和活动

毫无疑问,体育竞赛内容与人类早期的社会生活和活动,包括劳动、军事、休闲活动的内容之间存在着密切联系。

在中国夏商时期,射箭活动就已经成为人们社会生活中的主要内容之一,而射箭活动大量应用于军事战争和训练,更进一步促进了军事活动中射箭技术的发展;早在商代,在军事活动的射箭中就已经出现骑射这一形式。

春秋时期的著名军事家管仲提出了练兵的五项内容,称之为"五教",其中第三教为"教其足,以进退之度"就是要求士卒练习奔跑技能。这些竞赛内容延续至今,已成为竞技项目,并得到不断发展。所以,现代体育竞赛活动保留了很深的历史和社会生活痕迹。

2. 自然环境条件

体育竞赛内容同样离不开自然环境条件。特别是第一大类中的水类、冰雪类项目以及第五大类中的高山滑雪等项目都与人生活的自然环境条件具有直接联系。这些项目在不同程度上都具有在既借助于自然力,同时又依靠自身力量的条件下完成运动动作的特点。

3. 各类游戏活动

第四大类中的绝大部分体育竞赛内容是从人为创造的活动性游戏中发展起来的。虽然其中不少游戏已经有较长的历史,如出现于中国春秋时期的"蹴鞠""击鞠"等。但是成为规范的活动性游戏则是在100多年以前,特别是足球、篮球、排球、乒乓球、羽毛球和网球等对抗性球类项目。

同样值得注意的是,也出现了一些可以说吸取了"击鞠"元素的活动项目,如只能平面击射的保龄球、门球、地掷球、冰壶等;可以立体击射的高尔夫、棒球、垒球、冰球等。随后这些活动不仅成为体育竞赛活动的内容,在现代社会中还被广泛地用于休闲娱乐活动中。

除此之外,这里也包括了从历史悠久的智力性游戏中发展起来的竞赛项目,如中国象棋、围棋、国际象棋、桥牌等。

4. 现代科技发展和工业化进程

形成体育竞赛内容的决定性因素就是人的社会活动实践。古代体育比赛内容主要来自劳动和军事活动,而随着劳动生产力和社会的发展,生活水平的提高,各种游戏活动内容逐渐加入体育竞赛的行列。而在现代社会中,随着经济社会的持续发展,生活水平的进一步提高,与现代科技有关的内容开始成为体育比赛的内容。由此可以预见,体育竞赛内容将继续在经济、科技、文化的作用和影响下,遵循着与社会和人的生活紧密联系的轨道进一步发展。

(三)高校体育竞赛内容的发展前景

应当指出的是,以上对体育竞赛内容的分类并不是终极性的,而仅仅是初步尝试。从近几十年竞技体育领域中新出现的竞赛项目来看,主要表现出以下三个趋势。

1. 出现运用现代信息技术的竞赛项目

随着现代信息技术的迅速发展及其在体育领域中的广泛应用,在现代竞技项目中出现了"电子竞技"类项目,比较人的手、眼、脑高度协调的操作思维和反应能力;在棋类中出现了"人—机"对弈的实践案例。由此可以看到,尽管这些电子竞技项目并不具有体育的基本特征(即不要求同时具备运动素质和运动技能),但可能是今后的发展趋势之一。

"电子竞技"项目没有出现在上述分类中,主要原因是电子竞技作为刚出现不久的新的竞赛项目群,目前尚处于建立、健全、完善竞赛标准和规范的阶段。预计今后还将出现新的电子竞技项目。所以,在今后适当的时候再将其归入上述分类是合适的。

2. 出现观赏性更强的竞赛项目

近年来,在现代高水平竞技项目中出现了既体现"更快、更高、更强"的奥林匹克精神,又具有很强观赏性的竞赛项目。一方面,其中不少项目既依靠运动员的自身能力,又借助于自然外力,综合表现身体能力与高难技术动作的完美结合,如激流回旋皮划艇、跳台滑雪以及首次进入奥运会的小轮车项目等。另一方面,在体育与艺术相融合的竞赛项目方面有了新的发展,如花样游泳、艺术体操等相继加入。

这一趋势的特点是通过提高动作难度,增强体育竞赛活动的可观赏性,同时其中部分项目具有被推广的可能性。

3. 出现适宜于大众参与的竞赛项目

在现代竞技项目中也出现了一些强度不大,趣味性较高,适宜于大众广泛参与的项目。从现有情况看,它较多的是与准确投射或抛射目标的活动联系在一起,如门球、地掷球、冰壶等项目。

随着现代社会中科学技术的不断进步,人民生活水平的不断提高,对健康生活方式和提升生活质量的需求越来越强烈,将会出现内容更丰富、更贴近于生活、更具参与性的竞技项目,使体育竞赛活动更受到广大民众的欢迎。

二、高校体育竞赛形式

体育竞赛形式是指单场比赛中本方和其他参赛方运动员上场竞技的秩序结构特征。这里的"上场竞技"是指运动员上场完成由单个或系列动作组成、具有完整结构,并记录成绩的比赛行动。如田径投掷比赛中完成"一投"、跳跃比赛中完成"一跳"、举重比赛中完成一次试举、射箭淘汰赛中每射三支箭、体操中完成一套动作等。而这里的"秩序"指参赛运动员是同时,还是循序上场。

不同竞技项目单场比赛中运动员竞赛形式是不相同的。从出场人数来看,有单人、双人、三人、四人,也有更多人数的集体项目的竞赛形式。对于一部分竞技项目,竞赛形式是由其项目自身的特征所决定的;而对于另一部分竞技项目,竞赛形式则是通过"竞赛规则"和"竞赛规程"规定或约定俗成的。

(一)高校体育竞赛形式的类型

对于所有竞技项目的比赛,体育竞赛形式可以归并为两种基本类型:多方共赛(包括个人、双人、多人或集体)和两方对赛(包括一人对一人、两人对两人、一队对一队)。

1. 多方共赛类

多方共赛类的基本特点是两方以上(不含两方)多名运动员以单人、双人或集体形式在同一比赛场地上同时或循序—交替上场比赛,各自分别独立完成比赛行动。

该比赛分为两个亚类:第一亚类是以单人形式参赛,如田径和游泳中的个人单项、举重单项、竞技体操个人、赛艇单人双桨、皮划艇单人500米和1000米等;第二亚类是以双人或集体形式参赛,如赛艇双人艇、四人艇、八人艇、皮划艇双人500米和1000米、田径接力赛、游泳接力赛、自行车麦迪逊赛等。

2. 两方对赛类

两方对赛类的基本特点是仅有两方运动员以个人、双人或集体形式在同一比赛场地上同时或循序—交替上场比赛,在相互有干扰的条件下完成比赛行动。

该比赛分为三个亚类:第一亚类是"一对一"形式,如个人对抗项目、乒乓球、羽毛球、网球个人单项、壁球等竞赛项目;第二亚类是"二对二"形式,如乒乓球、羽毛球、网球双打项目、沙滩排球等竞赛项目;第三亚类是"一队对一队"形式,如足球、篮球、排球、手球、水球、曲棍球等竞赛项目。

(二)影响高校体育竞赛形式的因素

在比赛中,采用什么样的竞赛形式,受不同因素的制约或影响,大致包括以下三种情况。

1. 竞赛形式受制于竞赛内容

在一部分竞技项目中,使用哪一种竞赛形式是由其竞赛内容的特征所决定的。如在大部分球类项目和个人对抗项目的竞赛活动中,由于这些项目具有"直接对抗"(有身体接触的对抗和隔网对抗)的基本特征,比较的是在对抗中临场应变性把握胜局的能力,因此决定了在这些项目中只能采用两方对赛并且同场同时的竞赛形式,而别无其他选择。如足球、篮球、排球、网球、羽毛球、乒乓球、摔跤、拳击等。

2. 竞赛形式受限于竞赛条件

一部分竞技项目的竞赛形式受到竞赛条件的限制。大致有三种情况:第一,由于受比赛场地面积的限制,同时也为了便于观众观赏比赛,因此在田径的田赛项目、跳水、花样游泳等竞赛项目中一般只使用一片比赛场地,采用的是"同场循序"方式;第二,由于比赛场地设施的复杂性,为了确保比赛场地设施条件的统一性,因此在皮划艇激流回旋、山地自行车、小轮车、马术障碍赛等竞赛项目中也只使用一片比赛场地,采用的是"同场循序"方式;第三,由于比赛持续时间比较长和竞赛组织工作的复杂性,因此在马拉松跑、竞走、公路自行车、越野滑雪等项目中同样只使用一片比赛场地,采用同场同时或同场错时出发的方式。

3. 竞赛形式取决于约定俗成

在这一部分竞技项目中,实际上竞赛内容和竞赛条件都对竞赛形式的选择没有特别限制,竞赛形式的可选择余地比较大。目前采用的竞赛形式主要是约定俗成的。在这种情况下,对竞赛形式的选择主要是针对增强比赛的可观赏性,以便吸引更多的观众,同时也针对竞赛组织。如田径100米至少有三种赛法:第一种是每一名运动员循序出场的计时赛;第二种是运动员两两出场的对抗赛;第三种是多名运动员同时出场的比赛。在正式田径竞赛中采用的是第三种形式,既有助于增强比赛的可观赏性,也有利于竞赛的组织。在竞技体操比赛中采用的参赛运动员循序在同一套器材上完成动作的竞赛形式,既保证器材的统一性,又便于观众观赏。为了提高比赛的可观赏性,武术专家曾提议把武术套路的竞赛形式从目前的"同场循序",改为"同场两人同赛",使比赛更精彩激烈。

(三)高校体育竞赛形式的发展前景

当前体育竞赛形式总的发展趋势是国际单项体育联合会通过定期对"竞赛规则"的修改,努力使本项目的竞赛活动增强可观赏性和可参与程度,以便能受到更多观众的关注,更符合于市场化推广的需要。

通过"竞赛规则"修改,不断完善竞赛形式来提升体育竞赛活动的可观赏性,从而吸引更多的观众到比赛现场观赏比赛,典型案例是国际射箭联合会对射箭竞赛形式的改革。如过去射箭比赛采用的是单纯的"多方共赛"形式。所有参赛运动员在规定时间里完成72支箭的发射,最后根据各参赛运动员累计的成绩决定比赛名次,在这种形式的比赛中,由于参赛运动员人数较多、每名运动员发射的快慢不同,再加上信息的不对称,因此对于观众来说,整个比赛过程中参赛运动员的成绩及其走向都是模糊的,只有在比赛结束时通过对参赛各方成绩的比较后,才能知道最终的胜负。所以,对这样的比赛很难受到观众的关注。对竞赛形式改革以后,在"多方共赛"72支箭的基础上,按成绩排位,前64名运动员采用"一对一"形式的12支箭淘汰赛,随后进行奥林匹克淘汰赛,最终产生冠军。这样一来,对于淘汰赛,特别是奥林匹克淘汰赛中每一轮成绩,观众都能直观地看到并进行比较,从而使整个竞赛活动扣人心弦。

当然不能认为在各个竞技项目中对竞赛形式做这样的改革都是必须的和唯一的选择。但应当看到,在竞赛形式不受限于竞赛内容和其他因素的竞技项目中要提升体育竞赛活动的可观赏性,改革竞赛形式是不可忽视的重要方面之一,而且往往会收到意想不到的实际效果。

第四节 高校体育竞赛活动的条件和终止方式

一、高校体育竞赛条件

对体育竞赛活动条件的要求是规范和统一。这里"规范"是指应当符合预先制订的相应标准和程序;"统一"是指针对全体参赛运动员的同一性。体育竞赛条件主要包括自然环境条件和竞赛硬件条件。

(一)自然环境条件

自然环境条件主要指对体育竞赛有直接影响的举办地的气象条件和海拔高度。

1. 赛地气象条件

有一部分竞技项目的竞赛活动是在室外,甚至在水上、雪上和冰上举行,因此这些赛事项目与赛事举办地的气象条件都有直接关系。

气象条件主要指风、雨、气温和湿度,对体育竞赛活动的影响主要表现在三个方面:第一,限制竞赛活动的举行,如由于过于恶劣的气象条件,迫使竞赛活动不得不暂停、推迟甚至取消。第二,影响比赛成绩水平,如2米/秒的逆风可使100米跑的成绩降低0.16秒;按照国际田径联合会指定的田径"竞赛规则"规定,在 200 米及其以下的短跑项目、跳远和三级跳远项目的比赛时,要是顺风风速超过每秒 2 米,所创的纪录不予承认。第三,对运动员的竞技能力水平产生消极性影响,如温度过高或湿度过大不仅影响人体排汗、体热散发,同时还使运动员吸入氧量明显减少,影响身体代谢。

比赛中,受气象条件影响较大的竞赛项目是田径、足球、高尔夫、网球、沙滩排球、自行车、射击、射箭、棒球、垒球等。不同的竞赛项目对气象条件都有一定的适宜性。如据上海市气象信息传媒中心的资料显示,射箭、拳击、柔道等项目比赛的适宜温度为 13～16℃;对田径比赛的适宜温度是 20～22℃;同时认为由于上午的相对湿度比较大,而下午相对湿度比较小,因此比较合适把 800～1500 米的中长跑比赛安排在下午,以便使运动员能发挥更高的水平。

气象条件对体育竞赛活动的影响,一方面提示运动员应当在训练中主动适应各种不同的气象条件,把握气象变化中应采取的有效对策;另一方面提示体育竞赛活动的举办者要善于把握气象变化的规律性,趋利避害,尽量保障运动员能在比赛中创造优异成绩。

2. 赛地海拔高度

在中度高原(1300～2500 米)上举行体育竞赛,对运动员机体工作能力提出了特殊要求,并对不同竞赛项目的成绩产生各不相同的影响。人在高原气候条件下训练或比赛时,受到以下一系列因素的影响:周围环境中大气压、氧分压、降低的湿度、变化的温度;增强的紫外线和空气电离作用、提高了臭氧含量、经常性的旋风以及其他物理变化。在这样的条件下比赛,速度力量性项目(如短跑、投掷、跳跃)的运动员较大幅度地提高了运动成绩,而在主要表现耐力的竞技项目(如中长距离跑、游泳等)中的运动员则出现成绩较大幅度地下降。所以,举办奥运会和锦标赛等国际性重大体育赛事的城市选择始终是有争议的问题之一。

综上所述,在安排重大体育竞赛活动时必须对赛场的海拔高度给予足够的关注。

(二)竞赛硬件条件

竞赛硬件条件分为三大类:第一大类是指竞赛场地和竞赛设施器材;第二大类是竞赛设备、辅助裁判设备和显示设备;第三大类是指运动员个人竞赛用具,如球拍、球棒、球棍、拳套、剑、游泳衣、自行车、汽车等。

1. 竞赛场地和竞赛设施器材

在体育竞赛活动中,竞赛场地和竞赛设施器材是竞赛的基本硬件条件。如篮球比赛中的竞赛场地、篮架、篮网和球等。各个竞赛项目的竞赛场地大致包括两种情况:第一种是设置在室内或室外的体育场馆内的竞赛场地,如田径(除马拉松以外)、游泳、体操、射击、射箭、球类、个人对抗项目等绝大部分项目。其特点是严格按照"竞赛规则"规定标准设置竞赛场地,误差被控制在允许的范围之内。这样的竞赛场地能在全世界范围内做到统一,同时也具备条件设立各类记录。第二种是利用自然环境条件、街道作为竞赛场地,如马拉松、公路自行车、帆船帆板等项目,或者虽然是人造的但不完全统一的竞赛场地,如山地自行车、激流回旋以及高尔夫等项目。其特点是在"竞赛规则"规定的标准和原则允许的范围以内设置竞赛场地,这样的竞赛场地很难做到完全统一,因此只适宜设立"最好成绩"。

在现代体育竞赛活动中,竞赛场地和竞赛设施器材的发展表现出以下特点:

第一,竞赛场馆的标志性程度越来越高。奥运会、世界杯足球赛,甚至全运会的举办城市为了成功举办该项赛事,总是需要新建和改建一批竞赛场馆和训练场馆。尽管国际奥委会一再提倡并非所有比赛都在新建场馆中进行,但由于种种原因:似乎按照不成文的规定、超越上一届赛事举办城市的思维定向或者确实有实际需要,举办城市在新建一批竞赛场馆的同时,总是决定要建造一座能反映本国、本城经济水平、文化特色和建筑风格的主体育场作为本项赛事的主会场。

第二,竞赛场馆的多功能化程度越来越高。随着社会进步,每年举办的由民众参与的大型活动越来越多,体育竞赛表演的内容也越来越丰富,由此就出现了体育场馆多功能的需求。所以,体育场馆的建设者们意识到,在体育场馆设计时就应当考虑到今后的多用途使用,使得一座体育场馆不仅适用于多个竞赛项目,同时也可用于文艺演出等其他大型活动。

为了使体育场馆发挥多功能作用,现代一般的做法是:在设计和建造体育场馆时,根据多个竞赛项目的要求确保拥有足够的比赛内场面积和观众席位。在具体承办比赛时,按照该竞赛项目的要求临时搭建或铺设比赛场地,采用专门材料铺设的比赛场地不仅包括篮球、排球、羽毛球、乒乓球、网球等一般竞赛项目,还扩展到游泳类、冰上类、壁球等对于比赛场地具有特殊要求的竞赛项目,并且这一趋势表现得越来越明显。

2.竞赛设备、辅助裁判设备和显示设备

竞赛设备主要用于计时记分和裁判员临场打分等;辅助裁判设备主要用于必要时协助裁判员对某些事实,如"出界""犯规"等做出准确判断,包括摄像监控设备;显示设备主要用于把得分、局部性比赛结果以及其他信息及时向广大观众公布。

在不少竞技项目的竞赛活动中,使用依靠现代信息技术的竞赛设备和辅助裁判设备,不仅增强了竞赛活动的公平、规范程度,还提高了执裁精度。如在网球竞赛中使用的"鹰眼",帮助裁判员确定球的落点是界内还是界外。

在现代体育竞赛活动中面向广大观众的竞赛信息显示设备是不可或缺的。它的功能主要是向观众提供比赛信息,除比分以外,还包括运动员的个人资料,临场技术统计资料等;在一些竞赛项目中还包括对关键球、关键场面的慢镜头回放。虽然竞赛信息显示设备并不对竞赛活动的结果产生直接的影响,但却对现场观众获取比赛信息、提高观赏的清晰度和增强参与热情产生积极作用,一定程度上也提升了该项赛事的可观赏性。与此同时,通过向观众传输信息,提高比赛信息的透明度,特别是对关键比赛场面的现场回放是让裁判员接受广大观众监督的一项有效手段。

3.运动员个人竞赛用具

运动员个人竞赛用品主要指竞赛设备(如自行车、船艇、汽车等)、竞赛器材(如球拍、球棒、球板、拳套、枪、剑、弓等)、竞赛服装(泳衣等)。

各国际单项体育联合会对运动员个人竞赛用具有明确的技术标准,如乒乓球比赛中对乒乓球板、胶皮和胶水等都做了严密的规定,并且在赛前进行严格检查。其目的是使体育竞赛活动保持规范和统一。但是在一些竞技项目中运动员的个人竞赛用具的质量优劣则直接影响到其在比赛中的成绩。所以,优化竞赛用具的质量和效果,使之有助于提高运动员的比赛成绩始终是科研人员的研究对象。在现代体育竞赛活动中,在运动员个人竞赛用具的制作中不断应用科研成果,采用最新材料,同时不断提高竞赛用具的个体化程度,对优秀运动员采取"量身定制"的方式。但是现代科学技术成果被应用于运动员的个人竞赛用具之中不是无限制的,不应当违背公平竞赛的原则。

二、高校体育竞赛的终止

(一)高校体育竞赛终止的类型

构成一项完整的体育竞赛活动,除了必须有统一的竞赛内容、形式等要素外,还必须对比赛的开始,特别是对比赛的结束方式做出明确的界定,即把整个竞赛活动框定在一个范围内,因为只有这样才能在统一的框架内记录比赛结果,从而得出比赛成绩和比赛名次。

在体育竞赛实践中,终止竞赛活动有三种限定方式:限定比赛总量、限定比赛结果和自然终止。

限定比赛总量的特点是:对每一名参赛运动员完成的比赛总量做出统一限定,在这样的条件下比较他们实际完成的结果之间的差距,从而决定比赛胜负。具体包括对运动员在比赛中完成的比赛距离、比赛行动次数、比赛时间和比赛客体总量的限定。

限定比赛结果的特点是设定导致获胜的比赛结果的特征,当比赛过程中一旦出现这一特征性比赛结果时,即直接导致获胜。其包括定量的和定性的比赛结果两类。

自然终止的特点是每一名参赛运动员在完成同一个(类)比赛行动的条件下,充分表现耐力直至"极限",由此比较他们实际完成的数量,以决定比赛胜负。

在正式体育竞赛活动中非但没有采纳这样的表现耐力直至"极限"的比赛,相反,从运动员的健康、观众的观赏和竞赛组织角度出发,对运动员在某些竞赛项目中采用"磨"时间战术(以往乒乓球比赛中曾出现过一局比赛打几个小时不分胜负的情况)和采用"长考"(即长时间思考)战术(在棋牌比赛中)等,从竞赛规则上加以限制。所以,在以下的叙述中,主要围绕限定比赛总量和限定比赛结果两种情况展开。

由此,按照限定方式的特征,体育竞赛终止可以分为两大类,即限定比赛总量类和限定比赛结果类。

第一大类——限定比赛总量类,包括以下四个亚类:

第一亚类是对运动员完成的比赛距离做出限定。包括田径比赛、游泳、赛艇、皮划艇静水、自行车、滑雪、滑冰等大部分周期性竞赛项目。

第二亚类是对运动员完成的比赛行动次数做出规定。这里鲜明的特征是运动员每一次比赛行动的开始和结束的边界是清晰的,并且在内容上相同或者性质上相类似,也就是可重复的。如田径比赛、举重、射击、射箭、飞镖、竞技体操、艺术体操、跳水、武术套路等竞赛项目。

第三亚类是对运动员完成的比赛时间做出限定,包括足球、篮球、手球、水球、曲棍球等球类项目和大部分个人对抗项目的竞赛活动。

第四亚类是对运动员比赛行动针对的客体总量做出限定。这里的比赛行动客体是指运动员在比赛中针对比赛目标所完成的比赛行动的对象。如斯诺克(15个红球、6个彩球,加1个母球)、高尔夫(球洞数量)、围棋(361格)、桥牌(每方13张牌,即13轮攻防)等。

第二大类——限定比赛结果类,包括以下两个亚类:

第一亚类是定量比赛结果亚类。其特点是设定每局的比分限额(乒乓球——11分;羽毛球——21分)和胜局数限额(7局4胜制、5局3胜制),如排球、乒乓球、羽毛球、网球等项目;同时还设定比分差额,如跆拳道(当双方比分达到9分时,领先方即为胜)。

第二亚类是定性比赛结果亚类。其特点是设定获胜标志,可以分为设定一般获胜标志和特殊获胜标志两种情况。一般获胜标志的例子:中国象棋和国际象棋中的"将死";而特殊获胜标志的例子:拳击(倒地不起)、柔道(一本)、摔跤(双肩着地)、九球(在其他彩球未循序入袋前,9号球被撞击入袋)、场地自行车个人和团体追逐赛(当一方追上另一方时)。

(二)影响高校体育竞赛终止的因素

影响体育竞赛终止的首要因素是项目特征和竞赛内容。上述分类的六个亚类中的大部分亚类采用的终止竞赛的限定方式,主要是依据本项目的特征和竞赛内容所决定的。如田径径赛、游泳等项目采用限定比赛距离;射击、射箭等项目采用限定比赛行动次数;高尔夫、斯诺克等项目采用限定比赛行动客体总量;排球、乒乓球等项目采用设定比分额和胜局数;中国象棋、国际象棋等项目采用设定获胜标志的方式,几乎没有其他选择的余地。

但是,在采用限定比赛时间的亚类中部分项目具有选择其他限定方式的可能性。其中突出的是篮球。目前"3对3"篮球比赛中采用的并不是限定比赛时间,而是设定一局的比分额,采用"3局2胜"制。其中的主要原因是便于群众性参与和推广,因为这样做的好处在于比赛中可以省略复杂甚至昂贵的计时设备,减少裁判员和辅助裁判员的人数,简化竞赛组织过程。

在体育竞赛实践中,"提前终止"竞赛被用于鼓励运动员表现更高技术水平或者保护较弱一方运动员不至于受伤。如为了鼓励运动员得出更好成绩,使比赛更具可观赏性,在场地自行车比赛中设置名称为"追逐赛"的团体和个人单项比赛,竞赛形式为"两方对赛"。比赛中当任何一方都未追上对方时,先达到终点的一方为胜;而当一方追上另一方时,比赛即告结束。又如,为了鼓励运动员表现出更高的技术水平,在柔道比赛中除正常记分以外,还采用"一本"的特殊制胜方式。同时,为了降低运动员在比赛中受伤的可能性,在一些个人对抗项目中,实行"双轨制"。除了正常记分以外,还采取特殊制胜方式。如在拳击、摔跤、武术散打等竞赛项目中,一旦裁判员确认出现"绝对胜利"的特殊获胜标志,比赛即宣告结束;同时当双方运动员实力过于悬殊时,裁判员有权终止比赛,以保护实力较弱的一方运动员不受伤,如跆拳道比赛中的"裁判终止比赛胜"(RSC)。

(三)高校体育竞赛终止的发展前景

如前所述,尽管相当数量的竞技项目中终止竞赛的限定方式取决于项目特征和竞赛内容,根本性改变的可能性不大。但是以下两个方向值得进一步讨论。

1. 从吸引群众广泛参与的视角

在群众性竞赛活动中,适宜使用的是多方同赛的竞赛形式,而对于合理选择限定方式则存在着比较广泛的可能性。如选择限定比赛时间的方式。这样的竞赛活动在正式体育竞赛项目尚未出现,但却可以用于群众性竞赛活动中。有一种用筷子夹乒乓球或玻璃弹子的游戏性竞赛活动,经常采用的是由多名选手同时参加,在规定的时间里比较参赛选手实际完成的数量,最多者为胜。又如,选择限定比分额和胜局数的方式。这样的竞赛活动也可以用于群众性竞赛活动中。

值得指出的是,在这种情况下每次得分额原则上应当是同等的。假设在群众性的射击、射箭或飞镖等比赛中规定,只有射中9环以上才得1分,其余都不得分,且每局为5分,3局2胜制。

2. 从增强比赛可观赏性的视角

从提高竞赛的激烈程度,增强可观赏性出发,在与场地自行车团体和个人追逐赛相类似的竞赛项目中,既可按照正常途径,也可通过"追逐"的特殊途径取胜对手。

第五节　高校体育竞赛活动可观赏性

在现代体育赛事中观众是不可缺少的主体成员,增强体育竞赛可推广特性的核心内容是增强比赛的可观赏性。观众来到现场观看比赛的直接目的就是为了欣赏一场具有很强观赏性的比赛,并感受它所带来的身心愉悦。如果体育竞赛活动本身的可观赏性不强,不仅吸引不了观众,也无法吸引赞助商和媒体的积极参与。因此,只有首先解决体育竞赛的可观赏性问题,在此基础上对其进行有效的市场推广,才有可能吸引更多观众的参与和更大范围的普及。

体育比赛的可观赏性取决于许多因素。按照通常的理解,体育比赛的可观赏性首先取决于比赛本身的美学特征和人们对比赛的美学评价,同时体育比赛的可观赏性也取决于传统文化观念、功利性追求、竞赛管理因素等其他原因。

一、体育比赛美学价值概述

(一)体育比赛的美学特征和美学价值

事物和现象的美学特征是客观存在的,而对它们的美学评价则属于价值观范畴。体育比赛的美学价值是体育比赛可观赏性的基础,在很大程度上也是一个竞技项目存在和发展的重要条件之一,因为它决定了对该竞技项目的社会兴趣。所以通过增强体育比赛的美学价值,减少或消除美学价值的因素和环节,从而增强比赛的可观赏性是需要不断探索和实践的重要课题之一。

人类社会中存在着共同的审美观,但是也存在某个国家、民族、地区,或某个群体所认同的审美观。对客观事物和现象做出美学评价与评价者的受教育程度、专业特点、传统习惯、兴趣爱好等因素有关。人们会按照各自的视角、理念和标准对其做出好或不好、有趣或无趣、美或丑、真或伪的评价。

体育比赛的美学价值同样如此。从事体育运动的人是"四肢发达、头脑简单"。持这样观点的人显然很难接受体育比赛具有美学价值的看法，甚至持否定态度。但是应当看到，随着体育科学知识的传播、体育事业的不断发展，尤其是竞技体育和全民健身活动的蓬勃开展，否定体育比赛美学价值的人越来越少。

由于受传统文化的影响，即使在赞赏和褒扬体育比赛美学价值的人群中，同样会对不同竞赛项目及其比赛做出"美"、不很"美"，甚至不"美"的评价。这就可以理解，为什么有一些竞赛项目能在全世界范围内受到青睐，而有一些竞赛项目仅仅在某个国家或地区受到欢迎。

我国足球、篮球、排球、乒乓球、羽毛球、网球等竞技项目的比赛，在国内都受到人民群众的广泛欢迎，而有些竞赛项目，如举重、摔跤、柔道、跆拳道等个人对抗性项目则仅仅在部分省、市和地区受到欢迎。足球等项目，目前在全国范围内保持着较好的开展情况，其主要原因是国家体育总局实施《奥运争光计划》，实行竞技项目统一布局，采取奥运、全运金牌导向等措施，而并不是遵从大多数民众的审美观而做出的选择。

由此就出现了尽管在某些项目中有运动员能拿金牌，但是对这些项目的比赛却缺乏观众的热情参与。这也反映了体育行政部门过于关注金牌，而没有很好地提升和利用这些比赛项目的美学价值，吸引更多的观众观看，满足观众的需要，并推动这些项目的普及和提高。

在高度文明的人道主义社会中，对体育比赛的美学评价遵循的标准就是"更快、更高、更强"的奥林匹克精神，有利于人的健康和全面发展，也符合体育伦理道德规范。

（二）体育比赛的美学价值与运动员的行为和行动

作为一项完整的活动，体育比赛的美学价值主要通过活动主体——尤其是运动员的行为和行动表现出来，同时也与竞赛活动的客体要素——内容、形式、条件等紧密相连。

运动员在体育比赛中的行为和行动大致可以从两个层面进行考察：第一个是道德素养层面的行为和行动；第二个是技、战术层面的行为和行动。体育比赛的美学价值与运动员在这两个层面的行为和行动都有直接联系。

1.道德素养层面的运动行为和行动的美学价值

从道德素养层面看，比赛场地上运动员努力进取、志在必得、克服困难、追求目标、相互配合、团结协作的精神；尊重他人（对手、裁判和观众等），也尊重自己的行为以及比赛后向观众表示感谢、接受观众签名、接受记者采访时的文明言谈举止等都是体现体育比赛美学价值的重要内容。在日常生活中，运动员作为一名普通人，他们的一举一动同样受到周围人群和媒体的高度关注。虽然这些并不是发生在体育比赛中，但能够体现他们个人的形象，同时对于增强体育比赛的美学价值和可观赏性具有积极作用。

如果运动员和有关人员在比赛场上或者日常生活中的行为和行动有悖于基本伦理道德规范，语言粗俗、行为蛮横，甚至违法乱纪，这不仅显现出自己不良行为的一端，同时还对该比赛项目的美学价值产生消极性影响。

2. 技、战术层面的运动行为和行动的美学价值

(1) 运动行为和行动的美学价值的主要特点

体育比赛是竞赛性活动，体育比赛的一般特征是运动员在与对手激烈竞争的条件下借助于各种运动动作来完成比赛行动，超越和克服对手，力争赢得比赛胜利或获得优异比赛成绩。由此可见，体育比赛的突出特点是：第一，体育比赛中运动员是借助于运动动作，通过完成比赛行动与对手进行竞争；在球类和个人对抗性等竞技项目中比赛行动是在对手的干扰下根据比赛形势的特点组合的，是难以复制的。第二，体育比赛不仅注重过程，还注重结果，因此对运动员比赛行动效果的评价，不仅要针对它的过程，更重要的是针对其导致的结果。因为比赛结果经常是出乎意料，难以预测的。

体育比赛的上述特点决定了运动员运动行为和行动的美学价值不仅与静态特征（如匀称体形、优美姿势等）有关，还与动态特征（如快速移动、巧妙超越、灵活摆脱、默契配合、准确命中等）紧密相关；不仅与体育比赛的活动过程有关，而且与体育比赛的活动结果（如得分、获胜、成绩、名次等）的评价联系在一起。这也构成了体育比赛与表演活动（包括文艺表演甚至体育表演）的原则性区别。

文艺表演活动属于演示性活动。这些活动首先注重的是表演的过程，但原则上不产生对表演的评价结果。观看体育比赛的观众与观看文艺表演活动的观众的区别就在于，观看体育比赛的大部分观众不仅关注比赛的过程，也关注比赛的结果，尤其是本方运动员（运动队）或自己所偏爱的运动员（运动队）在比赛中的胜负；在竞技体操等评分项目中观众同样关注的是他们所观看到的结果与裁判员的评分结果之间是否一致。

从竞赛活动主体角度出发，运动行为和行动的美学价值具有以下主要特点。

① 美学价值与优秀运动员的出色临场表现紧密联系

优秀运动员之所以受到广大观众的青睐，就是因为他们曾在比赛中有过出色的临场表现，其中包括技、战术能力和人格魅力的表现，都具有很高的体育美学价值和可观赏性。相当数量的观众是直接冲着明星选手的出场，期待他们有出色的临场表现才来到比赛现场或在电视机前观看比赛的。

当优秀运动员在比赛中缺乏高昂斗志和竞赛精神，始终没有任何脱俗的出色表现，再加上失误累累的话，虽然比赛也会分出胜负，但是比赛本身就会显得平淡无奇，失去了或者降低了它应有的美学价值，给观众带来的是遗憾。

② 美学价值主要与成功的比赛行为和行动紧密联系

运动行为和行动的美学价值不仅体现在运动员依靠运动动作完成比赛行为和行动的过程中，更重要的是与这一过程所导致的成功结果紧密联系在一起。这在一定程度上可以从现场观众的掌声中获得证实。无论表现出怎样优美的姿态、完美的动作，只有当这一过程导致成功结果的时候，才能在观众中获得较高的美学评价；相反，要是没有导致成功结果的话，那么它的美学价值就会出现下降。这时候观众们的评价则是为其惋惜，甚至认为"华而不实"。

因此，这里的美学价值与其说表现在运动员完成这些运动行为和行动的过程之中，不如

说与这一过程产生的成功效果紧密联系在一起。而且,具有美学价值的不仅是完整的比赛行动,也包括比赛行为和行动中某一个环节的成功效果,如一次隐蔽的"妙传"、一次"鱼跃"式救球,同样会得到观众赞美的掌声。这就成为体育比赛中运动行为和行动的美学价值的显著特点之一。

③美学价值尤其与各个竞赛项目的独特"亮点"紧密联系

事实上,在一个竞赛项目中不是运动员每一个成功的比赛行为和行动都具有同等的美学价值。即使在广受观众青睐的竞赛项目中也只是某个或某些独一无二的成功比赛片段或成功结果会受到观众高度的美学评价。

如篮球比赛中运动员的强力扣篮、斯诺克比赛中运动员完美的147分、棒球比赛中运动员的全力"本垒打"等。值得同样注意的是,在F1赛车、自行车和冰上短道速滑等场地竞速项目的比赛中,除了同场高速竞技以外,最具有美学价值的当属"超越"瞬间,包括起动后的"抢道"和竞速过程中的"弯道超越"。在所有这些比赛片段中都需要运动员表现出极高的技、战术能力和临场应变能力。而正是这些精彩比赛片段成为该项目比赛的"亮点"和主要"看点",成为其可观赏性的基础。

这样的比赛片段有些是预期的,如当本方运动员在比赛中暂时处于落后的时候,观众们期待并相信他能寻找机会做出"超越"行动;这些行动也可能是意想不到的,如突如其来的"惊天大逆转",取得反败为胜的效果。而后者的美学价值往往更高,不仅具有更高的可观赏性,而且会成为媒体广泛评论的焦点,观众茶余饭后谈论的话题。这就是体育比赛中出色运动行为和比赛行动的魅力所在。

(2)运动行为和行动的美学价值的具体表现

从竞赛活动主体的视角,体育比赛中运动行为和行动的美学价值主要表现在"超强、难美、精巧、准确"之中。

①表现"超强"

"超强"首先表现在运动员挑战人类极限,冲击世界纪录或最好成绩的时刻,如完成100米跑或110米栏的冲刺、F1赛车比赛最后的直道冲刺、短距离游泳比赛最后的冲刺触壁、举重比赛冲击冠军或世界纪录时运动员把杠铃举至最高点、跳高或撑竿跳高运动员飞跃过竿的瞬间等;也包括球类比赛中的强力表现,如篮球比赛中的强力"扣篮"、排球比赛中的大力"扣球"和"干净利落"地拦"死"对方扣球、棒球和垒球比赛中的"本垒打"、足球比赛中被称为"世界波"的远距离强力"射门"和定位球直接破门、手球比赛中的"鱼跃"射门、网球比赛中的"ACE"发球、乒乓球比赛中连续的远台对攻等都具有很高的美学价值,也是广大观众情绪最高涨的时刻。

②表现"难美"

"难美"不仅表现在运动员展示自己的匀称体形、强壮体格,更主要的是运动员在完成高难度的运动动作时所展示人体真、善、美的境界与和谐协调的表现力,竞技体操、艺术体操、花样游泳等项目的高难动作有"音韵与动作节奏的本能恰合"之美;短道速滑、花样滑冰、高山滑雪等项目的高难动作有"平衡自如,滑动驰骋"之畅。此外也包括篮球比赛中的高难度"扣篮"动作、排球比赛中的"鱼跃"救球、跆拳道比赛中的高难度"击头"动作、柔道比赛中的高质量摔对手的"一本"动作等。

③表现"精巧"

"精巧"主要表现在运动员在与同伴配合中或与对手的激烈对抗中巧妙地完成对于此刻比赛形势"恰到好处"的、与他人动作或移动物体(器械、球等)之间在时空方面和谐契合的运动行动。如足球比赛中运动员接底线传中球后头球攻门;篮球比赛中运动员巧妙摆脱对手、空切篮下并接同伴"空中接力"式的助攻传球后完成扣篮动作;网球比赛中的反上网穿越球;乒乓球比赛中连续逼对手反角后突然变向;羽毛球比赛中连续的"长拉短吊"等。

④表现"准确"

"准确"主要表现在运动员准确地射中目标。如篮球比赛中准确的3分投篮、足球比赛中运动员发定位球直接射门入网、射箭淘汰赛中连续打出10环、射击决赛中连续打出10.8环和10.9环的成绩、斯诺克比赛中精准的远台击球入袋和母球准确的"走位"等。运动员所有这些精彩的表现,再加上体育比赛过程不可复制、比赛结果难以预测的特点,就构成了体育比赛独特的美学价值,成为它具有很高的可观赏性并吸引广大观众的主要原因。

因此,在各个项目的《竞赛规则》中都应当保护和鼓励运动员通过完成运动行为和行动,表现更快、更高、更强、更美的动作能力,充分努力并放大提升体育比赛可观赏性的因素,以便吸引更多观众参与观赏。

二、高校体育竞赛活动可观赏性的提高方法

(一)提高体育比赛可观赏性的方式

虽然体育竞赛活动的内容、形式和条件未被具体化以前并不具有美学价值,但是它们对运动员的运动行为和比赛行动中体现美学价值起到基础、促进和保障的作用。

1.优化竞赛内容提高体育比赛的可观赏性

体育竞赛内容是指运动员在竞赛活动中完成的本项目特有的比赛行动和由此表现的专项竞技能力。

一个竞赛项目的基本特征以及与其他竞赛项目的主要区别是通过竞赛内容反映出来的,所以竞赛内容与该竞赛项目的美学价值之间具有直接联系。美学价值高的竞赛项目的特点可能是以它的竞赛内容为基础所表现出来的运动动作和行动美,如竞技体操、跳水、花样游泳、花样滑冰等;也可能它的竞赛内容本身并不一定十分美,但是对于运动员在运动行为和行动中体现出高度的美学价值具有基础性保障作用,如田径、游泳、自行车、射击、射箭和大部分球类等项目。

在现有的竞赛项目中,为了增强本项目比赛的美学价值和可观赏性,在优化竞赛内容方面,借助于"竞赛规则"的完善,大致表现在三个方面:第一,是促进高端技术动作和行动的发展;第二,是限制超强,力求平衡;第三,是保持适宜的比赛得分量。

(1)促进高端技术动作和比赛行动的发展

"竞赛规则"应当保障本项目的运动技术向着明确的方向发展。在"竞赛规则"对该竞技项目技术动作的限制程度与技术动作发展趋势之间存在着一条未受到足够重视的客观规律性。要是"竞赛规则"对比赛中运动员运用的技术动作的限制越多、越严,那么将导致该竞技项目的技术动作向高端方向发展;而要是对比赛中运动员运用的技术动作的限制越少、越宽,那么将导致该竞技项目的技术动作向多样化方向发展。

这是十分重要的规律性,它不仅应当引起"竞赛规则"制定者们的高度重视,也应当得到教练员和体育竞赛专家们的重视。因为它不仅直接影响到该竞技项目今后的发展方向,还决定了训练竞赛工作的指导思想,也可以完全遵照这一规律性,促进增强体育比赛的美学价值和可观赏性。

如跆拳道比赛通过提高得分值来促进进攻中"击头"技术动作和行动的发展;竞技体操比赛通过区分难度和艺术技术来促进技术动作向高端难、美方向发展;跳水比赛则通过制订"动作难度表"来促进高端技术动作的发展;排球比赛通过允许发球擦网来鼓励运动员发展大力跳发球技术;网球比赛通过给予两次发球机会来鼓励运动员发展 ACE 球技术等。

《乒乓球竞赛规则》是唯一针对发球动作有较多的限制。但值得商榷的是,目前的规定限制了受人体解剖学特征制约的可能性,影响了高难度发球技术的发展,也许适度放宽限制将更有利于乒乓球发球技术动作向高端方向发展。

(2)限制超强,力求平衡

要是某一竞赛项目中,对手间的实力差距长时间处于过分悬殊的状况,难以构成激烈竞争对抗的话,将会使比赛失去悬念和应有的精彩程度。一开始观众们可能会为其中一方选手占据的绝对优势感到兴奋,但久而久之,由于优势过大,比赛胜负缺乏悬念,观众的观赏兴趣反而会逐渐减弱。

(3)确保适宜的比赛得分量

在球类和个人对抗性项目比赛中的得分是对比赛可观赏性的重要影响因素之一。在这些项目的比赛中经常可以看到,当比赛双方的比分始终追赶很紧的时候,比赛的可观赏性就会增强,观众的情绪就很高。如果这种情况出现在越是临近比赛结束的时候,可观赏性就越强,观众的情绪也就越高;当比赛双方的比分有差距,但落后一方拼命追赶,比分开始逐步接近,比赛的可观赏性就会增强,观众情绪也会就此提升;而如果这时候落后一方的精神状态低迷,比赛的可观赏性就会下降,观众的情绪就会低落,甚至会提前起身离场。

在这些项目的比赛中可观赏性强的运动行为和行动主要出现在进攻中。大多数观众观看比赛更多的是看进攻、看得分;而只有比较"懂行"的观众才是既看进攻,又看防守;既看得分,又看如何阻止得分。这样一来,不得分或者得分量低(除足球比赛以外)难免对比赛的可观赏性产生一定的消极影响。

在一些竞赛项目中由于竞赛规则限制过严,造成得分难度较大。这样在对阵双方实力相当的情况下,往往采用的是"防守反击"的战术,造成比赛中出现低比分。这样不仅造成比赛的可观赏性随之下降,还增加了出现比赛平局的概率。这是许多项目的比赛中遇到的难题之一。在一些竞赛项目中,当出现平局解决比赛胜负的途径是"加赛",或者直接由裁判员裁定胜负。其实这是现场观众最不愿意看到的结果,因为比赛胜负应当取决于参赛运动员的进攻和防守的效果,而不是由裁判员裁定。关键问题仍在于要适当增加得分量。

所以,如何使比赛得分量保持在一定的数量等级上就成为对抗性项目"竞赛规则"制定者们面临的一个课题。

2. 完善竞赛形式提高体育比赛的可观赏性

体育竞赛形式是指单场比赛中本方和其他参赛方运动员上场竞技的秩序结构特征。一部分项目的竞赛形式取决于项目本身的特征,在组织竞赛时无法人为选择,如球类和个人对抗项目;另一部分项目的竞赛形式则取决于约定俗成或完全取决于竞赛组织原因。选择适宜的竞赛形式对于增强比赛的美学价值和可观赏性具有不可忽视的作用。

观众的"观赛心理",大多数观众总是偏爱观赏竞争激烈、致力取胜的比赛。所以,在比赛中,采用有助于提升竞争性的竞赛形式,更有利于提高体育比赛的美学价值和可观赏性。从各个竞赛项目的实践效果来看,大致有以下四条途径。

(1) 采用每球得分制和降低局分限额

在采用"等额竞局制"的竞赛项目中,继排球和乒乓球之后,羽毛球比赛中也采用了每球得分制,取得了较好的效果。这一项改革的主要目的是便于控制比赛时间,不至于由于多次换发球不产生得分而造成比赛时间被延长,同时也避免使观众产生烦躁情绪。但是在排球、羽毛球、乒乓球和网球比赛中每局局分限额各不相同,局数也不相同,而这些不同的赛制对比赛的可观赏性和观众的情绪也产生了不同的影响。

观众到比赛现场观赏比赛主要出于两个目的:第一,欣赏高水平、精彩的运动动作;第二,观赏参赛选手创绩争胜的过程。对于高水平、精彩的运动动作可遇而不可求,只可期待,难以预测。而对于比赛胜负可依据以往的成绩和当前的比赛信息做出一定的预判。对于不仅希望从情感上,而且愿意从智力上积极参与比赛过程的观众,也是更"懂行"的观众,更感兴趣的是对比赛胜负的预判。而预判则需要获得更多、更有价值的信息。

在"等额竞局制"的赛制下,观众关注的首先是谁赢得单局比赛的胜利,其次才是谁赢得整场比赛的胜利。理想的比赛过程是某一局一开始,双方比分就追赶很紧,交替上升,直至决出这一局胜负。这样在整个比赛过程中观众能始终保持饱满的观赏情绪。要是比赛过程不是如此,那么就可能出现另外的情况。如某一局中出现某一方比分遥遥领先的时候,观众认为这一局比赛已无悬念、无"看点",就容易产生厌烦情绪,希望这一局比赛尽快结束,等待看下一局比赛。在这种情况下,采用单局局分高,但局数少的赛制,如过去乒乓球比赛采用的 21 分制;与采用单局局分低,但局数多的赛制,如网球比赛采用的 4 分制相比,后者的优势就显现出来。在网球比赛中,一般情况下每一局争夺的时间不长就能产生胜负;双方比分为 40∶40 以后的争夺,尽管时间会延长,但这时候是争夺比较激烈、胜负难以预料,也是观众情绪比较高涨的时候,不会出现所谓的某一方"遥遥领先"的局面,即使在某一局中双方比分出现 40∶0 的话,也不至于对观众情绪产生很大影响。

由此可见,无论是采用单局局分高,还是采用单局局分低的"等额竞局制",观众情绪高涨都主要出现在这一局比赛接近结束前,双方比分相互追赶很紧,胜负尚未确定的时候。这样一来,采用单局局分低、局数多的赛制与采用单局局分高、局数少的赛制相比,就可能拥有更多的使观众情绪出现高涨的兴奋点。这显然对提高比赛的可观赏性具有积极的促进作用。

除此之外,采用单局局分低、局数多的赛制,由于局部性比赛结果不仅出现得更早,同时也产生的更多,也就是具有更多有助于研判比赛胜负的信息,这样就更有利于吸引"懂行"的观众们观看。

最后,单局局分低、局数多的赛制也使运动员在比赛中有多次间歇的机会,用于恢复机体的工作能力,以便继续保持比赛强度。这同样也是这种赛制的优点之一。

(2)采用"1对1淘汰制"的竞赛形式

"1对1"竞赛形式的优点是竞争对手十分明确,加上高度透明的记分,使得观众完全有可能从心理上主动参与到比赛过程中。"淘汰制"是一种排他性的赛制,所以每一场比赛都对参赛运动员具有决定"命运"的意义。这两种方式相结合的竞赛形式往往使比赛的竞争性更强,观众的参与性也更强。

如射箭比赛所进行的赛制改革。以往的射箭比赛采用的是"单轮共赛制",直接累加每一支箭的环数,以累计总和决定比赛成绩。这样的赛制虽然能保证在大概率的条件下产生冠军,但比赛的可观赏性却不强。经过赛制改革后,先采用"单轮共赛制"进行排名赛,然后对排名赛前64名运动员采用一对一的淘汰制,进入1/4决赛时称为"奥林匹克淘汰赛"。通过竞赛形式的改革,极大地增强了运动员之间的对抗程度,从而提高了比赛的可观赏性。

《射击运动竞赛规则》经过改革后,增加了决赛部分,进入决赛的运动员按轮依次发射并公布每一轮结果,因此在一定程度上提高了比赛的竞争性和可观赏性。国际射击联合会对《射击运动竞赛规则》进行了新一轮改革。预赛成绩不再算入决赛,而且在决赛中采用"逐轮淘汰制"。决赛第一轮每一名运动员发射6枪后,成绩最低的一名运动员即遭淘汰。然后每一轮发射2枪,成绩最低的运动员遭到淘汰,直至产生冠军。

同时为了确保比赛具有更高的可观赏性,在采用淘汰制的比赛中应尽量避免最高水平的参赛选手过早相遇,以便把最终胜利者的悬念保留到比赛的最后一刻,因此需要设定"种子"选手,并分布在不同的区域,而其他选手则按序通过抽签到位。

(3)采用"一队对一队"对抗的竞赛形式

"一队对一队"与"一对一"的竞赛形式一样,优点同样是竞争对手十分明确。同时如果通过这样的竞赛形式,形成东道主队与其他各支强队之间的一对一对抗,必定极大地调动东道主国家或城市的观众观赏热情。

(4)采用"同时同项"或"异时同项"的竞赛形式

以评分为主的复杂协调性项目,如竞技体操、跳水、花样游泳和武术套路等比赛中主要采用的是"同场异时出场竞技"的竞赛形式。这些竞赛项目的艺术表现力比较强，美学价值比较高，内容的可观赏性也比较强，但是由于竞赛形式的原因，竞争性却不十分强。

这些竞赛项目中尽管都在同一个赛场、同一片场地上竞技，但是从竞赛组织的角度，还应该顾及时间因素和单项因素。这样就有可能组成同时同项、同时异项（不同单项）、异时同项（循序出场）和异时异项四种不同的竞赛形式。

从有利于观众观赏和观众从心理上主动参与比赛过程出发，采用参赛运动员们同时同项（同一单项同时出场）和异时同项（同一项目循序出场）竞技的竞赛形式，观众更容易直观地比较他们完成动作质量方面的差异，而且观赏热情会更高。曾有专家建议武术套路比赛应采用两名或多名参赛运动员同时完成同一项目的竞赛形式，以提高武术套路比赛的可观赏性。而需要借助于器材器械的比赛项目，由于竞赛组织方面的原因，如跳水、蹦床比赛等采用的是异时同项的竞赛形式。

值得一提的是，在竞技体操团体决赛中采用的则是同时异项或异时异项的竞赛形式。目前竞技体操团体决赛由排位前8位的队伍参加，每队每个单项上场队员3名，以各队总累积分作为最终团体决赛成绩。比赛时各队按器械循序轮转，当一个参赛队在完成单杠比赛的时候，其他参赛队则可能在完成跳马、吊环或其他单项的比赛。在比赛现场虽有各队即时累积分的显示，但由于各队完成的器械练习不同，起评分也不同，因此比赛过程中各队的累积分实际上缺乏可比性。在这样的赛制下，观众们主要是欣赏运动员的精彩动作和为本方运动员喝彩，而只有当各队完成了若干个单项比赛的时候才可能通过现场显示的累积分，对比赛的最终结果做出比较准确的预测。这样的缺点是不利于吸引观众从心理上参与到比赛的激烈竞争中去。

完善竞赛形式的建议是：团体决赛时把各队出场人员混合编成三个组，每一组中各参赛队各有一名运动员参加。比赛时各组仍按器械轮转，并以各队总累积分作为最终比赛成绩。但这时候整个比赛过程与现行赛制下的比赛过程的不同点在于，由于在每一项器械的比赛中各参赛队都只有1名运动员参赛，每一个单项的比赛中都体现了各队之间的相互竞争，而所有单项比赛中这样的竞争汇聚在一起，就极大地增强了整个比赛的竞争性和可观赏性，有利于观众情感过程的积极参与。

3. 完善竞赛条件提升体育比赛的可观赏性

虽然竞赛条件并不能对体育比赛本身的美学价值直接产生作用，但是通过完善竞赛条件，一方面使观众能在更舒适、更清晰的条件下观看比赛；另一方面通过增加具有美学价值的观赏内容，对提升体育比赛的美学价值和可观赏性具有补充和辅助性作用。从各个竞赛项目的实践来看，完善竞赛条件大致采用三条途径。

（1）完善竞赛硬件条件

提供舒适良好的现场观赏体育比赛的条件是吸引广大观众的重要因素之一。如果竞赛硬件条件（包括比赛场地、比赛器材、观众过道和席位等）既破旧又脏乱不堪的话，显然不可能吸引观众到现场观看比赛。为此，竞赛硬件条件应当始终保持良好的状态，以便使观众在观赏比赛过程中自始至终保持积极的心态。

(2)扩展现场竞赛信息

在现代体育竞赛活动中,为了帮助现场观众了解更多的比赛信息,特别是某些精彩比赛片段,以便使他们能从情感上深入参与到比赛过程之中,主要借助于电子信息技术设备,尤其是电子屏幕,来为现场观众提供更多的竞赛信息。

在体育比赛中应该在以下三个方向上使用电子屏幕:

第一,是用于传递参赛运动员(运动队)的基本信息。如在比赛开始前,介绍上场运动员的情况。

第二,是用于显示参赛运动员(运动队)比赛过程中的得分和其他技术统计指标。

第三,是用于回放某些精彩的比赛片段。

如上所述,许多竞赛项目中都有独一无二的、可观赏性较强,备受观众青睐的比赛行动。如篮球比赛中的精彩"扣篮"、足球比赛中的强力"射门"、F1赛车比赛中的"弯道超车"行动等。但是这样的比赛行动稍纵即逝,观众往往不一定看得很清。所以在不少竞赛项目的比赛现场安放了电子大屏幕,接受电视转播信号,对精彩比赛行动的镜头进行慢动作回放。比较典型的例子是NBA比赛场地中央上方安放的高清12屏全景视频吊舱,不仅帮助坐在场内任何区域的观众能看清运动员高水平动作的细节,还可以在第一时间获取技术统计数据。

(3)增加视觉观赏内容

在现代体育竞赛活动中,除了观赏运动员的比赛行为和行动以外,其他一些内容也成为观众们观赏的对象。虽然这些内容本身并不会直接增强体育比赛的美学价值,但是可以对其起到补充作用。

首先,赞助商们在比赛现场设置的广告牌是观众有意无意地观赏对象。随着信息技术的发展,从固定的广告牌发展到使用滚动播放的广告器。但是在某些竞赛项目中,为了防止过多的色彩干扰运动员集中注意力,规定各类产品的广告牌只能采用首席赞助商指定的标志色。

其次,在职业篮球联赛中,活跃于比赛间歇,身着鲜艳服装的专业篮球啦啦队已成为一道靓丽的风景线。通过啦啦队员们的劲舞,使现场观众们的注意力在紧张的观赏中暂时获得一定的松弛,同时也填补了比赛间歇必要的休闲内容。

总而言之,只有在保持竞赛项目基本特征的前提下,充分顾及广大观众的观赏需求,不断优化体育竞赛活动的内容、形式和条件,才能提高体育比赛的可观赏性。

(二)影响体育竞赛可观赏性的其他因素

毫无疑问,体育比赛的美学价值是体育比赛可观赏性的基础,原则上美学价值高的体育比赛,它的可观赏性也强。然而,体育比赛是一个完整的过程,一般要持续1~2小时,甚至更长时间。就大多数竞赛项目而言,在这一过程中具有较高美学价值的运动行为和行动并不是连续不断地,而是片段性地,甚至间隔较长时间才出现。所以从竞赛组织的视角,为了使整个比赛过程保持较高的可观赏性,一方面要尽量把可观赏性强、受广大观众关注的各场精彩比赛按照"同场异时"(对于比赛现场观众)或"异场异时"(对于电视或网络观众)的方式进行安排;另一方面有必要把其中可能引起观众出现枯燥、烦躁情绪的环节压缩到最低限度,使整个过程的各个环节之间减少中断、衔接紧密、运行流畅,从而使观众始终保持饱满的观赛热情。这同样是确保体育比赛可观赏性的重要因素。

1. 确保观众"看懂"和"看清"比赛

能"看懂"和"看清"比赛是维持已有观众和吸引未来观众的基本条件。俗话说:"外行看热闹,内行看门道。"观众对于自己"看不懂",而只有内行和裁判员才能看懂、看清的比赛,是不会长时间给予热情关注的。首先要让观众"看懂"在什么情况下视为得分、可以得多少分;而在什么情况下被视为犯规或违例、应当罚多少分等。其次要让观众清晰地"看清"比赛的全过程。这样才能使看"热闹"变成为看"门道",受到更多观众的关注和喜爱。

2. 确保比赛过程的紧凑流畅

比赛过程的紧凑流畅对比赛的可观赏性有不可忽视的影响。比赛过程过多地被中断,容易引起观众的烦躁,进而直接影响到观众们的观赛情绪。

比赛过程暂时中断的主要原因包括:第一,竞赛规则所规定的比赛过程本身就不完全是连续的。如棒球、垒球比赛中投手的每一次投球间、击球手之间交替时以及两队攻防转换时出现的停顿等;第二,临场裁判员鸣哨判罚,造成比赛的暂时中断,如篮球、足球比赛中判犯规或违例;第三,竞赛规则允许的暂停、替换运动员、节与节或回合与回合之间、两个半场之间的休息以及各场比赛之间的间歇等;第四,运动员或教练员对判罚不满,请求当场复议所造成的比赛中断,如摔跤、柔道、跆拳道比赛中由于一方教练员提出申诉,仲裁员需要通过重放比赛录像才能做出复议结论;第五,由于发生意外事故,如运动员受伤、自然灾害等。

为了确保比赛过程连续、紧凑、流畅地进行,可以采取以下措施:

第一,从竞赛规则出发,压缩必要的暂时中断的持续时间,如替换运动员等,严格控制暂停时间;对于足球比赛下半场,建议可以采用记录"纯净"比赛时间(如篮球比赛那样)的方式,以排除运动员通过"倒地不起"、教练员通过替换运动员而故意拖延比赛时间的行为。

第二,从比赛现场竞赛组织出发,把握好上下半场、不同竞赛项目和前后两场比赛之间在时间方面的紧密衔接。

第三,从临场裁判员出发,对于攻防转换、界外发球、长时间思考(斯诺克)等行为限制时间;同时也要充分认识到,比赛中裁判员过多的哨音将造成比赛过程不得不一次又一次地被中断,往往会使观众感到厌烦。所以,裁判员应当从有利无利的角度出发,准确把握好执裁尺度,尽量保障比赛过程的紧凑流畅,以提高其比赛的可观赏程度。

3. 为表现高难技术动作提供保障

各个竞技项目的竞赛规则都力图促进本项目高难技术动作的发展,而恰恰是这样的高难技术动作对于观众来说具有很高的可观赏性,因此在比赛实践过程中临场裁判员应当依据《裁判法》对其提供相应的保障。

如在篮球比赛中,最受观众欢迎的是"扣篮"。为了鼓励运动员表现高水平的扣篮技术动作,一方面每年全明星比赛时要举行轰动篮坛的扣篮大赛;另一方面运动员在比赛中扣篮会受到临场裁判员的特别保护。

综上所述,竞技项目的管理者和赛事举办者要清醒地认识到,为了确保本竞技项目的持续发展,一方面要始终坚持本项目比赛的"公平、规范";另一方面有责任不断增强本项目比赛的可观赏性,把两者有机地结合起来。只有这样才能真正地吸引观众、赞助商和媒体对本项目赛事的参与,并积极参加到本项目的活动中来。

第九章 高校体育竞赛管理

第一节 高校运动训练管理

一、高校运动训练管理概述

高校体育运动训练与竞赛是高校体育工作的一个重要组成部分。科学地进行高校运动训练和运动竞赛是提高运动技术水平,培养群众体育活动骨干,选拔配备体育后备人才的基本途径,对于推动高校体育工作的开展,实现高校体育目标具有重要作用。

(一)运动训练管理

高校运动训练是指利用课余时间,教练员对部分在体育方面有一定才能的学生进行系统的训练,全面发展他们的身体,为不断提高专项运动成绩、培养体育骨干而专门组织的一种教育过程。它是全面贯彻我国教育方针实现高校教育目标和体育目标的一项重要措施,也是我国体育运动普及与提高的中间环节。

1.高校运动训练的概念

高校运动训练是指利用课余时间,对部分在体育方面有一定天赋或有某项运动特长的学生,以运动队、代表队、俱乐部等形式对他们进行系统的训练,旨在全面发展他们的体能和身心素质,提高某项运动技术和水平,培养竞技体育后备人才。

2.高校运动训练的定位

高校运动训练是高校体育的组成部分,是高校贯彻普及与提高要求的重要内容。高校运动训练是我国运动训练体制的一个组成环节,是培养体育后备人才的必经之路,是基础训练的一种组织形式。我国大部分在国内、国际比赛中夺取优异成绩的运动员都启蒙于高校运动训练。

3.高校运动训练的目标

①全面发展体能,提高运动能力。

②输送后备人才,培养群体骨干。

③塑造良好品质,提高适应能力。

对具有运动特长的在校学生进行全面身体训练,发展体能,掌握参训项目的基本技术和战术,为进一步的专项运动训练奠定身体、心理、技术、战术和思想品质的良好基础,为全面健身运动的广泛开展提供体育骨干。

4.高校运动训练管理的特点

高校课余体育训练与一般运动训练相比,有许多共同的方面。

首先，高校课余体育训练与其他运动训练一样，主要目的是提高专项运动的技术水平，创造优异的运动成绩，因此在训练项目、内容、方法和手段等方面具有相似性。

其次，为了使运动员能承受体育竞赛时的极限运动负荷和心理适应能力，在运动训练过程中，科学地安排生理负荷以及变化的速度和幅度。

再次，参加运动训练的运动员，无论是青少年还是成人，即使是接受相同的训练内容，他们在身体、技术、战术、心理、智力等方面仍存在不同的特点，所以，在训练要求、内容、方法与手段方面，都要做到区别对待。

最后，运动训练的结果就是要使运动员在各类比赛中发挥最佳运动水平，创造优异成绩。

然而，高校课余体育训练以在校学生为主，所以，它与一般运动训练相比，又有其自身的特点。

(1)针对性

高校运动训练管理是针对学生而进行的，其管理和其他类型运动训练管理有所区别，在目标计划的制定组织实施等方面都要考虑到这一点。

(2)基础性

高校运动训练主要是进行基础训练，这是由学生年龄特征、课余时间以及运动训练规律所决定的。学生正处于生长发育时期，他们的思想作风、道德品质、身体机能均处于形成和发展阶段。因此，在管理过程中，要加强思想教育，训练从打基础方面考虑，使他们能够全面发展。

(3)业余性

高校运动训练的显著特点是业余性，即利用课余时间(每天下午文化课学习后以及每年的寒暑假和其他节假日等)进行运动训练。以学期和学年为周期的运动训练，是其他专业训练所没有的。学生的训练时间基本上都在每天下午文化课学习之后以及星期天和每年的两个假期。这就要求在计划的制订、执行等方面要适应业余性这一特点。

(4)广泛性

高校课余体育训练的广泛性是指凡是愿意参加课余体育训练的学生，不分成绩高低，有无运动天赋，都可以参加课余体育训练。如果能以学生体育俱乐部的形式组织课余运动训练的爱好组和提高组，就能扩大训练对象的范围，不断壮大运动训练队伍。

5.高校运动训练管理的基本要求

①加强领导，健全高校运动训练的管理机构。

②按照儿童、少年、青年生理和心理发育的客观规律、营养条件和运动训练原则，进行系统的、科学的训练。

③切实抓好学生运动员的政治思想教育和文化课学习。

④建立一支高水平的高校运动训练的教练员队伍。

⑤加强运动训练科学研究的管理，建立科学选材、科学训练、质量评估制度。

⑥建设必要的体育场馆、设施和保证高校运动训练经费。

⑦把高校体育竞赛纳入高校运动训练之中,使竞赛为促进、检查、指导高校运动训练工作服务。

⑧加强教育部门与体育部门的紧密配合,处理好高校运动训练与体育部门业余运动训练之间的关系;处理高校运动训练与整个体育运动训练之间的关系;处理好运动训练与文化学习的关系以及运动队训练与课外体育锻炼的关系以及使参加训练的学生得到全面发展。

(二)高校运动竞赛的管理

高校运动竞赛是指运用借助运动项目及游戏等活动,充分利用课余时间,在校内、外组织学生进行的各种运动竞赛活动。高校体育竞赛是高校课外体育的重要组成部分,是推动高校群众性体育运动广泛开展,增强学生体质和提高运动技术水平的重要措施。

课余体育竞赛是实现我国高校体育目标的基本途径之一,是构成高校体育完整体系不可或缺的元素。它可以及时检查和了解高校群体工作的开展情况,有助于师生间体育交流。通过高校开展各种类型的课余体育竞赛激励学生力争上游、奋勇拼搏的竞争意识和开拓精神,培养学生良好的心理素质;集体项目的竞赛有助于学生的合作精神和角色意识的养成,激发学生的责任感;通过对体育竞赛优胜者的奖励,能给学生带来精神上的满足和情感上的愉悦,激发他们锻炼身体和发展才能的愿望;通过竞赛有利于普及各种体育活动,在一定程度上提高学生的运动竞技水平。

1.课余体育竞赛的特点

(1)课余性

高校学生在校以学习为主,因此课余体育竞赛应充分利用学生的课余时间或节假日,并注意学期划分与季节的特点,合理安排。

(2)群众性

高校体育是面向全体学生的教育性活动,不存在选拔与淘汰,课余体育竞赛应考虑到全体学生的需求;体育运动竞赛项目的设置、竞赛规程和比赛规则的制定都应从全体学生出发,使大多数学生都有机会参加,防止比赛变成只有少数体育尖子生参与,大多数学生只能旁观的运动竞赛。

(3)教育性

课余体育竞赛最重要的目的是以竞赛为手段,培养学生团结协作、勇于进取的上进心,培养迎难而上,勇往直前的坚强品质、培养学生遵守规则的习惯,使其养成自律的良好品行。

(4)多样性

课余体育竞赛为了吸引、鼓励不同水平和层次的学生参加,必须考虑其多样性。一是竞赛内容的多样性;二是竞赛的组织形式、场地、器材、方法等方面的多样性,在参赛办法、计分方法等方面调动广大参赛学生的兴趣与热情。

2.高校运动竞赛的形式

高校运动竞赛包括校内竞赛和校际竞赛。

校内运动竞赛一般由体育教研室(组)或有关专门机构负责,根据制订的高校运动竞赛计划进行组织管理,开展灵活多样的、学生喜爱的班级之间、年级之间、科系之间的竞赛活动。

校际运动竞赛一般由上级教育主管部门负责,体育局协助,以当地就近为主,普通小高校际体育竞赛一般不出区、县,普通中高校际体育竞赛一般不出市。中等专业高校和职业高校的体育竞赛一般在省、自治区、直辖市范围内进行或由主管部(委)及其行业体协组织安排。全国大中学生运动会及单项体育竞赛一般安排在寒、暑假期间进行。如遇特殊情况需要在假期以外时间举行的,必须由主办单位报经原因,家教委批准后方可举行。

课余体育竞赛的常见形式有以下几种:

①高校运动会,是高校规模最大的竞赛活动。最常见的形式是高校田径运动会,或篮球、排球、足球及田径等多个运动项目的综合运动会。

②单项运动竞赛,只进行一个运动项目的竞赛。如田径项目中某一个项目的竞赛、各种球类竞赛等。该形式项目单一,组织简便、易于开展。

③单项娱乐性(趣味性、健身性)比赛,指师生自创的、民间流传的以及学生喜闻乐见的体育竞赛,如踢毽子、跳绳等竞赛。这种竞赛不受场地限制,竞赛内容、规则可以由高校自定,对技能要求不高,参与面比较广,能充分发挥学生的想象力,调动学生参赛和锻炼的积极性。

④季节性单项比赛,如冬季长跑等,容易成为高校的传统竞赛项目。

⑤体育节或称体育周,体育文化节(健身周、健身节、健身文化节)是指将体育竞赛、体育文化知识讲座、体育知识竞赛等有机融合的活动,包括体育竞赛与表演、参与和观赏运动技能、体育知识普及与提高有机结合,对丰富学生课余文化生活,提高学生对体育知识的了解和参加体育活动的兴趣等都有十分重要的意义。

⑥校际交流比赛,多为单项交流比赛,目的是加强高校之间的交流,互相学习,共同提高,促进团结和友谊。

3. 高校运动竞赛的组织与领导

高校组织和开展运动竞赛工作,应在主管体育工作的校长直接领导下,由各有关部门和人员(体育教研组、总务处、卫生室、共青团、学生会等)参加,组成相应的机构来负责组织领导体育竞赛工作。

(1)全校运动会的竞赛组织委员会

竞赛组织委员会的成员,一般应由党、政、工、团、体育教研组、总务处、学生会、医务人员等组成。他们全面负责竞赛工作,制订各种计划,审批有关报告和通知等文件。在组委会领导下可设立有关办事机构。如大会秘书组、宣传组、竞赛组和后勤组等。秘书组是组织委员会的常设机构。负责召开组委会,执行组委会决议,检查督促竞赛工作的进行,制订比赛工作日程计划,协助有关部门工作,主持大会期间日常工作等。

宣传组是负责思想教育和宣传报道工作。负责出黑板报、墙报、广播宣传以及印发有关学习文件和参考资料等工作。

竞赛组是比赛中业务工作的中心,主要由体育教师担任,负责编排比赛秩序册,组织裁判工作,做好成绩记录和统计评定、审查成绩记录等工作,及时召开有关会议,解决比赛中出现的有关问题。

后勤组是负责编制经费预算,保证此赛的场地器材和设备的供应,搞好医务卫生和防伤急救等工作。

(2)体育教研组

各种球类比赛,广播操、健美操等比赛,一般由体育教研组负责,并会同班主任或年级主任统一安排,具体由体育教师分头组织进行。

(3)团、队、学生会

为了培养学生的独立工作能力,在体育教师的帮助和指导下,由共青团、学生会、少先队等学生组织,负责举办一些简单易行的群众性的比赛活动,如跳绳、拔河、踢毽子、登山、越野跑、接力跑等。

(4)班内组织

在班主任和班级体育委员的组织安排下进行小型多样的比赛。如《国家体育锻炼标准》某个项目的比赛、各种游戏比赛活动,越野跑、班级旅游活动等生动活泼、小型多样的比赛。

4.高校运动竞赛的基本要求

(1)明确高校运动竞赛的宗旨

组织学生高校运动竞赛应以人为本,要有利于学生全面发展,有利于培养学生终身体育意识及能力。要从高校实际出发,贯彻灵活多样、广受欢迎、基层为主、勤俭节约的原则。

(2)做好宣传教育工作

要采取各种宣传手段广泛宣传比赛的意义、作用以及各种体育知识,并及时通报竞赛中的好人好事,特别是那些既是优秀运动员,又是"三好学生"的典型事例,以树立高校的赛风和学风榜样。同时要及时批评和制止比赛中的不好风气和现象。

(3)坚持竞赛的业余性和经常性

高校运动竞赛要尽量利用节假日和课外时间进行。按照运动项目的特点和气候季节特点,使某一竞赛项目形成传统,定期举行。还要在项目的设置、比赛办法、标准的确立等方面要考虑适应学生的特点。每年春秋两季应尽可能举办田径运动会或球类单项赛。冬季可组织越野跑、象征性长跑、拔河、跳绳、武术、滑冰等活动。夏季可开展游泳比赛活动等。使高校活动经常不断,小型多样。

(4)依靠领导与组织,发动群众、培训骨干

体育部、体育教研组应依靠高校领导,在主管校长的直接领导下,组织和抓好竞赛工作。对竞赛活动的计划安排、工作进程和存在的问题,要主动、及时向领导汇报。同时还应与总务处、教务处、卫生室、学生会、共青团等有关部门的人员密切联系和配合。竞赛管理过程要充分发挥体协、共青团、少先队等群众组织的作用。要根据各项比赛的需要,利用业余时间培训体育骨干和裁判人员,提高他们的业务能力,统一工作方法和要求,明确分工和职责并进行现场示范和实习。

(5)高校运动竞赛要与课外体育锻炼密切结合

竞赛活动是高校体育活动的一个方面。虽然它有多方面的作用,深受师生欢迎,但不能用大量的课余时间来搞竞赛活动,高校组织运动竞赛的时间,尽可能不占用上课时间。要把竞赛活动与锻炼活动有机地结合起来,使锻炼活动中有比赛,使比赛为学生的全面锻炼服务,成为推动锻炼活动开展的动力。因此,在时间、经费的安排上都应统筹兼顾,使竞赛促进高校体育锻炼活动的开展。

(6)厉行节约,勤俭办竞赛

高校运动竞赛应特别讲求实效性和节俭性,节省一切可节省的经费开支,尽可能用较少的钱办好竞赛活动,把高校有限的资金用在改善场地设施上。还要按照场地、经费等实际情况,尽量扩大竞赛活动的群众性。

二、高校课余体育训练的实施

高校课余体育训练工作的开展和实施,需要高校各方面的协调配合。首先需要根据高校的传统和条件,确定体育训练的项目;其次是组建运动队,这不仅需要选拔具有一定特长的学生组成运动队,而且要遴选热爱业余训练工作的体育教师担任运动队教练,同时还需要建立相应的规章制度,以保证课余体育训练的正常开展。

(一)运动队的组建

1. 确定训练项目

高校课余体育训练的开展,首要问题是确定训练项目。因此,刚开始建立运动队的高校,最好先集中精力从一两个项目开始训练,再逐步形成传统。

2. 参训运动员的选拔

对于参加课余体育训练学生的选拔,可以参照竞技体育运动员选材的步骤展开,即根据运动项目的特点和要求,以科学的方法对部分在校学生进行各种能力与有关因素的测试和预测。

①身体形态指标:根据不同运动项目对运动员身高、体重、体围、跟腱、足弓及臀部等身体各部分的要求,在测试和家访的基础上,判定其在形态方面发育潜力的大小,预测学生的最终形态特征。

②生理机能指标:通常是对心率、肺活量、最大吸氧量等指标进行测试。由于不同运动项目对运动员生理机能也有特殊的要求,如中长跑、游泳项目特别要求运动员心肺功能强。所以,还要根据不同运动项目的特点,适当增加测试的指标。

③身体素质指标:主要包括力量、耐力、速度、灵敏、柔韧和平衡能力等。选拔学生时,需要根据参加训练项目的特点,增加能反映专项运动能力的身体素质指标进行测试。选拔参训运动员要考虑的条件和因素很多,除了测试上述参考数据外,还要考虑遗传因素、年龄因素、运动素质发展的敏感期、心理素质、家庭以及社会在过去和未来对学生的影响等。此外,高校选拔运动员时,要重视学生文化学习,以及思想品质表现等情况,使高校运动队符合高

校教育要求,为培养全面发展的人服务。

3.指导教师的配备

高校课余体育训练的指导教师或教练员,大多是由本校的体育教师担任,也可以选择其他有体育专长的教师担任。有些条件较好的高校,还会聘请业余体校的教练或体育俱乐部的教练来校担任运动队教练。

4.规章制度的建立

高校课余体育训练是高校教育和体育的组成部分,要建立各项规章制度,加强对高校课余体育训练以及运动队的管理。

(1)训练制度

建立严格的训练作息制度,规定每周、每次的训练时间与要求。

(2)奖惩制度

高校对运动成绩和学习成绩均好的参训学生给予物质奖励或减免学杂费,或给予其他的精神和物质奖励。

(3)比赛制度

根据校内外比赛的任务和规模大小,对于外出参加比赛的学生提出具体要求,包括遵守纪律、服从裁判、尊重观众、团结一致、顽强拼搏、赛出风格、赛出水平等。

(4)教练员责任制

建立教练员负责制,对学生的训练、学习、生活、思想等方面全面负责,使训练工作正常进行。

(5)学习检查制度

建立每个参训学生的训练档案(包括运动员档案卡和运动员登记表)和运动队的工作日记,密切观察学生的情绪变化和关注学习情况,并根据学生的实际情况制订切合实际的训练计划,保证参训学生文化学习和运动成绩保持良好状态。

(二)高校课余体育训练计划的制订

1.年度训练计划

年度训练计划是根据高校学年教学周期安排的训练计划。年度训练计划的内容通常包括以下内容:

①上一年度训练情况和本年度的训练目标。

②身体素质、技术、战术训练及运动成绩所要达到的指标和心理训练的要求。

③全年训练阶段的划分,各个时期身体训练和战术训练的比重与内容以及训练负荷的安排。

④参加比赛的时间安排。

⑤检查评定训练效果的时间与方法等。

由于高校课余体育训练属于基础训练,比赛任务较少,一般按学期和季节将年度训练计划划分为秋季、冬季、春季和夏季四个训练阶段。

秋季阶段：全面发展身体素质，进行技术教学与训练，改进技术上存在的不足，测验身体素质、技术、心理和生理方面的各项指标。

冬季阶段：适当减少技术训练的比重，增加身体训练的比例。进一步发展与全面提高身体素质和专项身体素质，发展一般耐力和专项耐力，并巩固专项技术，测验身体素质和技术训练的各项指标。

春季阶段：系统地提高训练的强度和密度，适当增加技术训练，提高技术水平，继续发展身体素质，参加校内外的各种比赛。

夏季阶段：继续加强身体训练，不断提高训练的强度和密度，加强技术训练，积极参加各种比赛，提高身体素质和技、战术水平以及各项心理与生理指标。

此外，可根据年度比赛任务和运动项目的特点，按竞技状态发展规律确定训练阶段。

2. 阶段训练计划

阶段训练计划是根据年度训练计划中所规定的各阶段的任务、内容、要求和训练次数等而制定的。阶段训练计划的内容比年度训练计划更为具体，它能使训练内容的安排、主要训练手段的选择和负荷量的确定更加切合训练过程的实际。高校课余体育训练的阶段一般以3个月为一个阶段。

阶段训练计划根据训练任务或重点的不同，可以分为基础训练阶段计划、准备比赛阶段计划、比赛阶段计划、恢复阶段计划和临时性短期集训计划等不同类型。制订阶段训练计划要从学生的具体情况出发，要明确阶段训练的时间，身心负荷安排的节奏，以及阶段训练的重点内容、解决的难点问题等。

3. 周训练计划

周训练计划是根据阶段训练计划，并结合课余体育训练实际，制订的一个星期的训练安排。课余体育训练每周一般可安排3～4次，每次训练时间约1.5～2小时。周训练计划应将不同的训练内容，如技术、战术训练与身体素质训练交替进行。

4. 课时训练计划

课时训练计划是最基础的训练计划，包括训练目标与要求，课的顺序、课的内容与主要手段、课的组织形式、课的时间与负荷安排等。一般可采用教案的形式或卡片的形式。

以上四种训练计划，从步骤来看，是先制订年度训练计划，后制订阶段和周训练计划，最后制订课时训练计划。

从内容来看，是把计划逐步详细化与具体化。

从要求来看，要根据高校现实条件以及学生的身心状态，确定每种训练计划的目标，合理安排训练的时间、内容和负荷，防止训练过度。

(三)高校课余体育训练内容的安排

1. 身体训练

身体训练是指在体育训练过程中运用各种有效手段和方法，增进学生运动员的身体健康，改善体形，全面发展身体素质和运动能力，为掌握运动技术和战术，创造优异运动成绩打好基础的训练过程。身体训练是技、战术训练的基础,包括一般身体训练和专项身体训练两种。身体训练要根据不同年龄阶段学生身体素质发展的敏感期,进行针对性的训练,促使该素质在相应的年龄阶段得到充分的发展。同时,还要通过全面的身体训练,使他们身体各器官系统功能和综合素质得到整体提高,并逐步发展专项运动素质。

2.技术训练

技术训练包括基本技术训练和高难技术训练。基本技术是专项运动技术的主要技术结构部分,是掌握高难技术的基础。高难技术是与基本技术相对而言的,是指专项运动技术中难度较大、比较复杂和要求较高的一些动作。

第一,要抓好基本技术训练,使学生牢固掌握专项技术的基本功。

第二,从一开始就帮助学生建立正确的动作概念和表象,重视技术规格与要求,杜绝错误技术动作的出现,形成正确的动作定型。

第三,应将基本技术训练与身体素质训练结合并贯穿于全过程,使基本技术训练与身体训练相得益彰。

第四,要求学生运动员按统一的技术规格进行训练外,还应考虑到个人特点。

第五,在选择技术训练内容时,不仅要注意从易到难,而且要注意符合技术之间的迁移规律,避免技术的消极迁移和互相干扰。

3.心理训练

心理训练是指在运动训练中,有意识地对运动员的心理过程和个性特征施加影响,使他们学会在训练和比赛中调节自己心理状态的训练过程。要针对学生的不同年龄、性别、训练水平等实际情况,有目的地加强心理训练,培养他们的心理调控能力,提高心理稳定性,以使他们适应复杂的比赛环境,发挥运动水平。

4.战术训练

战术是在一定的身体训练和技术训练的基础上,根据比赛的需要形成的,是根据比赛对手的水平和外部情况,正确地分配力量,充分发挥自己的特点,限制对方特长,争取比赛胜利的行动方案。战术可分为一般战术和专项战术,高校课余体育训练以一般战术训练为主。

①引导学生运动员熟悉比赛规则,利用规则部署战术方案。

②引导学生了解专项技术的基本形式和比赛战术变化的规律,培养战术思维能力。

5.品德与作风训练

高校课余体育训练是一个培养人、塑造人的教育过程,其最终目的是把学生运动员培养成为社会所需要的全面发展的一代新人。因此,在体育训练过程中,可以根据学生的年龄特征与心理发育程度,在训练过程中进行爱国主义和集体主义教育,培养勤学苦练、克服困难、勇敢、顽强、坚毅的意志品质和顽强拼搏、团结协作的精神,塑造尊重同伴和对手、胜不骄败不馁、赛出风格赛出水平的体育道德风尚。

(四)高校课余体育训练方法的运用

1. 重复训练法

重复训练法是指在相对固定的条件下,按照一定的要求,反复进行某一练习的一种方法。由于重复练习是在承受一定的负荷强度之下进行的,所以,它有利于提高机体各器官系统的功能水平,又有利于建立和巩固动作技术定型和熟练地运用技术。在运用重复训练法时要注意以下两点:

①正确运用重复训练法。

②规定适量的练习负荷。

2. 变换训练法

变换训练法是指练习过程中,在有目的地变换练习条件(环境、速度、重量、时间或动作的组合)的情况下进行训练的一种方法。在运用变换训练法要注意以下两点:

①在训练中变换各种练习条件,目的是巩固和提高技术和技能,所以,要明确变换练习条件的目的和具体任务,有针对性地变换练习的负荷、动作的组合、练习的环境和条件等。

②及时纠正学生的错误动作,在技、战术训练中,采用变换训练法达到训练目的后,应及时恢复到正常情况下的练习,以避免由于变换练习条件,形成与正确技术存在的偏差,并及时加以纠正。

3. 循环训练法

循环训练法是指根据训练的具体目标,建立若干练习站(点),运动员按照既定的顺序、路线,依次完成每站(点)的练习,周而复始地进行训练的一种方法。在运用变换训练法要注意以下几点:

①根据训练的目标确定各站的内容和站的数量。

②针对学生的特点因人而异地确定负荷。

③组合和变换循环练习的形式。

4. 竞赛训练法

竞赛训练法是指运动员在比赛的条件和要求下进行练习的一种方法。它能有效地提高运动员运用知识、技术和战术的能力以及身体训练水平,对培养实战能力具有积极的作用。在运用竞赛训练法要注意以下两点:

①要符合学生的年龄特征。

②注意运用时机。

三、高校体育竞赛的启动

运动竞赛的过程管理是指对某项具体竞赛活动的管理,即依据年度竞赛计划的规定,确定某项具体竞赛活动的组织方案,进而建立相应的组织机构,有目的地协调竞赛活动中的人力、财力、物力、时间、信息、保证整个竞赛活动顺利进行的过程。

就一次比赛来说,其组织管理工作可依次分为赛前工作管理、赛中工作管理和赛后工作管理三个阶段。其中,赛前准备工作的管理是关键环节。

(一)赛前工作管理

赛前工作管理主要包括讨论、确定竞赛活动组织方案、制定竞赛规程、组建组织机构、拟订具体工作计划和行为准则、编制秩序册等。由竞赛筹备委员会(或筹备小组)负责。组委会正式建立后,则由组委会负责。

1. 讨论、确定竞赛活动组织方案

在竞赛计划的统一部署安排下,一项决赛活动要有步骤地展开,必须首先进行总体设计构思并提出组织方案。竞赛组织方案大体包括以下内容:

①比赛名称和目的任务。根据比赛的内容、性质、赛制、时间和规模等因素确定比赛名称;根据比赛性质、项目特点和本地区、本部门的具体要求等,确定比赛目的和任务。

②比赛的主办与承办单位。

③比赛时间和地点。

④比赛规模。包括规定参赛者范围、比赛等级、比赛场馆设备器材的档次要求与数量等。

⑤比赛的组织机构。包括竞赛组织管理各职能机构设置和工作岗位安排和人员配备的数量等。

⑥经费预算。包括竞赛经费来源与筹资计划、经费使用原则与使用范围、收支计划与增收节支措施等。

⑦工作步骤。确定竞赛整体工作的阶段划分和各阶段的工作重点与具体步骤。

2. 制定竞赛规程

竞赛规程是组织实施某一项(届)运动竞赛的主要政策与规定,对该项竞赛活动的组织管理具有高度的权威性和指导性,是竞赛组织者都必须遵循的法规。竞赛规程由主管竞赛的部门制定。单项竞赛活动需制定单项竞赛规程,综合性运动会则需同时制定竞赛规程总则(即总规程)和单项竞赛规程。

(1)竞赛规程的主要内容

包括竞赛名称、竞赛时间和地点、竞赛项目及组别、参加单位、运动员资格、参加办法、竞赛办法(采用的竞赛规则和所采取的赛制、团体总分的设置办法、决定名次和计分的办法等)、仲裁委员会的组成以及有关经费的规定。

(2)制定竞赛规程的注意事项

制定竞赛规程是一项非常严肃、细致和慎重的工作,应努力做到以下几点:

①竞赛规程的制定要以竞赛的目的任务和竞赛计划为依据。

②竞赛规程要与国家颁布的有关方针、政策、法规相适应,并与体育竞赛制度、计划和国际组织的有关规定及国内竞赛的有关规定协调配套。

③竞赛规程的制定要符合客观实际。既要符合国家、地区的情况和体育项目的实际,又要反映国际、国内体育运动发展的水平和趋势,以及运动员对竞赛的需求状况等。

④竞赛规程应充分体现公平竞争精神。

⑤竞赛规程应提前制发。竞赛规程下发的时间应视情况而定,一般应提前半年到一年。比赛的规模越大,层次级别越高,其制发时间应尽早提前,以便参赛单位和运动员有时间进行充分准备。

⑥单项规程要与总规程吻合。综合性大型运动会各单项竞赛规程的制定要以总规程为依据,口径一致,不允许有矛盾现象。

⑦应具有稳定性。竞赛规程一经审定颁发必须严格执行,不能朝令夕改,变化无常,并尽可能少发补充通知或修改规定。

3.建立竞赛组织机构

建立竞赛组织机构是运动竞赛组织管理工作的关键环节。各种竞赛的组织机构一般采用委员会制。运动竞赛的组织委员会是全国领导整个竞赛组织工作的最高机构,其机构编制、人数等没有具体限额,应视比赛性质和规模而定。大型运动会组委会一般由政府一级行政领导担任组委会主任,主办单位的有关领导为副主任,并吸收包括有关体育部门的各职能机构领导,协作单位职能机构的领导,各单项竞赛委员会主任,与本次比赛有关的新闻、服务、公安等单位负责人,以及部分有代表性的参赛单位负责人为委员,使运动会能在各方面的积极支持下顺利进行。竞赛组委会一般设主任一名,副主任和委员若干名。地方或基层小规模比赛的组织领导小组,其成员人数应当相应酌减。

竞赛组织委员会直属职能部门应根据组织竞赛需要完成的各项任务来设置,并与竞赛规模相适应。一般包括办公室、竞赛、宣传(新闻)、保卫、行政、后勤等主要工作机构。另可根据竞赛需要,设外事接待、大型活动、工程、科研、集资等部门。组织机构成立后,应根据精简高效的原则,视实际需要分批借调工作人员,以节约人力、财力。

4.拟订具体工作计划和行为准则

组织委员会成立后,应根据竞赛规程、组织方案和责任分工,拟订各职能部门的具体工作计划和有关行为规范,如竞赛工作计划、宣传工作计划、大型活动计划、安全保卫工作计划和财务计划以及工作人员守则、作息制度等,经组委会讨论审定后执行。目前,在运动竞赛的组织过程中,常采用编制计划网络图和工作流程图的方法来制订运动竞赛总体规划和各职能部门计划。

5.编制竞赛秩序册

竞赛秩序册是运动竞赛组织和具体竞赛秩序的文字依据,它由运动会的竞赛部门负责编制,报组委会审定后颁发。综合性大型运动会需要在各单项竞赛秩序册的编制基础上及时汇编总秩序册。各种类型运动竞赛的秩序册都必须提前下发。

竞赛秩序册一般应包括比赛名称、时间、地点;主办与承办单位;竞赛组织机构图;运动竞赛规程和补充规定;大会各部、处、室人员名单;各项目决赛委员会、仲裁委员会成员和裁判员名单;各代表团名单;运动竞赛总日程表和各项目竞赛日程;分组名单;竞赛场地示意图;最高纪录表等内容。此外,基层运动竞赛根据需要,也可将运动员、教练员、裁判员守则及各种评优条例等内容附在竞赛秩序册后。

(二)赛中工作管理

赛中管理工作始于开幕式,直至闭幕式结束。主要的管理活动包括以下几方面。

1. 开幕式的组织

开幕式的程序一般应包括宣布开幕式开始,裁判员、运动员入场,入场式队伍行进序列一般为国旗先导队、会旗会徽先导队、乐队或鼓号队(亦可在固定地点演奏)、鲜花方队、红旗(或彩旗)方队、标语牌方队、裁判员队伍、各运动队队伍、尾队、奏乐(国歌、会歌)升旗、领导人致开幕词、运动员代表讲话(或宣誓)、裁判员、运动员退场、开幕式表演开始、宣布开幕式结束。

为了保障开幕式既庄严隆重、热烈欢快、完满安全,一般应成立开幕式临时指挥系统,负责控制、指挥开幕式各项活动准确、顺利进行。全国性大型综合性运动会,开幕式现场临时指挥机构一般由大型活动部牵头,组委会及其他部门临时选派有关人员配合组成。根据需要,可以在总指挥部下设置负责开幕式各项具体工作的分指挥部。如入场式指挥部,负责开幕式仪仗队、各代表团队伍、裁判员队伍的组织以及与入场式相配合的奏乐、献花和升旗仪式等组织工作;背景台表演指挥部,负责背景台人员的组织及现场指挥等项工作;大会宣传指挥部,负责开幕式大会现场宣传、新闻发布、记者组织、观众教育及会场环境布置等项工作;嘉宾区指挥部,负责主席台及嘉宾区的各项组织接待工作;大会服务指挥部,负责会场所需水电、音响设备、电信、医疗急救以及各类服务保障工作;安全警卫指挥部,负责开幕式场内外安全保卫、警卫人员配备及交通管理组织指挥工作。

小型运动会由于规模小、人数少、开幕式的组织工作相对简单,可由组委会任命3～5人,分工合作,组成临时指挥小组具体负责。负责的具体内容可以参照大型运动会的分工和办法进行。

2. 赛事活动的管理

赛事活动展开以后,主要指挥管理人员要深入赛场第一线,对赛事活动进行全面具体的组织领导。要以果断、及时、准确为原则,严格掌握比赛进度,加强职能部门之间的协调配合,防止比赛出现脱节、漏洞和误差。遇到困难或问题,要及时召开碰头会,现场办公会或组委会会议,注意研究解决决赛中出现的弃权、争议、罢赛、弄虚作假、赛风等方面的问题,确保赛事活动顺利进行。

在赛事正在举行的过程中,负责运营部门的员工要尽可能满足运动员、赞助商和观众的需要并保证赛事的一切活动按计划进行。为了做到这一点,许多管理人员都倾向于采用目前世界上普遍流行的时间表管理法。所谓时间表是指工作人员把每日详细、具体的工作内容和运营管理责任用精确到分钟甚至秒钟的时间计算出来进行安排。时间表可以让管理者对管理工作中一些重要信息一目了然。它应包括这一天中有哪些什么活动,这些活动的具体时间,每项活动所需物力、人力、每项活动由谁负责等。因此,在赛事举行的过程中,管理人员要严格按时间表规定的时间、内容去实施工作计划。另外,适当的灵活性和应变能力也是保证赛事顺利进行的必要条件。

3. 人员管理

竞赛期间的人员管理，主要包括对裁判员、参赛运动队（员）、观众后勤和闭幕式的组织工作。

(1) 裁判员的管理

运动竞赛能否顺利进行，与裁判员队伍的水平高低密切相关。要抓好裁判员的职业道德教育，把"公正、准确、严肃、认真"八字方针贯彻到裁判员工作的始终，杜绝"私下交易"，本位主义等不良裁判作风；要在赛前组织裁判员认真学习竞赛规程、规则和裁判法，统一认识，统一尺度，周密研究可能出现的问题和处理办法；重要岗位的裁判员要反复训练，并组织必要的考核；要开好赛前裁判员准备会，合理分工，重要场次比赛要提前认真研究，慎重安排水平较高的裁判员担任临场工作；对抗性强的项目和评分项目，尽量安排与参赛队无关的裁判员，确保万无一失，公正准确；要及时认真地组织每场比赛的赛后裁判总结与讲评，做到裁判工作天天有小结，阶段有总结，全程有评比，不断提高裁判工作质量。

(2) 参赛运动队（员）的管理

较正规的运动竞赛应事先拟订运动队（员）的管理教育计划，采取分级管理办法，即大会抓各队，提出统一要求和具体规定，并做好各队之间的协调工作，定期召开联席会议，听取意见，处理问题，改进工作；领队教练员抓队员，负责全队运动员的管理。通过严格、切实有效的管理，使各队自觉做到公正竞赛，团结拼搏、文明礼貌、互相尊重，保持良好的竞技状态，创造优异成绩，不断提高运动竞赛的综合效益。

教练员与运动员是运动队人员构成的主要成分，虽然教练员与运动员生活在同一个集体中，共同的目标是一致的，但是由于两者在运动队中担负着不同的"角色"，各自承担的职责及任务不同。因此，对两者的要求也各有不同。

教练员是运动队管理的工作的重要决策者。运动队管理工作的主要任务和核心工作就是搞好训练，而教练员是训练过程的主要设计者，是训练活动的主要组织者，也是训练管理工作的重要决策者。同时，教练员是运动队管理链中的信息沟通者。教练员在运动队中对训练工作最具发言权。因此，他应及时掌握本项目运动训练发展的最新动态和本运动队有关的其他运动队的信息，并及时向领队和其他管理人员通报信息。

影响运动员竞技水平的因素是多方面的，教练员的水平即是其中一个重要因素。教练员除具备普通人必须具有的基本素质外，还应具备：强烈的事业心，奉献精神与崇高的道德情操；坚实的专业知识和全面的基础理论知识；熟练的专项训练操作能力与创新能力及适应于运动队生活环境的能力。

运动员是运动队管理工作的主要对象，运动员是运动训练工作中的主体，竞技体育系统中的一切工作的成效最后都集中地表现于运动员的参赛成绩之中。因此，全部管理工作也就必然主要围绕着运动员的训练、比赛的成功而组织和展开。同时，运动员是运动队管理工作的积极参与者。运动员在运动队的管理工作中不仅仅是被管理者，同时还应该是管理工作的积极参与者。运动员的积极参与可为运动队的管理工作带来巨大的活力，使得管理工作更加切合运动训练的实际情况，取得更为理想的成效。

运动员的基本素质：高度负责的事业心和强烈的进取精神；坚韧不拔的顽强意志品质；强烈的学习追求与准确的独立分析、判断和理解能力；高度的自控能力和抵御不良思想、落后意识的能力。从心理学角度讲，运动员在训练和比赛中要经历多变的心理过程和多种情绪的体验，调节心理状态，就取决于自身的控制能力。具有高度自控能力的运动员，将善于保持稳定的心理状态，有助于训练和比赛，有助于创造优异的运动成绩。

(3) 观众的管理

观众是体育比赛的重要参与者，特别是当比赛处于紧张激烈的竞争时，若对观众的组织管理不当，很可能影响比赛的进行，甚至破坏社会的安定。因此，加强对观众的组织管理，既是保证比赛顺利进行的必要措施，又是充分发挥竞赛积极功能的客观要求。因此，竞赛组织者应该从人们的社会心理承受能力和赛场的特殊氛围出发，寻求防患于未然的、系统的预防治理方法。

(4) 后勤管理

竞赛期间的后勤管理工作包括认真检查比赛场地、设备和器材的部署与使用管理情况，落实运动员、裁判员的住宿、用餐、洗澡、交通和保卫管理，监督比赛各项预算执行情况，以及医务方面的伤病预防和临场应急准备等具体工作。

(5) 闭幕式的组织

在各项竞赛活动结束后，必须根据事先确定的闭幕式组织方案，准备并完成闭幕式的各项组织工作。闭幕式的形式没有固定限制，也如开幕式一样随竞赛活动的规模、等级、任务的不同而各具特色，并有大致相同的组织程序。一切均应根据现实需要灵活决定，但一定要注意与开幕式的安排前后呼应，形成整体效果。

闭幕式的基本程序是：宣布运动竞赛闭幕式开始，裁判员、运动员入场(也可不入场)，宣布比赛成绩和获奖者名单，发奖，致闭幕词，宣布大会闭幕，闭幕式表演开始，宣布闭幕式全部结束等。闭幕式的组织工作和指挥系统由开幕式指挥系统负责，大型综合性运动会一般由大型活动部牵头。

(三) 赛后工作管理(其他收尾工作)

竞赛闭幕后的管理工作主要包括以下内容：

①办理各队离开赛区的各种手续，确保及时离会。

②介绍借调人员返回，填写与寄发《裁判员工作登记卡片》。

③物资设备的归还、转让、出售和处理工作。

④竞赛财务决算。

⑤汇编、寄发比赛成绩册和其他技术资料。比赛成绩册的编制，应根据各项决赛规程中有关录取名次和计分方法的规定。成绩册的主要内容依次为：破纪录情况，各单项名次情况，获其他奖励名单及各项比赛成绩表。

⑥填报等级运动员和破纪录成绩。

⑦移交、整理有关文档资料。

⑧向新闻单位发布比赛情况。

⑨工作总结,上报有关部门。

⑩评比表彰工作。

对参与大会工作的单位和个人,支持与协助大会的单位和个人,以及竞赛的各级组织者、指挥者和工作人员进行表彰,表示致谢。

第二节 高校体育竞赛组织管理

一、高校体育竞赛的计划

制订运动竞赛计划是运动竞赛管理的首要环节,也是有效组织运动竞赛的重要手段。运动竞赛计划制订得科学与否,直接影响运动竞赛管理的效果。因此,不断提高运动竞赛计划的科学性,是加强运动竞赛管理的重要问题。

(一)运动竞赛计划的含义

运动竞赛计划是指为了实现某一特定的竞赛目标,预先对竞赛的具体内容和步骤所作的筹划与安排。运动竞赛计划对确定训练项目,划分训练周期、安排训练内容及组建人才梯队等,都具有重要的指导作用。同时,对推动群众体育事业的发展也具有重要作用。

1.运动竞赛计划的种类

运动竞赛计划按照不同的标准可分为多种类型。常用的几种划分方法有:按照计划的范围可以分为全国运动竞赛计划、地方运动竞赛计划和基层运动竞赛计划;按照计划的期限可分为中、长期和短期(年度)运动竞赛计划;按照竞赛的任务可以分为竞技体育竞赛计划、群众体育竞赛计划和高校体育竞赛计划。

2.运动竞赛计划的内容

运动竞赛计划的内容体系一般由以下几个部分构成:

①运动竞赛的目的、任务。

②运动竞赛的种类与规模,包括举办运动竞赛的次数、各种类型竞赛活动的次数和人数等。

③执行运动竞赛计划的基本要求与主要措施。

④运动竞赛日程安排;运动竞赛日程安排是根据竞赛任务、目标具体制定的,一般以表格形式排列,即把竞赛名称、参加对象、竞赛日期、竞赛承办单位和竞赛地点等各项内容按照一定的次序和格式列入表中。其特点是简明直观,条理清晰。

(二)体育赛事计划制订的步骤

制订体育赛事计划主要有以下五个步骤。

1.确定目标

目标是未来行动的出发点和最终归宿,是制订计划的前提。目标应该尽量准确,通常由数量指标和质量标准来表示。在确定目标时应该注意以下原则:一是合理性原则。目标不能太高也不能太低,要制订得恰如其分,应尽可能使目标既具有挑战性和激励性,同时又是通过努力可以实现的。二是可检验性原则。制订的目标应该是清晰明了,可以检验的。这就要求在制订目标时,尽可能使用一些明确的数量指标来表示,无法直接用数量来表示的指标,可以借助一些间接的指标来表示。

2. 分析环境

环境条件具体包括:社会政治经济条件、教育科技水平、社会文化心理、民族传统习惯、人口与自然资源、体育事业的发展水平等。只有了解计划执行时期的预期环境,即计划实施的假设条件,才能使计划目标符合事情,也才能充分利用一切可能利用的有利条件,发挥优势,并把各种不利的限制条件转化为无害条件和有利条件。

3. 提出方案

一个计划制订之前,必须要有几个可供选择的备选方案,因此,备选方案的质量在很大程度上影响决策的质量。为了保证备选方案的质量,首先,要注意以确定地掌握准确的目标为中心,避免备选方案偏离目标而无的放矢;其次,应了解有多少条道路可以奔向目标,从中选择距离最短、障碍最少的捷径;最后,要运用系统的观点,对备选方案进行精心设计,使之成为经得起推敲的、内部均衡协调的人工封闭系统。

4. 确定方案

几个可行的备选方案提出来以后,接下来就要运用优选决策法,采用经验判断、数学分析等定性和定量决策方法,仔细分析各个方案的优劣,根据已确定的计划目标和可能提供的环境条件,来权衡各种计划因素和评价比较各个备选方案,对备选方案经过一番科学的论证和比较后,再做出审慎的决断,从备选方案中选择出较为理想的方案,加以不断地补充完善。在现实中,决策方案的选择往往采用相对满意的标准。

5. 编报计划

首先是主管体育赛事的职能部门在调查研究、听取各方面意见和权衡利弊的基础上确定未来的体育赛事打算,进而制订体育赛事的计划。目前,在我国要举办体育赛事,通常是由各地区、各部门根据上级机关下达的控制数字,结合本地区、本部门的具体情况组织编制计划草案,然后逐级上报上级决策机关。由最高决策机构最后进行汇总和综合评价,制订出指导全局的计划草案,然后报请有关部门审定,经主管部门审批后,作为正式计划文件下达各部门、各地区和基层单位贯彻实施。

二、高校体育竞赛的实施

(一)年度体育竞赛日程计划

年度体育竞赛日程计划是对全校一学年的体育竞赛活动所做的全面规划和安排,其内容一般包括本学年的竞赛项目、竞赛时间、竞赛地点、参赛单位、参赛人数、主办单位。

制订年度体育竞赛日程计划时应考虑的因素有以下几点:

群众性:安排时应考虑以不同层次学生的需求、小型多样、学生喜爱、组织简便为原则。

可行性:竞赛时间和次数的安排应根据高校教育计划季节特点节假日等因素综合考虑,次数适宜,时间分布均匀。

常规性:竞赛的项目和时间要相对固定。对于校运会、高校传统体育项目等重点比赛要安排在比较固定的时间,方便学生有计划地训练。

简便性:竞赛日程计划表的排列应便于检查与操作。

(二)竞赛规程

竞赛规程是根据高校年度体育竞赛日程计划,而制定的具体实施某一项体育竞赛的政策与规定。它对该项竞赛活动的组织管理具有高度的权威性和指导性,是竞赛参加者和组织者都必须遵循的法规。举行任何一项竞赛活动,首先要制定竞赛规程。

在竞赛活动中,竞赛规则和规程共同协调和制约着体育竞赛过程。所不同的是,竞赛规则主要是对技术规范及有关场地器材条件的规定,而竞赛规程则着重于竞赛组织管理方面的规定。

1.竞赛规程的内容

竞赛规程的内容主要是根据竞赛的性质、目的、项目特点而定。竞赛规程一般包括下列内容,制定规程时,可根据项目的不同特点和规模大小等需要,取舍与补充。

①竞赛的名称。竞赛的名称要写全称。

②竞赛的目的、任务。

③竞赛的时间、地点和承办单位。竞赛开始与结束的年月日(包括预、决赛)、地点都要写具体。

④竞赛项目。说明这次比赛设置的竞赛项目、组别。

⑤参加单位。按顺序写明参加此次竞赛的每个单位。

⑥参加办法。第一,规定参加比赛运动员的资格或标准。如运动等级运动成绩、年龄、性别、健康状况、达标规定、代表资格等。第二,规定每单位参加男、女运动员的人数,领队、教练、工作人员人数,每名运动员可参加比赛的项目数,每项限报人数以及参赛的其他规定。

⑦竞赛办法。第一,确定竞赛采用的规则、赛制。如采用淘汰制、循环制,还是混合制等;比赛是否分阶段进行,对于分阶段进行的比赛,各阶段的成绩如何计算。第二,竞赛的编排。第三,规定计算名次和计分的办法。第四,公布竞赛规则以外的特殊规定。第五,对运动员违反竞赛规定(如弃权、罢赛等)的处罚办法。第六,规定比赛的器材,运动员的比赛服装,号码的要求。

⑧录取名次与奖励办法。第一,规定此次比赛录取的名次,奖励的名次和奖励的办法等。第二,设立技术奖,体育道德风尚奖、破纪录奖及其他奖励的内容、名额、评选办法、奖励办法等。

⑨报名手续与报到。第一,规定运动队裁判员(长)等报名的起止日期。第二,规定运动队书面报名的格式、份数、报名表投寄的地点、单位、日期(一般以寄出或寄到邮戳日期为准),以及违反报到规定的处理办法。第三,确定运动队,裁判员(长)等人员报到的日期、地点、单位。注明报到时应携带的材料物品以及违反报到规定的处理办法。

⑩裁判员与仲裁委员会。第一,确定裁判长、裁判员的选派或聘请办法、名额分配等。说明对裁判员的资格或等级要求,及对裁判员赛前准备工作的要求。第二,仲裁委员会的组

成和执行时使用的有关条例或规定。

⑪注意事项或未尽事宜。第一，必要时可以说明食宿交通条件与标准。第二，有关未尽事宜的补充和通知办法。

在竞赛活动中，竞赛规程和竞赛规则共同协调和制约着运动竞赛的全过程。规程着重于竞赛的组织管理，规则主要是对技术规范以及确定成绩和有关场地器材条件的规定。一般情况下，综合性的大型竞赛，至少要在一年或半年前下达竞赛规程，使参加者能根据规程安排来调整训练计划，为参赛做好充分准备。基层的小型竞赛，也应在数月前印发，使参赛单位能根据竞赛规程的宗旨、内容和要求，组建队伍，确定竞赛和训练目标，积极准备，迎接比赛。在制定竞赛规程时，应遵照一定依据和原则。

2. 制定竞赛规程的依据

(1) 以运动竞赛计划为依据

竞赛规程应依据单位、系统或省、市及全国性、国际性体育组织的竞赛计划来制订。竞赛规程是多年度或年度(高校则以学年或学期)竞赛计划中，安排的某一次竞赛活动实施的具体法规。其内容可根据情况发展的需要，进行适当修正。

(2) 以竞赛目的和任务为依据

竞赛规程应体现出运动竞赛的方针、政策和体育发展的远期目标与近期策略，有效地调整与推动体育的改革和投资方向。此外，对该比赛项目的训练指导思想、人才梯队建设和良好的赛风起着引导、促进及培养的作用。同时还根据国际、国内乃至本单位的有关规定，以及对运动竞赛的需求，全面考虑竞赛的目的任务来制定规程。

(3) 以客观实际条件为依据

即以当时的经费条件、场地设施和人员情况为依据，来制定竞赛规程。

3. 制定竞赛规程应遵循的原则

为使竞赛规程制定得科学、合理，保证竞赛的质量，应遵循下述主要原则。

(1) 可行性原则

竞赛规程所提出的比赛组织方案和内容，必须从当时的实际出发，做到切实可行。在竞赛管理工作中，应充分利用人才、物力、财力和时间，本着艰苦奋斗、勤俭节约的原则，实施对竞赛过程最优化的设计和组合，以达到机构精简，工作效率高，竞赛效果好的目的。对群众体育竞赛项目的确定，要考虑到有群众特点的传统项目和近代体育项目，注意普及和提高、娱乐性和竞技性相结合。对群众性的体育竞赛活动，其时间、场地安排不能像正规的竞赛一样，应根据竞赛的规模、水平、参加对象及现有的场地情况灵活安排，必要时可根据场地条件来设置比赛项目的确定竞赛时间。

(2) 公平性原则

竞赛规程是参加者共同遵守和执行的规范与准则，其内容应使全体参加者在客观条件相同的前提下展开竞赛。无论是主办单位和承办单位以及当地所属的主队，或外来的客队，均应享受同等的待遇。在限定的时间、空间和等同条件下进行竞赛，使比赛结果具有真实性。这样才能有利于充分发挥参赛者的技术、战术特长，提高竞赛的质量和综合效益。

(3)稳定性原则

竞赛规程一经公布,就应相对稳定,不能随便更改。若规程中确有不合理的内容需要修正或补充时,须经制定部门尽可能在比赛前进行修改。修改的内容影响到参赛单位和承办单位的准备工作时,应征得多数参加单位的同意,方可变动。一般在比赛开始后,规程不能再改动,以保证规程的严肃性和权威性。规程的最终解释权应属主办单位。

除此之外,还应注意保持规程的连续性,综合性运动会竞赛规程总则与单项规程之间,不同单项竞赛规程内容之间,以及年度之间应连续一致,不能前后矛盾。文字表达要简明准确,内容要详尽完整,切忌表达含糊,自相矛盾。

高校体育竞赛规程的制定时间要提前,一般可在赛前一个月或更长一些时间发给各参赛单位,以便参赛单位提前组织力量进行训练,充分做好赛前准备。

在拟定校内体育竞赛规程的竞赛办法时,应立足吸引更多的人参加比赛,要鼓励争取最好成绩。竞赛的分组,可采用按系、年级分组,以班为单位参加比赛的办法,以利于调动学生的积极性。评定名次既评个人名次也评团体名次。确定计分时,对破纪录者可加分,对达标高的班级可加分。竞赛的方法要有利于促进高校群众体育活动的经常开展,有利于提高比赛成绩。

三、高校体育竞赛的方法

(一)比赛的方法

1. 淘汰法

淘汰法是在比赛过程中逐步淘汰成绩差的,最后决出优胜者的一种方法,分为单淘汰和双淘汰两种形式。

①单淘汰是指将所有参赛选手(或队)编排成一定的比赛次序,相邻的两名选手(或队)进行比赛,败者被淘汰,胜者进入下一轮,直至整个比赛最后场的胜者为冠军负者为亚军。

②双淘汰是按编排的比赛顺序进行比赛,失败两场则淘汰,最后全场胜利者为冠军。这种方法可以避免一次失败就被淘汰,但由于组织编排比较复杂一般不常用。

淘汰法的优点是:可以在较短的时间内完成比赛任务,确定优胜者。但其最大的缺点是:除第一名外,其余名次很难反映出该次竞赛的真实水平,相互学习的机会也相应减少。为了弥补其不足,可采用种子法、补赛法等方法作为补充。种子法是经过调查了解并和有关方面协商讨论,选择若干实力较强的队或个人作为种子队或种子选手,有目的、有计划地进行编组,防止他们在预、次赛中相遇,以尽可能的客观反映竞赛水平。补赛法是在决赛后用补充比赛来确定第二名以下名次的方法。一般以种子法为前提,以便正确决定第二名以下的名次。

2. 循环法

循环法是在比赛过程中,参赛者都要按照一定的次序相互轮流进行一次比赛,最后综合全部比赛的胜负来决定名次的一种比赛方法。较多的用于集体项目的球类比赛和其他对抗性项目的比赛中。它分为单循环、分组循环、双循环三种形式。

①单循环是指所有参加比赛的队之间均要轮流相遇一次,最后根据各队胜负场次的积分来决定名次。该比赛形式能较客观地反映竞赛的真实水平,但比赛日期较长,故参赛队不能太多。

②分组循环是将参赛队分成若干个平行小组,在组内先进行单循环比赛,排出各小组名次,再按名次重新分组。根据具体情况,分组循环可分 2~3 个阶段进行,即预赛、复赛和决赛。该比赛形式一般在参赛队较多的情况下,为了既节省比赛的场次和比赛的日期,又能较客观地反映出各队名次所采用的方法。

③双循环是指参赛队先后进行两次单循环的比赛方法。这种方法使参赛队均能相遇两次,最后按各队在全部比赛中胜负场数的积分多少排列名次。该比赛形式能充分发挥各队的水平,但赛期较长,高校课余竞赛一般不常用。

3.顺序法

顺序法是参赛者按一定的顺序表现成绩的比赛方法,一般适用于以时间、距离、重量、环数等以客观标准确定成绩的项目。它分为分组和不分组两种形式。

①分组顺序法是把参赛者分成若干组,按组序分别进行比赛根据组数多少,可采用预赛、复赛,决赛结果决定名次,也可以一次比赛(决赛)决定名次。如田径比赛中的短跑和中长跑比赛等。

②不分组顺序法是在同一比赛时间内不能同时有两人以上(含两人)进行比赛的项目中采用。如田径比赛中的跳高和跳远比赛等。

顺序法可使参赛者的竞赛条件基本相同,对抗性强、竞争激烈有利于创造好成绩。但费时较多,在参赛者较多的情况下难以评定全部名次。运用顺序法时,如果参赛人数太多,可先进行资格赛(及格赛),合格者才能参加正式比赛。

4.轮换法

轮换法是在同一比赛时间内,参赛者按规定的轮换顺序依次进行不同项目的比赛,最后综合各项目的成绩来决定名次的一种比赛方法。一般在竞技体操和综合性项目中采用。这种方法能节省比赛时间。但参赛者同时比赛的项目不同,条件不一致,竞争气氛也不浓。

在高校课余体育竞赛中,除了上述比赛方法外,还可以采用一些非正规的、由竞赛的组织者和参加者共同约定的比赛方法。

(二)评定成绩与名次的方法

竞赛中的成绩和名次,反映着学生学习和自我锻炼或训练的效果和质量。为促进高校群众性体育活动的开展,提高学生的运动技术水平,必须按照竞赛规程和规则的规定用正确合理的方法来评定。

评定成绩和名次的方法包括个人和团体两种。

1.评定个人成绩和名次的方法

个人的竞赛成绩,应严格按照各项运动竞赛规则的规定来评定成绩,然后根据成绩确定名次。

①根据客观标准评定成绩和名次。如田径、游泳、跳绳等比赛项目的成绩都是以时间,

距离、重量、数量等实际计量确定参赛者的成绩和名次。若遇两人或两人以上成绩相等时，则按竞赛规程和规则的规定处理。

②根据规定条件和动作质量评定成绩和名次。如广播操、健美操、武术等比赛项目的成绩均由裁判员根据竞赛规程和规则，判断参赛者完成动作的质量、难度等评定分数，最后以得分多少计算成绩和名次分数，最后以得分多少计算成绩和名次。

③根据战胜对手或特定因素评定成绩和名次。如乒乓球、排球、羽毛球以局为单位，网球以盘为单位，均以三赛两胜或五赛三胜定胜负；篮球、足球是按在规定时间内命中球数决定胜负；棒球、垒球以七或九局中得分多少决定胜负。

2. 评定团体成绩和名次的方法

团体名次一般是在各单位参赛者个人成绩和名次的基础上计算和评定的。

①按参加者所得分数的总和来评定团体名次。如校田径运动会，得分总和多者，名次列前。

②按规定参加人数所得名次的总和来评定团体名次。它适用于以时间、距离、重量及次数确定成绩的单项比赛。如冬季长跑等项目。

③按参赛者的平均成绩来评定团体名次。采用这种方法时必须计算每一团体的总成绩，然后按人数除以成绩，求得平均成绩来确定名次。这种方法适用于团体人数不相等的情况，即当按单位人数规定参加比赛人数的一定比例时，采用这种方法进行比赛较为合适。

④按达到规定的标准人数评定成绩计算团体名次。这种方法可以鼓励更多的人参加比赛。可用于《学生体质健康标准》测试赛中。采用这种方法时，赛前各参赛单位要先报一个控制人数，以控制数为基础，再将实际参赛数和达到标准数作比较，以百分比大小定名次。

评定成绩和名次的方法对于引导学生积极参与体育竞赛，促进群众性体育活动的开展和运动技术水平的提高有着重要的意义。评定成绩和名次时，无论采用哪一种方法，都应根据实际情况，力求客观准确，使参赛者和团体在竞赛中受到教育和鼓舞。高校课余体育竞赛的评价与奖励应具有象征与教育意义。体育的动作美、同学的情谊美、礼仪的庄重美、奖品的自然美和谐地结合在一起，学生既得到身体的锻炼，又受到美的陶冶。

参考文献

[1] 邱建华.体育与健康教学研究[M].南昌：江西科学技术出版社,2019.

[2] 王燕.多学科理论下学校高校体育课程体系的建设与发展研究[M].北京：中国书籍出版社,2019.

[3] 李志伟.现代高校体育与健康教程[M].天津：天津高校出版社,2019.

[4] 刘伟.高校体育教育创新理念与实践教学研究[M].北京：九州出版社,2019.

[5] 王和鸣.民族传统体育文化在大学生体育健康教学模式中的融合与发展[M].北京：北京工业高校出版社,2019.

[6] 王志斌,张扬,陈荣.高校体育理论教程[M].南昌：江西人民出版社,2019.

[7] 邓勇.高校体育[M].北京：科学技术文献出版社,2019.

[8] 卫民,宋志臣.体育与健康[M].上海：上海交通高校出版社,2019.

[9] 张家彬.高校体育课程文化构建研究[M].北京：中国商业出版社,2019.

[10] 王妍艳.高校体育与科学训练[M].延吉：延边高校出版社,2019.

[11] 孙宝国.高校体育审美教育研究[M].长春：吉林美术出版社,2018.

[12] 王建军,白如冰.高校体育文化教育研究[M].长春：吉林美术出版社,2018.

[13] 宋军.高校体育保健课与体育教学[M].成都：四川高校出版社,2018.

[14] 受中秋,王双,黄荣宝.高校体育教育发展与改革探究[M].长春：吉林高校出版社,2018.

[15] 马鹏涛.高校体育教学改革创新与科学化训练研究[M].北京：新华出版社,2018.

[16] 周春娟.高校体育教学的影响因素分析与改革探索[M].青岛：中国海洋高校出版社,2018.

[17] 唐丽霞.高校体育教学与管理[M].北京：兵器工业出版社,2018.

[18] 赵益鑫,费郁红.现代高校体育教程[M].北京：北京体育高校出版社,2018.

[19] 李梁华,宋涛,张丹.高校体育与实践[M].南昌：江西人民出版社,2018.

[20] 杨波,刘日良,朱明月.高校体育教育[M].北京：中国石化出版社,2018.

[21] 刘武军.高校体育教学研究[M].北京：现代出版社,2018.

[22] 徐丽,牛文英,韩博.高校体育教育与实践[M].北京：新华出版社,2018.

[23] 赵元罡.高校体育课程设计研究[M].延吉：延边高校出版社,2018.

[24] 韦群杰,陈涛,王守森.高校体育与健康分级教程[M].北京：新华出版社,2018.

[25] 周斌.高校体育与心理健康研究[M].北京：北京工业高校出版社,2018.

[26] 徐霞.高校体育训练与健康教育[M].延吉：延边高校出版社,2018.

[27] 包娅,刘洋.高校体育文化教育研究[M].北京：中国纺织出版社,2018.

[28]戴信言.高校体育教育实践探究[M].北京:中国商务出版社,2018.

[29]朱倩,李蓉,毋洪飞.高校体育课程教学指南[M].北京:中国大地出版社,2018.

[30]蒋艺.高校体育教学与训练研究[M].北京:中国国际广播出版社,2018.

[31]唐月琴.高校体育与健康[M].上海:上海财经高校出版社,2019.

[32]何祖新.高校体育与健康教程[M].西安:西安交通高校出版社,2019.

[33]李豫.高校体育与健康[M].开封:河南高校出版社,2019.

[34]罗燕,缪猛剑.大学生体育与健康[M].北京:电子工业出版社,2019.

[35]肖春梅.高校保健体育与健康课程[M].沈阳:沈阳出版社,2020.

[36]瞿昶.体育教育与健康研究[M].沈阳:沈阳出版社,2020.

[37]张遥,李刚.高校体育课程的改革与创新[M].哈尔滨:北方文艺出版社,2020.